管控车道体系关键技术丛书 · 4

Application and Policies of Managed Lanes in the USA

美国管控车道
应用案例与政策法规

余顺新　程　平　杨忠胜　编　著

人民交通出版社股份有限公司
China Communications Press Co.,Ltd.

内 容 提 要

本书通过分析美国管控车道的应用案例，重点阐述了管控车道的管控策略、融资模式、收费策略，介绍了美国管控车道的发展状况和相关的政策法规，总结了管控车道的实践经验，提出了国内发展管控车道建设的展望。

本书可供国内交通运输规划与管理部门、工程技术人员及大专院校师生参考借鉴。

图书在版编目(CIP)数据

美国管控车道应用案例与政策法规 / 余顺新，程平，杨忠胜编著. — 北京 ：人民交通出版社股份有限公司，2016.9

(管控车道体系关键技术丛书 ；4)

ISBN 978-7-114-13365-7

Ⅰ. ①美… Ⅱ. ①余… ②程… ③杨… Ⅲ. ①车道—交通控制—交通法—案例—美国 Ⅳ. ①D971.222.96

中国版本图书馆 CIP 数据核字(2016)第 232397 号

管控车道体系关键技术丛书 · 4

书　　名：美国管控车道应用案例与政策法规

著 作 者：余顺新　程　平　杨忠胜

责任编辑：李　喆

出版发行：人民交通出版社股份有限公司

地　　址：(100011)北京市朝阳区安定门外外馆斜街 3 号

网　　址：http://www.ccpress.com.cn

销售电话：(010)59757973

总 经 销：人民交通出版社股份有限公司发行部

经　　销：各地新华书店

印　　刷：北京市密东印刷有限公司

开　　本：787 × 1092　1/16

印　　张：12.5

字　　数：290 千

版　　次：2017 年 4 月　第 1 版

印　　次：2017 年 4 月　第 1 次印刷

书　　号：ISBN 978-7-114-13365-7

定　　价：48.00 元

《管控车道体系关键技术丛书》
编　委　会

《美国管控车道应用案例与政策法规》
编　委　会

前　言

美国作为公路运输体系相当发达的国家，在道路通行能力、智能交通系统与城市交通管理等方面，已具备众多成熟的研究成果与实践经验。美国管控车道策略在城市主干道及高速公路上的灵活运用，有效地提高了道路的通行能力，改善了城市主干道及周边地区的交通拥堵问题，提高了路网的整体运行效率。

我国交通基础设施建设经过几十年的快速发展，道路运输体系逐步完善，但城市道路却越来越拥挤，严重减缓了城市现代化建设进程。基于国外先进技术和成熟经验及本国智能交通技术(ITS)的快速发展，中国已经具备建设管控车道的能力，公交专用道已经迈出第一步，未来交通行业的发展前景必然跟随欧美发达国家的脚步，继续向着精细化、信息化、智能化的方向前进。

在现阶段我国大规模城镇化建设的背景下，2013 年中交第二公路勘察设计研究院有限公司主持承担了中国交通建设股份有限公司重大科技项目“管控车道体系关键技术研究”，系统研究了管控车道的建设与投融资模式、规划、设计、运营、维护、管理及相关政策法规，并编写了一套“管控车道体系关键技术”丛书，包括《管控车道建设与投融资模式》、《管控车道规划与设计》、《管控车道运营、维护与管理》和《美国管控车道应用案例与政策法规》共 4 册。

本书是这套丛书的第 4 册，通过对美国管控车道的应用案例进行分析，总结美国管控车道的实践经验，旨在为国内实施管控车道策略提供理论基础与决策依据。全书共分为 5 章，主要论述美国及国内管控车道发展状况、美国管控车道实施策略、美国管控车道应用案例分析、美国管控车道政策与法规、美国管控车道发展经验启示及国内管控车道发展借鉴经验。

本书在编写过程中参考了大量书籍、文献，在此谨向文献作者表示崇高的敬意和衷心的感谢。限于水平，书中难免有不足之处，敬请广大读者给予批评指正，特此致谢。

编著者

2017 年 3 月

目　　录

第1章　绪　　论

1.1　管控车道概述

1.1.1　定义

管控车道策略在美国已有近40年的实践历程，涉及广泛的交通组织策略，并为交通问题的改善提供了良好的方式。由于道路涉及的利益相关者及管控内容各有不同，管控车道策略的定义在不同的地方均有差异，且各自采取不同的实施方法。但是，总结不同的管控车道策略定义，相同的链接点是管控车道策略实施是系统性的管理过程，目标是缓解交通供需问题以及平衡道路网交通流分布。

管控车道是21世纪初由美国提出的，旨在结合公路改扩建项目提高城市主干道的通行能力。美国联邦政府与各州政府根据自身交通需求为管控车道界定了不同的定义，但均包含以下因素：

(1)保障管控策略有效实施的基础设施建设。

(2)对交通流的主动式优化。

(3)设施建设与策略制定需满足当地交通需求。

狭义上讲，管控车道策略是通过对现有道路重新划分车道行驶权或扩建增设新的车道，并通过按时段、车型动态调整收费标准的方式，以收取道路通行费进行管控的建设与管理模式。通过对愿意支付一定费用的车辆进行管控管理，以满足车道的通行能力与运行速度需求。

德克萨斯州交通运输部将管控车道策略界定为通过各种设施布置与道路规划以提高道路通行效率的策略。管控车道管理策略根据当地的实际状况有所调整，以更好地满足当地的交通需求，且管控策略形式多种多样，主要包含高承载车辆专用车道(HOV)、公交专用车道、高承载车辆收费专用车道(HOT)、货车专用车道等，如图1-1所示。

管控车道策略的定义体现了管控车道策略复杂性和灵活性。针对不同地区的交通出行需求，来判断将采取何种形式的管控车道策略。同时，它也注重灵活性的创新设计，根据交通走廊的实际需求以及实时变化的交通流量，需要对不同的车道采取相应的管理运营策略或将多个管理策略进行组合。

广义上讲，管控车道策略是将各种运营功能与设计功能结合，以提高主干道通行效率的综合交通组织策略。可随时主动调整交通组织，而不是进行被动的响应，继而通过一系列的技术手段保证道路始终处于最优化的通行状态。自20世纪90年代初发展至今，最常用的管控车道策略便是高承载车辆专用车道(HOV)。在解决城市交通系统拥挤、路网通行效率低下等问题方面，HOV车道的优先通行策略均已被证明是方便、灵活、有效的解决方案，图1-2为HOV车道常见的展现形式。

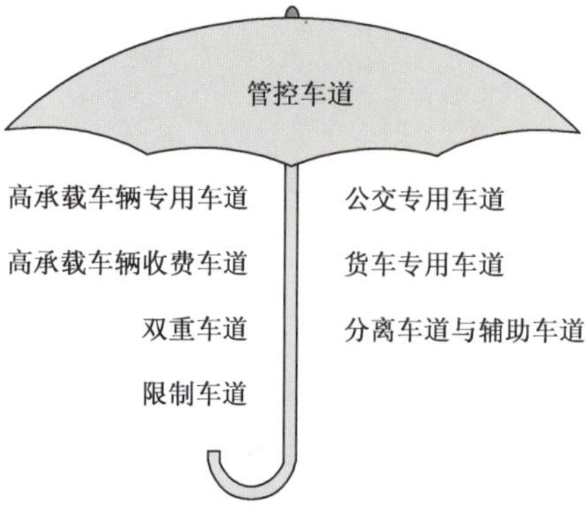

图 1-1　管控策略涵盖内容

图 1-2　HOV 车道

美国管控车道实施经验显示,为提高道路通行能力,管控车道常布设于公路左侧车道或干道中断面,短程的管控范围内,也运用右侧车道与路肩实施管控。

随着时代的发展,管控车道策略的实施对交通系统管理组织形式的发展具有重要推进作用,向着发展目标更灵活、服务对象更广泛的角度拓展,主要包含了如下几个方面:

(1)随着交通需求的增大,当道路交通流量接近饱和流量值时,管控车道有利于形成更均匀、更稳定的交通流,从而提高道路交通通行能力,降低交通拥挤程度和尾气排放量。

(2)加强特定道路使用者的出行可靠性。

(3)对路网的通行效率进行系统性掌握,合理分配整个交通网络的延误,充分发挥路网通行能力。

(4)因道路维修或交通事故造成的路段通行能力下降时,能够实时动态调整,保证高效的运行效率。

(5)为更好地利用道路容量,转移特定路段交通流,或者鼓励出行者改变出行时间,有效降低高峰期间交通需求。

(6)限制货车在部分路段出行,延长路面使用寿命。

1.1.2　分类

管控车道可称之为"主干道中的快车道",车道位置通常与主干道断面上的常规车道相分离,管控车道按照管控形式的不同一般分为三种类型。

(1)道路拥挤收费策略管控车道,根据相应的收费策略形式划分车道,如车道拥挤收费、定价收费、动态调整收费等。

(2)专用车道策略管控车道,按照车辆行驶类型标准分为载客量的限制、车辆类型限定(如公交车、小汽车、载重汽车等)。

(3)出入口控制策略管控车道,对相应的出入口采取不同的限制形式,主要有快速车道特定限制、可逆车道、可变车道等。

结合系统性交通组织管理手段,又可以将基本类型管控车道复合使用,形成多种类型管控车道,例如将"收费策略"与"专用车道策略"相结合,继而形成了高承载车辆收费专用车道(HOT)管控策略;将"专用车道策略"与"出入口控制策略"相结合的快速车道策略;将"收费策略”“专用车道策略”“出入口控制策略”三者结合使用的快速收费车道策略等，如图1-3所示。

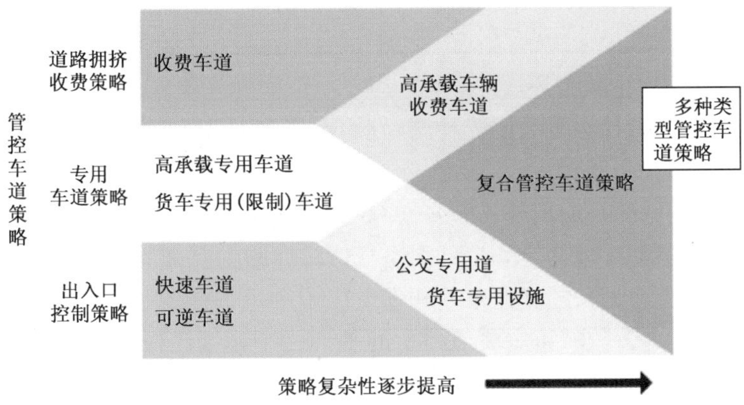

图1-3　管控车道类型

1.1.3　功能

1)提高干线公路与城市主干道通行能力

管控车道管理策略是美国在综合数十年交通组织管理技术的基础上，提出的新型管控理念，将各种形式的专用车道布置，配合相应的交通组织与管理措施，分离混合交通出行结构，有效地缓解了混合交通行驶造成的交通堵塞问题，提高了道路通行能力与运行效率，提高干线公路与城市主干道通行能力。从该理念提出至今，美国联邦公路管理局与大部分各州交通厅对管控车道策略进行了深入的研究与实践，形成了较为成熟的框架体系。在我国公路与城市道路建设及汽车保有量快速增长的前提下，借鉴研究与应用美国管控车道实践理念与技术，具有非常重要的意义。

根据目前的城市建设步伐以及大城市交通堵塞的现状，可预测新一轮的城市干线公路与城市道路改扩建的时代即将来临。管控车道策略是结合全封闭收费公路与免费公路间的新型道路交通管理模式。根据国外应用显示，管控车道技术为缓解城市交通堵塞问题提供了解决方案，通过建立部分车道的动态收费标准，保证车道通行效率，以便支持后续城市道路基础设施建设的实施；其次，通过管控车道策略的应用，在某种程度上约束了混合交通出行的行驶结构，例如通过建立专用车道给予公交车辆与高承载车辆通行权，能够有效地提高道路通行能力。

2)有效利用交通设施与土地资源

当前我国城市化建设快速发展，迎来了道路改扩建的高潮。然而，在现今道路资源紧张的局面下，如何合理地利用现有道路土地资源成为交通组织管理的重要难题。美国实践研究的经验显示，管控车道交通组织策略在高速公路与城市主干道方面能够得到合理运用，能够充分利用现有道路和土地资源，提高道路运输效率，降低能源消耗。

通过对各种形式的车道行驶策略采取相应的管控措施，能够最大程度地利用土地资源。例如：将现有道路进行车道重新划分，按照车辆类型分车道行驶，能够较大程度地避免混合交通带来的延误、拥堵、通行效率低下等问题;在现有高速公路上方架设管控车道,以满足特定车型(如小客车)的交通增长量需求,能够有效节约土地资源;根据交通量的监测状况灵活地调整相关道路的收费费率,能够动态地调整运行交通流,甚至是缓解相邻道路交通分布不均匀的现象。

3)降低交通能耗,优化城市环境

交通作为国民经济和社会发展的支柱与命脉,在新形势下,低碳、高效、安全、便捷已成为各国交通发展的目标,其中低碳出行、绿色交通更是重中之重。根据国际能源机构 IEA 统计数据显示,目前交通领域的石油消耗占全球总耗能的57%以上,预计至2020年将超过62%,同时交通能耗是造成局部环境污染和全球温室气体排放的主要来源之一。随着经济的快速增长,汽车保有量突增,交通拥挤与交通事故频发造成了严重的能源消耗、财产损失以及环境污染。据调查数据显示,大多数城市主要道路上的平均行车速度已低于20km/h;同时由于车速过慢、交通拥堵等问题,继而引发的尾气排放增加,使得城市空气质量进一步恶化。

管控车道策略能够最大效率地利用道路通行能力,充分利用现有道路资源,提高车道利用效率,减少车辆等待期间造成的能源消耗与尾气排放。因此管控车道交通组织策略的引荐对于节约能源、优化城市环境具有重要的意义。

4)推动智能交通系统的发展

目前中国智慧城市建设步伐明显加快,大规模的城市信息化升级正拉开帷幕,将展开建设智慧城市的目标和任务。根据数据显示,中国一线城市均提出了“智慧城市”的详细规划,80%以上的二线城市也明确提出了建设“智慧城市”的目标。智慧城市也是当今世界推进战略性新兴产业和城市信息化进程中的前沿理念和探索实践,是对现有互联网技术、传感器技术、智能信息处理等信息技术的高度集成。因此智能交通系统的发展至关重要。目前,国内智能交通系统的研究与应用,为管控车道的合理布设与管理提供了基础。

管控车道策略是智能交通系统的一项创新性应用,能够充分利用现有科学技术,对道路资源进行系统性分配,通过先进的动态管理技术,有效地提高道路通行能力,是未来中国交通建设的发展目标。管控车道在交通信息的收集、处理、发布以及交通流量的动态控制等方面的研究与应用,对于促进智能交通系统的发展具有重要意义。

1.2 美国管控车道发展概况

1.2.1 发展背景

美国作为“车轮上的国家”,早在20世纪90年代已完成了国家道路网的建设,随后美国将交通基础设施建设的重点转移至路网的升级改造与城市交通建设。美国道路通行能力和智能交通系统的研究在世界上居于领先地位,一些先进的交通组织、规划、管理理念和技术,以及某些成熟的实践经验都值得国内研究与借鉴。

随着人口的快速增长,美国对于道路交通的需求仍在持续增加,在大都市区域尤为明显,新建公路的地区通行能力跟不上需求增长步伐的问题尤为突出。在1980~1999年期间,车辆行车里程增加了76%，而公路路线里程仅增长了1.5%，这一差距的存在，大大降低了道路交通系统的可达性与通畅性，在道路拥挤程度、出行时间的损失、环境恶化以及出行者情绪等方面造成了不同程度的影响，特性主要体现在以下几方面：

(1)据德克萨斯州交通部门统计，2000年在75个大中城市中累计产生了36亿小时的行车延误，造成了216亿升(57亿加仑)的燃油损失，在财务方面造成了675亿美元的损失。

(2)美国每年超过4.2万人死于交通事故，且有500万人受伤。据美国国家公路交通安全管理局最新报告统计，每年相关医疗、紧急服务、出行延误损失以及财力损失等累计高达2300亿美元。交通事故率和死亡人数亦在逐年增加。

(3)据德克萨斯州交通部门2001年交通年报统计，与1982年相比，1999年的交通拥堵范围以及拥堵时间均有较大的增长，年平均延误于1982年的11小时，上升至1999年的36小时，甚至在不到1万人的地区延误同比增长了五倍，道路运行行程时间亦在增加。

(4)出行时间指数是交通拥挤程度的一项重要指标，即高峰时期内出行相比其他时间段出行多消耗时间的比率。该项指标的衡量标准是根据行车道上有规律的交通拥挤状况，衡量多车道出现的交通拥堵的变化程度。根据近十年的统计资料显示，美国州际公路间出行时间指数上升了12%，该统计数据提供了驾驶员与道路拥挤程度信息，解释了出行时间的延误是因特定时段的出行交通需求过大造成的。

典型工作日分时段交通流量变化趋势如图1-4所示，交通流在工作日期间、上班前以及下班后出现了高峰增长，当交通流在该段出行时间达到车道通行能力时，出行者早出发或晚出发10~15min，能够有效地避免交通拥堵状况，这种出行需求的扩散策略能够很快地形成真实的“高峰时刻”。

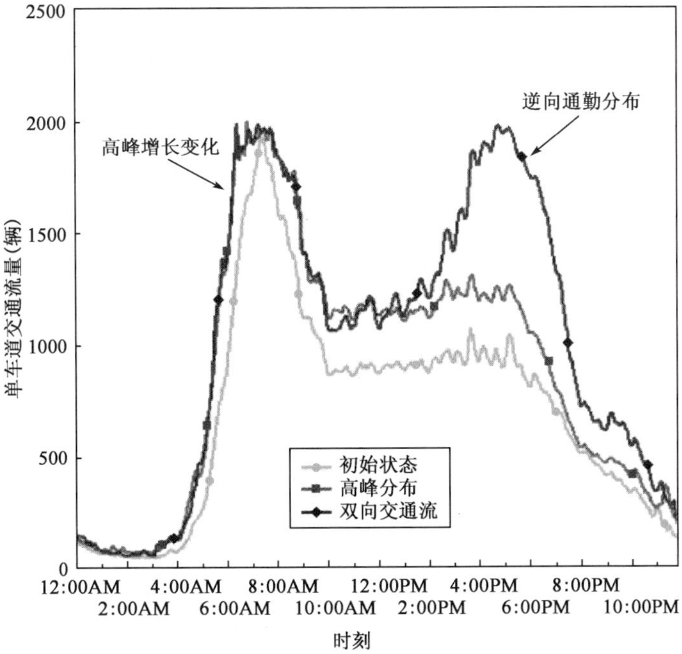

图1-4　典型工作日分时段交通流量

随着交通量的持续增长,"高峰时刻"逐步演变成为"高峰时段",因道路的通行能力有限,交通增长通常发生在"高峰时段"的开始与结尾。上午与下午的短暂高峰时段被缩减为平台,在很多地区尤其是城市郊区路段,交通流高峰往往是单向运行(早上由郊区到达市中心,下午返回),表现为潮汐交通流特性。当车辆在郊区间移动时,车流高峰表现为双向,随着交通拥堵状况的持续加剧,在交通通行量大的路段的交通拥堵持续时间将会延长,高峰期内交通拥堵问题变得更为严重。

交通拥挤造成的行车延误问题影响了道路网络系统的使用,限制了人与货物在大都市地区的流动,引发的后果更为严重。据美国相关调查研究与实际应用发现,造成的影响主要体现在如下方面:

(1)交通影响。当面临交通拥堵问题时,许多驾驶员试图绕过拥挤地段,选择其他路径通行,包括原本是不能通行车辆的地区,这些迂回的交通拥堵路段经常变成附近居民抱怨的焦点。

(2)经济增长影响。工作场所与采购场所的高效交通通行效率对经营商与开发商而言是极为重要的。有效的交通运输系统能够增加就业,促进商业地区的发展,这对经营商与开发者而言是能够增加投资的好机会。优良的交通运输条件对于商品的流动与服务、经济与生产力的增长具有重要意义。对于货运产业而言,因运输的可靠性与准时性逐步下降,公司的经营费用逐步增长,在运营过程中必须支付大量的超时费用。因载货汽车可能碰到各种意外的交通状况,同时费用的增长可能来自于车辆不能在预定的期限内将货物送达。道路的可靠性降低,从而增加了出行成本。同时,路网上车辆行驶速度的降低继而增加了行程时间。

(3)生活质量影响。对某些群体而言,道路交通的拥堵状况是生活质量恶化的症状,在许多情况下,尤其表现在郊区地区,例如市民通过躲避至郊区以逃避交通拥堵问题,然而随交通流量的增长,该项问题再次成为日常所面对的问题。

(4)环境质量影响。交通拥挤的状况对环境产生了不良的影响,尤其在空气质量方面,改善交通运输系统或对出行方式选择的转变是改善环境质量问题的重要措施。

通过对交通拥堵特性的分析,美国交通管理部门一直在寻求针对性的解决方法。自美国于1969年建成了第一条公交专用车道以来,经过几十年的不断发展,在穿越城市高速公路和城市快速干线方面,实施了各种类型的车道管理模式,如客车专用车道、载重汽车专用车道、高乘用车辆专用车道(HOV)、高乘用车辆收费车道(HOT)等策略。

21世纪初,管控车道(Managed Lane)发展成为美国公路交通领域的研究和建设热点,运用各种类型的车道管理模式的研究与实施,在充分利用现有道路资源、缓解高峰期间的交通压力、提高道路通行能力及运行速度、节约市民出行时间、减少能源消耗与大气污染等方面发挥了重要作用,同时对于促进智能交通系统(ITS)领域的发展起到了推动作用。

管控车道的建设模式在美国已得到广泛应用,在其他领域也有重大变革,如投资管理方面,近年来因受到金融危机的冲击,美国联邦政府和州政府下的基础设施的建设投资受到不同程度的影响,建设投资转向大力推行PPP模式。目前美国已有25个州相继建立了以PPP模式发展基础设施建设的相关法案,具备了较为完善的法律保障。如德克萨斯州,多个高速公路改扩建项目已运用PPP投资模式进行了建设,2012年6月再次通过立法确定实施其他11个高速公路的 PPP 项目,其中管控车道项目的建设是主要应用实施的方向。

美国联邦公路管理局 2014 年对美国 20 年来收费管控形式应用的调查研究发现,管控车道策略的制定能够有效地提高道路使用效率,有效利用道路的剩余通行能力,平衡了路网交通流量,如图 1-5 所示。同时,制定 HOT 收费策略为出行者提供了更多的选择,可通过支付一定的费用获取较好、较快的运行水平与速度,也可仍在不收费道路上进行行驶。

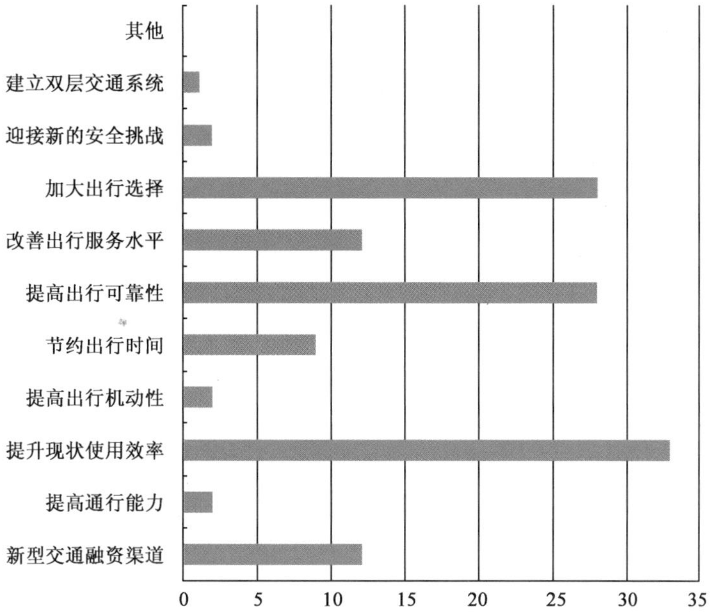

图 1-5　美国 20 年收费管控车道效果

1.2.2　发展历程

在 21 世纪初,美国联邦公路管理局在部分州实行了高承载专用车道(HOV)与高承载专用收费车道(HOT)管控策略,并在众多管控策略成功的基础上,建立了"高速公路管理项目",旨在支持与促进高速公路的快速发展,提高道路输送能力,平衡路网交通流量,以及提高高速公路设计的安全性及可靠性。该项目计划主要包含两个方面:

(1)高速公路运营与交通管理。

(2)管控车道基础设施建设。

高速公路管理项目的内容主要包含以下方面:

(1)与高速公路管理与运营相关的道路规划开发、运营管理以及方案评估。

(2)相关立法、政策、标准及技术指南的制定。

(3)居民出行需求及接受度的调查。

(4)与其他各部门的协调性。

20 世纪 70 至 80 年代,HOV 车道在美国发展较为缓慢,20 世纪 80 年代中期至 90 年代末期,HOV 车道在美国迅速发展。美国第一条 HOV 车道在北维吉尼亚州的雪莉高速公路率先实施,它位于华盛顿和美国首都环城高速公路之间,其设计前作为公交专用车道使用。在 20

世纪70年代,HOV车道首先作为改善空气质量的手段实施。1970年净化空气行动修正方案确定了国家环境空气质量标准,并给予了环境保护处足够的权力治理空气质量。

在1973年对于洛杉矶区域最终控制计划,其中的一项重要条款便是"两阶段"的转换,针对高速公路和城市干线道路转变为HOV车道,并且区域HOV车道网络系统得到了迅速发展。

1973年12月在公交专用道基础上开通了HOV车道,车辆载客率要求在4人以上,这成为了第一个正式将公交车和合乘车辆结合的长距离管控策略应用先例。2005年,HOV车道在早高峰期间(6:30—9:30)的车流量达到8600辆,输送客流量为31700人(3.7人/veh),而单向3或者4车道的普通车道车流量达到21300辆时,却只输送23500的客流量(1.1人/veh)。HOV车道出行平均耗时为29min,而普通车道上的出行耗时达到64min。

2006年,加利福尼亚州HOV车道的实际流量达到设计流量的2/3,在高峰时段平均每小时输送客流量达到2518人次,远远超出了一般的拥堵道路的运量。

2008年,位于迈阿密的I-95号公路,全程线路最长的HOV车道开始运营,I-95号公路介于SR 112公路和捷威之间,线路全长186.7km。目前,在华盛顿城市群正在建造的I-495号公路长度将超过这条合乘车道,全长达到360.5km,为双向四车道,可以供高架上匝道。

2009年,加利福尼亚州拥有88条HOV车道,在美国各州中排名第一,明尼苏达州、华盛顿州、德克萨斯州、弗吉尼亚州,分别拥有83、41、35、21条HOV车道。位于洛杉矶地区的I-110号公路在亚当斯环形山大道和SR 91公路间设置了双向四车道的HOV车道。

从2012年起,I-95和I-395号州际高速公路HOV车道行驶48km耗时30min,路线延伸至敦夫里斯与弗吉尼亚州,通过物理隔离设施从普通行车道中分离两条独立的可逆车道供上下高架的匝道通行。在工作日上、下班高峰时段,3人以上的合乘车辆需求量较大。

根据实际调查研究发现,美国HOV车道管控策略实施水平在逐步提高,这一趋势表明HOV车道管控策略在解决大城市的交通拥堵等方面起到了良好的效果,逐步被接受。然而,HOV车道管控策略并不一定能满足所有地区的交通需求,在管控策略实施后,应对各方面进行评估与监控,确保管控策略的实施能够达到预期的目标和效果。达到的预期效果和目标对于一项成功的HOV车道实施而言,主要包括交通流量、实施效益、对路网整体运行效率的提高等。其中某些约束条件可能会影响实施策略的效果,例如普通行车道对HOV车道运行的干扰、公众反应、成本投入以及环境影响等。

1)管控车道在各地州的发展

德克萨斯州人口增长迅速,对交通基础设施的建设,尤其是对高速公路建设提出了较高的要求。在城市中心地区,因资金、土地资源以及环境等因素的相互制约,无法通过扩建足够的车道来缓解高峰期间交通拥堵的现象。因此德克萨斯州交通运输部一直寻求更为良好的交通运输需求管理策略,提高现有道路通行效率。

2000年,德克萨斯州交通运输部启动了一项五年建设计划,其计划内容用于设计一项更为灵活、实用、安全、有效的管理策略,即保障管控车道策略的实施。其主要研究了管控车道在规划、设计与运营方面的问题。至2005年,该计划取得了重大性成果,为德克萨斯州交通运输部在管控车道领域的研究奠定了领先地位。

2007~2010年,佐治亚州运输部实施了一项"管控车道系统规划"项目,并在亚特兰大中心城区进行了全面实施管控车道计划。其项目实施目标主要包含如下方面:

(1)提高管控车道通行机动能力

①提高车辆平均运行速度。

②降低通行延误。

③提高交通管理中心的访问效率。

④提高系统运输效率。

(2)最大限度地提高管控车道通行能力

①提高道路客、货运量。

②缩短出行时间,保障道路的可靠性。

③提高运输的准点率。

(3)最大限度地减少管控车道施工对环境的影响

①降低交通对环境的污染,改善空气质量。

②减缓实施过程中对环境的干扰,包含交通及生活环境。

(4)为管控车道提供灵活的融资渠道

①通过杠杆作用优化系统收费政策。

②融入市场机制作为传统融资渠道的补充。

根据佐治亚州交通运输部的规划,共分为5个实施阶段,各阶段政府投资金额见表1-1。

各实施阶段投资金额(单位:亿美元) 表1-1

阶段	总投资	资金缺口(按照35年贷款期计)
1	30	2.4
2	29	13.6
3	37	16
4	36	20
5	30	18
合计	162	70

图1-6为亚特兰大城市管控车道规划体系构架。

随着交通的发展,在某些地区HOV车道已不能满足当地的交通需求,因此提出了高承载收费(HOT)专用车道管控理念。HOT车道是在HOV车道概念设计的基础上对车辆进行收费管理,将行驶车辆承载人数限定与收费水平进行统一管理。如图1-7所示,是位于加利福尼亚州圣地亚哥路段的I-15号州际高速公路HOT专用车道。在该车道管理形式中,仅驾驶人乘坐的行驶车辆需进行缴费才具有通行权,而乘坐2人以上的乘客(不包括驾驶人)时才具备免费通行权。

HOT车道的建设是将HOV车道与收费相结合的一种管控策略,其管控形式的设置需满足如下要求:

(1)HOT车道应在现状HOV车道的基础上进行策略调整。

(2)该策略形式的布置能够使得道路使用者具有多种出行选择,可通过缴费的形式避免交通拥堵出行。

(3)HOT车道的建立不能取代现有主干道通行权。

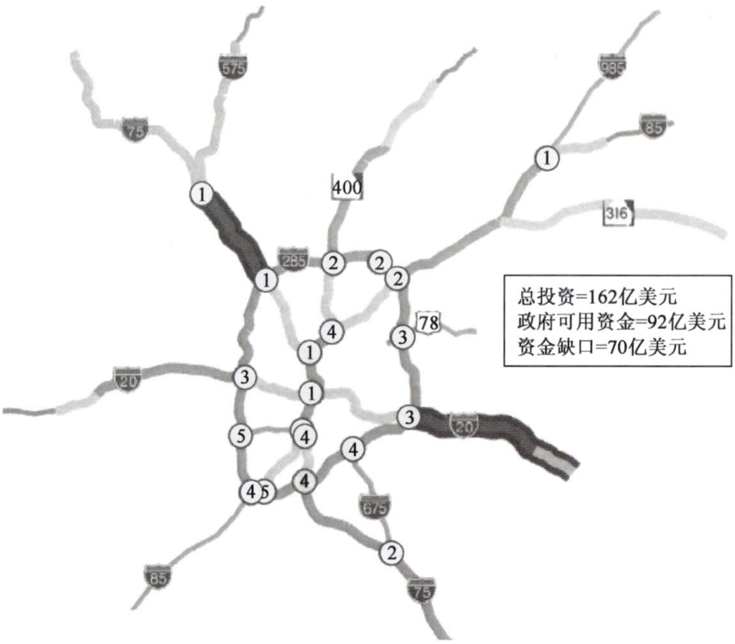

图 1-6　亚特兰大城市管控车道规划体系构架

图 1-7　圣地亚哥地区 I-15 号 HOT 车道

HOT 管控策略实施成功的关键是在 HOV 车道通行能力不足的情况下,缓解 HOV 车道交通拥堵状况,以提高路网系统通行能力。根据路网交通流量或行驶速度,通过动态收费的策略形式对道路进行动态拥挤收费政策。一般 HOT 车道采取每 5min 对路网系统进行一次检测,以通过调整收费标准实时平衡路网交通流量。当 HOT 车道运行交通量较大时,提高收费费率,将车流进行分离;当 HOT 车道运行交通量较小时,降低收费费率,以吸引交通流量。通过上述形式平衡路网系统交通状态。

随着路网交通流量的持续增加,HOV 车道的运行形式已不能满足路网交通流量,因此 HOT 车道管控策略在美国逐步开始应用,见图 1-8。

阿灵顿:全程 14mile(1mile = 1609.344m)长的 I-495 号州际高速公路由斯普林菲尔德路口至向北的杜勒斯收费公路,该路段在 2012 年通车,该项目作为公私合作的项目实施。

亚特兰大:横跨查伯利塔克路至老桃树路段的 I-85 号快速收费车道于 2011 年 10 月通车实施。

巴尔的摩:I-95 号快速收费车道,包括 4 条普通行车道与 2 条 HOT 车道。项目建设全长 8mile,分三个阶段实施,于 2014 年建设完成。

图1-8 美国HOT车道发展状况

2)管控车道实施效果

据美国联邦公路管理局2014年对美国20年来收费管控形式应用的调查研究显示,管控车道策略得到了有效地认可,其中高达75%以上的管理者认为其有效地解决了道路交通拥堵问题,如图1-9所示。

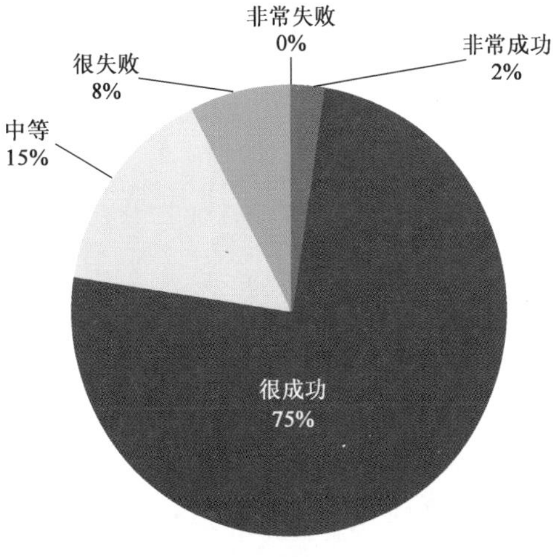

图1-9 美国交通管理者对管控车道态度

政府机构对圣地亚哥I-15号道路HOT车道的运行情况进行了一项反馈调研,共收集了超过800份的电话问卷数据,经分析表明:在已开通HOT车道的行驶区域,道路使用者充分了解了HOT车道的作用与优势,调研分析结果如下:

(1)91%的受访者认为I-15号道路HOT车道能够减少通行时间,是一个非常正确的决策。

(2)66%的普通车道使用者仍然认为HOT车道存在的重要性,并支持它。

(3)73%的普通车道使用者同意HOT车道能够减少该路线上的拥堵。

(4)89%的I-15号道路HOT车道使用者支持快速车道的延伸。

(5)80%使用I-15号道路的低收入机动车驾驶员同意以下观点:“即使车辆没有搭载其他乘客也应该可以使用快速车道”。

在华盛顿、明尼苏达州以及佛罗里达州也开展了相似的问卷调查,调查结果均显示拥堵地区的机动车驾驶员愿意支付一定的费用避免拥堵,费用支付意愿与收入之间并不存在关联性。

不同的管控策略形式有不同的规划目标,各管控策略相应的实现目标如表1-2所示。

各管控策略相应的实现目标 表 1-2

管控策略	目标
HOV 车道	提高车辆运载能力;增加道路承载量;减少出行时间;增加出行可靠性;增加出行选择;减少高峰期间车流量;提高快速公交服务;降低尾气排放;鼓励合乘出行理念
HOT 车道	提高车辆运载能力;增加道路承载量;保障行车速度;减少出行时间;额外收入用于建设、偿还债务;增加出行选择;提高快速公交服务;降低尾气排放;鼓励合乘出行理念;提供私人投资利润
快速车道	提高车辆运载能力;减少出行时间;提高出行选择
快速收费车道	提高车辆运载能力;减少出行时间;增加出行选择;额外收入用于建设、偿还债务;提供私人投资利润
公交专用车道	提高车辆运载能力;减少出行时间;增加出行选择;减少高峰期间车流量;提供专用公交车辆服务;降低尾气排放;鼓励合乘出行理念
货车专用车道	提高车辆运载能力;提高货物输送能力;保障车辆行驶速度;减少出行时间;降低交通事故率
货车限制车道	保障道路运行速度;维持及提高道路服务水平;降低交通事故率

1.3 国内管控车道发展概况

1.3.1 发展背景

在中国,随着国民经济的快速增长,以及城镇化水平不断提高,城市人口和私家车保有量均呈现快速增长的态势。城市规模不断地扩大,引起了人们出行需求的增长。另一方面,私家车保有量和使用频率的提高也使私家车出行在交通出行方式选择中占据了较大比例,这一现象也成为了道路交通拥堵的主要原因之一。为了改善交通状况,我国投入了大量的资金进行交通基础设施建设,然而道路基础设施的建设速度远不及机动车的增长速度,城市交通问题愈演愈烈,集中体现在如下几个方面:

1)城市化建设发展迅速,交通拥挤问题突出

我国城市化过程中汽车和电动车增长势头旺盛,给城市交通出行带来结构性的变化。交通面临的问题主要有:车多路少,现状道路已无多大潜力可挖掘利用;车速下降,交通拥挤堵塞的趋势正在恶化。各种交通问题集中反映在大城市过度密集的市中心区,近年来更有恶性循环的趋势。

而这些交通问题中,交通拥挤是最为突出、也是最为普遍的问题。由于城市交通需求急剧增加,交通设施的建设则比较缓慢,这种交通供求不平衡必然导致交通拥挤。另外,潜在交通量的存在和城市空间的限制,使得城市中心区对道路空间的需求必然大于供给,其结果自然会

产生交通拥挤。在中心城市主干道及周边高速公路，经常出现节假日道路交通拥堵综合症，道路资源演变为停车场，服务区人满为患，服务水平下降严重。

随着城市的发展，城市化进程的加速，城市机动化程度的提高，使得不断增长的城市交通需求与城市交通设施供应不足和滞后的矛盾更加突出。道路堵塞、交通拥挤和城市环境质量下降日趋严重，城市交通已成为严重的城市问题，成为制约城市发展的重要瓶颈之一。

当前我国大城市的交通拥挤主要是由于交通需求远远超出了城市交通的供给所造成的，并主要表现在土地利用形态和交通结构两个层次上。为缓解城市交通拥堵问题，国内各大城市纷纷采取各种综合治理措施，如对现有道路进行拓宽改造，增设地铁、环线等设施，施行ETC收费策略，加强交通监控形式等方法。

实践证明增加交通设施的供给虽可在中小型城市有效解决城市交通问题，而对于大型城市则必须采取更为精细化的管理，以满足日益增长的交通需求，充分利用和完善现有道路资源，缓解道路拥堵，提高道路通行能力。

2）道路通行能力障碍

近年来，我国道路交通供给水平不断提高，但是居民交通出行需求也在大幅增加，以私人小汽车为主要方式的出行需求更是飞速增长，其增长速度已远远超过了道路供给的增长速度，交通系统压力持续增大，交通供需矛盾无法从根本上得到解决。其主要表现在如下方面：

（1）私家车数量的快速增长、人民生活水平的提高、居民出行需求的快速增长，对交通设施的建设及运输能力造成了持续性考验。

（2）道路混合交通形式导致了服务水平发挥受限，造成部分路段拥堵严重，引发人力、物力、财力的巨大浪费，同时伴随着尾气排放量的加重，能源消耗加剧，对环境造成了相当大程度的污染。

（3）路段交通混合行驶状态时，各车辆间行驶速度差异较大，超车需求增多导致交通事故频发。

城市交通设施的不均衡分布和服务水平的一成不变，导致了交通出行量和出行距离的增加，而公共交通在城市客运交通出行结构所占比例却在逐年下降。因此，构建多层次多模式的城市综合交通系统迫在眉睫。

其次，虽然交通基础设施建设得到迅猛发展，但高速公路及干线公路的通行能力状况未得到有效发挥，同时伴随着现有设施资源不均衡等突出问题。

我国许多高速公路通车初期便车满为患，建成数年便面临着改扩建的问题（如沪宁高速公路、京珠高速公路），而部分高速公路通车数年仍难以达到设计交通量（如武英高速公路、武麻高速公路），造成平行国道（如国道318）承受过大的交通压力；某些高速公路两方向交通量极不平衡（如京藏高速公路）；许多高速公路在春运及节假日期间存在着单向交通拥堵的现象。

通过国内外研究表明，针对现有多车道公路重新划分车道，将大型车与小汽车分离行驶，或者在高速公路新建及改扩建期间，根据道路功能需求的特点增设专用车道，或根据不同时段以双向交通流量的变化动态调整车道或收费费率，能够有效节约利用现有道路的土地及空间资源，最大限度地发挥交通走廊车辆通行能力。

3)土地资源紧缺,供不应求

城市土地利用决定了城市交通需求规模和需求管理模式,从宏观上决定了城市交通结构、城市交通设施应有的建设水平和可能的布局形态。反过来,城市交通布局对城市具有诱导性和先驱性,影响城市的土地利用和开发。在城市化快速发展时期产生交通问题的同时,我国城市土地利用也存在不少问题,城市土地作为生产要素在城市经济中的调控作用没有得到合理的发挥,土地利用没有达到最优化的状态,潜在效益远未得到释放。近年来,在加大投资、拉动经济建设的大背景下,新增城市建设用地每年以两位数持续增长,其中约七成以上的批准用地用于城市交通和公共基础设施建设及居住项目建设。在城市规模日益扩张的时期,如何节约和充分利用紧缺的土地资源,实现城市建设的可持续发展,是亟待解决的问题。

4)交通能耗居高不下

伴随着城市人口和城市规模增长高峰点的到来,国内的大多数城市都面临着人口的快速增长和小汽车的广泛使用所导致的交通堵塞、城市空间的无序蔓延、石油消耗量的猛增、对不可再生资源的过度依赖、资源供给的不均衡利用和严重的空气污染等影响城市交通可持续性发展问题。《国家中长期科学和技术发展规划纲要(2006—2020年)》指出:缓解大中城市交通拥堵、减少交通能源消耗和环境污染、解决交通安全是交通领域需要解决的三大热点问题。能源已成为决定城市功能正常运转和居民生活质量的关键因素。

当机动车逐渐走入千家万户生活的时候,城市却变得混乱起来。城市开始无序蔓延扩张,城市人口密度下降,城市交通拥堵现象随处可见,石油等不可再生交通能源消耗严重,小汽车的尾气使得城市环境变得恶劣。经济的快速增长亦带来能源需求的刚性增长,同时带来了节能减排的沉重负担。

城市交通是能耗结构的主要耗能领域之一。以上海市为例,现阶段上海市人均能耗水平远高于其他发达国家与城市,单位生产总值的能耗为香港数倍。在总能耗中交通能耗占总量的30%,交通行业单位增加值的能耗高于全市行业平均水平。

此外,机动车尾气已成为温室气体排放的重要来源,交通排放污染已成为城市污染的主要源头之一。

综上所述,提高道路利用率应成为我国缓解交通拥堵,保证城市交通的通畅性和交通可持续发展,节能减排、保护环境的重要手段。美国在管控车道方面的应用实践可为我国解决交通问题提供理论、策略及实践的借鉴和指导,因此对美国管控车道的应用策略进行总结与分析是很有必要和具有直接、实际意义的。

1.3.2 发展历程

针对国内管控车道发展形势分析可知,国内管控车道发展进程较为缓慢,相比美国管控车道发展研究仅仅实现了对专用车道的应用。针对美国管控车道中应用较为熟练的HOV车道、HOT车道以及快速收费车道,现今国内应用较少,仍处于初级发展阶段,各方面应用尚不完善。

1)道路交通发展现状

(1)城镇化与机动化快速发展

城镇化率是国家或地区经济发展的重要标志,也是衡量一个国家或地区社会组织程度和管理水平的重要标志，用于反映人口向城市聚集的过程与聚集程度。据调查资料显示，中国城镇化率在2005～2014年期间，10年内增长了11.77%，年均增长1.17%，如图1-10所示，预计到2020年城镇化率将达到60%。随城镇化率的逐步提高，大量人群的涌入，对城市交通问题造成了严重的影响，对道路交通系统也是一项挑战。

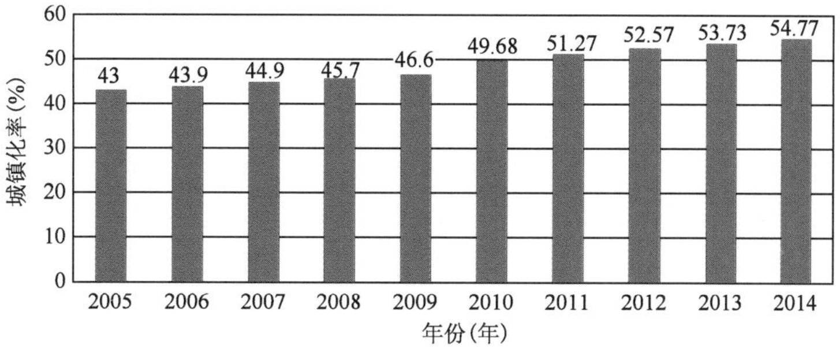

图1-10　历年城镇化率变化状况

私家车保有量的多少，与经济发展、经济活跃程度、国内生产总值、人均国内生产总值的增长，以及道路建设的发展有着密切的联系。随着中国经济的持续快速发展以及人民群众收入水平的不断提高，将有越来越多的家庭具备购买私人轿车的能力。汽车保有量不断增加，进入了快速上升增长的阶段。据调查资料显示，中国汽车保有量由2005年的4329万辆增长至2015年的15447万辆，在10年期间汽车保有量增长了2.6倍，年均增长1000万辆以上，如图1-11所示，预计到2020年其保有量将增加至2亿辆。

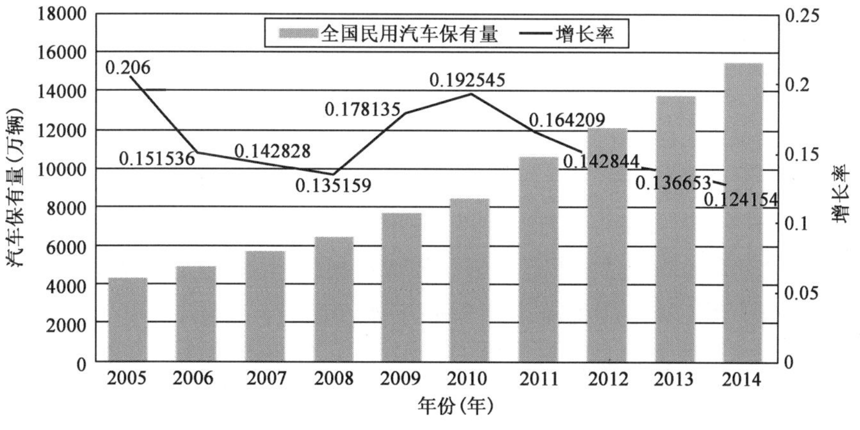

图1-11　历年汽车保有量变化状况

(2)交通供需失衡，道路交通拥堵频繁

城市道路交通供给难以满足快速增长的交通需求的要求。从整个城市交通系统的运行分析，交通供给已不能满足交通需求的变化，必然导致城市道路系统承担过多的机动车辆，致使城市道路系统服务水平下降，引发城市交通拥挤，加大交通环境污染，交通事故增多等城市交通问题。当前我国城市交通问题的本质可以归结为城市道路交通供需失衡。基于以上考虑，标本兼治城市交通问题需从城市道路交通供给和交通需求入手，寻找两者间的平衡。

尽管每年在城市道路与公交基础服务设施的投资在逐步增加，但交通拥堵的趋势还是难以避免,如图 1-12 所示。不仅北京、上海这种大城市拥堵频发,而且像东莞、昆山等中小城市也出现了不同程度的拥堵。交通拥堵现象发展趋势已由大城市发展至中小城市,由中心城区发展至城市外围,由高峰时段发展至全天时段。

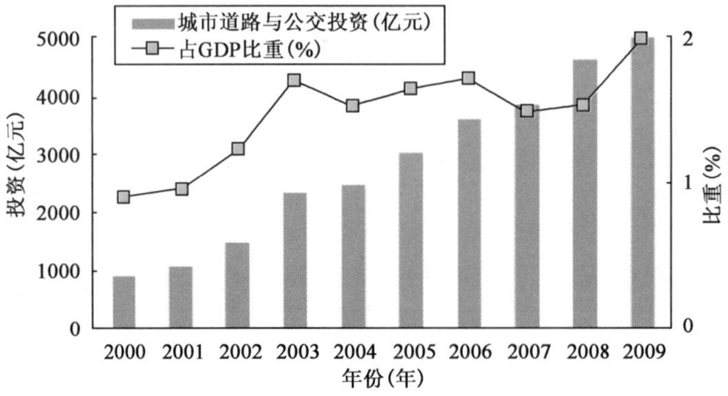

图 1-12　城市道路与公交投资状况

(3)城市交通管控技术有较大提高

交通需求是指人与物在社会公共空间中以各种形式进行移动的要求,具有需求时间和空间的不均匀性、需求目的差异性、实现需求方式的可变性等特点。交通供给是指为满足各种交通需求所提供的基础设施和服务建设,具有供给资源约束性、供给目的性、供给者多样化等特征。

从交通供给与需求的特征可以发现:需求是能够进行调节的,而供给是有限制的,但交通供给必须满足社会各项活动所必需的基本要求,保证交通运输系统在可接受的负荷状态下运行,否则城市交通便会处于瘫痪状态。同样,由于供给的短缺,必须对需求进行调控,即进行交通需求管理(TDM)。调整交通需求与供给矛盾需要一套多层次、多维度的组合措施,更为切实可行的思路是如何通过管理与服务的手段,充分利用现有道路交通资源,通过对管控技术的发展是制定交通需求管理的高效途径。

通过对全国 31 个省(区、市)以及 323 个地级以上城市的调研,资料显示,公安交通指挥中心建设较为完善的城市有 253 个(占 78%),建成视频监控平台的城市共 280 个(占 89%),建成交通信号区域协调控制系统的城市共 194 个(占 61%),全国共有 161 个城市(占 50%)建成功能较为完善的交通流信息采集系统,如图 1-13 ~ 图 1-16 所示。在交通指挥中心、交通控制系统、视频监控平台、交通信息系统等方面的迅速建设,有效提高了交通组织、秩序管控、应急指挥、事故处理、信息服务等方面的城市交通管控系统的运行效率,为交通管理措施的实施提供了基础。

2)交通管控发展存在问题

(1)交通管理有效信息缺失,信息不完整、不规范

全国仅有半数城市建成交通流信息采集系统,交通管理基础数据库缺乏;仅有北京、上海、常州等少数城市建成相应数据库与标准,数据的有效性、规范性有待提高。基于交通管理综合平台的道路出行者信息管理、事故违法信息齐全,但是管理设施、路况信息等仍然非常缺乏。可概括为如下问题:

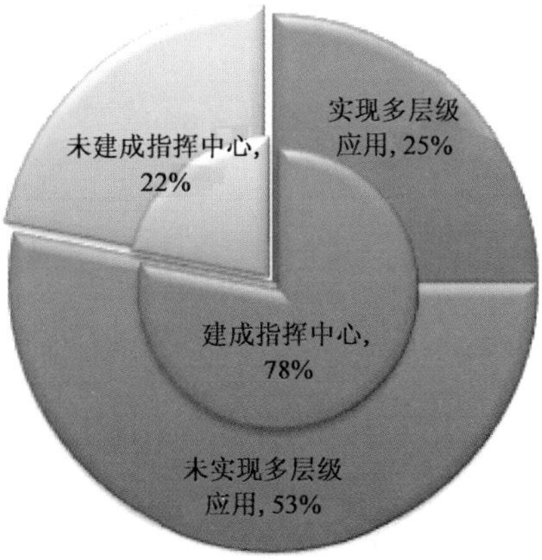

图1-13 全国城市交通指挥中心建设情况

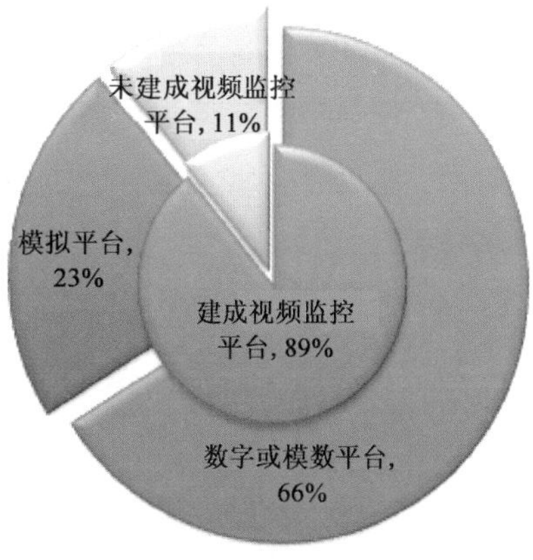

图1-14 全国视频监控平台建设情况

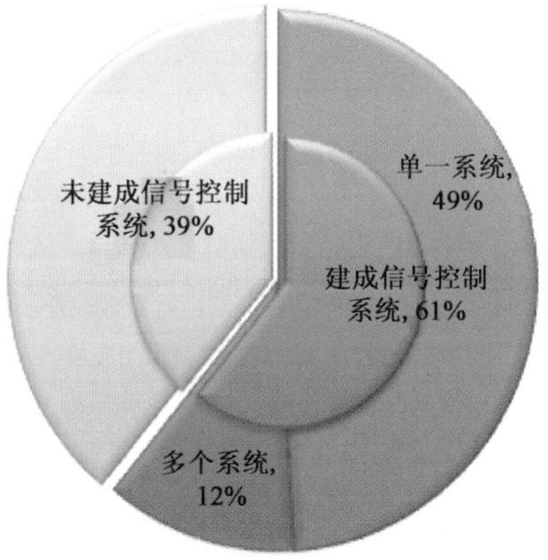

图1-15 全国交通信号控制系统建设情况

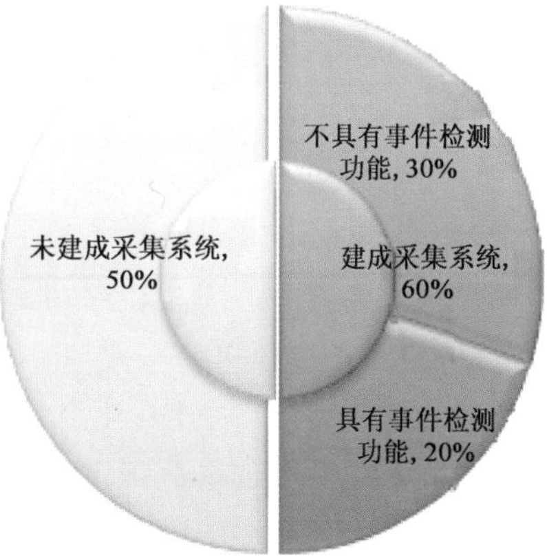

图1-16 全国城市交通流信息采集系统建设情况

①基础数据缺乏。

②各部门数据孤立、分散。

③数据标准不统一。

④业务导向不明确。

⑤数据接口不规范。

(2)交通管控理论与技术体系不健全

现有城市交通规划理论体系较为完整,大多来自于交通规划、交通设计等方面,形成了很多相关专著成果,相比之下,城市交通管理还未形成自身的理论体系。缺乏对交通组织、交通控制、交通设施设置等方面的系统性研究,以及协同性考虑。

国外在交通管控方面已形成了相应的体系,例如美国制定了《管控车道手册》《信号配时手册》《统一交通控制设施手册》;德国编制了《交通信号控制指南》;等。而国内在交通控制手册方面是缺失的。国外交通设计方面,美国已形成《道路设计手册》《步行规划和设计指南》等,而国内尚未构成完整的设计指南体系。同时管控车道技术在国内尚属先例,并未具有相应的建设与规划体系。

(3)交通管控技术发展尚未完善

一方面体现在道路交通组织的精细化水平不高，主要表现在区域和路口的宏微观两个层面。例如在区域层面缺乏区域交通组织系统性的设计，交通管理设施设置不规范，交通组织与管理措施单一等问题。在交叉口存在交通标志标线设置不合理、路口渠化设计精细度水平低等状况。

二是对动态交通流运行的实时均衡性调控不足，主要表现在交通流调控协同性优化考虑较少和路口交通信号控制不精细两个方面。全国几乎没有一个城市的主城区主要路口能实现7×24小时的信号配时设计。交通管理的协同性主要表现在缺乏交通诱导与信号控制的协同；缺少路口渠化与信号配时间的协同；缺少管控措施与配套设施间的协同。

三是缺乏宏观与微观层面的交通管控策略制定，表现在以下三个方面：

①缺少顶层设计，缺乏实用性、系统性的交通管控策略。

②缺少对控制策略的正确理解、设计和评估。

③缺少区域和干线控制模型及算法支撑，技术含量较低。

3)管控策略发展形式

(1)公交专用车道

公共交通是城市交通系统的重要组成部分，发展公共交通为城市居民提供了方便、迅速、准时、经济和安全的出行条件，最大限度地满足了城市居民的出行需求，是缓解城市交通拥堵的一种行之有效的方法。因此我国制定了“大力发展公共交通”的城市交通发展政策，并率先在大城市贯彻执行，按照有关专家预测，在优先发展公共交通方针的指导下，我国城市公共交通的客运量将有较大提高，2020年公共交通客运量将达到1500亿~1600亿人次，在城市交通结构中公共交通的比例也将达到30%~40%。

为保障城市公共交通的稳步发展，逐渐成为城市客运交通的主体，除了加速发展常规公共交通外，还需发展大运量的客运交通。从20世纪80年代初开始我国掀起一股建设轨道交通的热潮，全国有20多座大城市拟规划建设地铁和轻轨，然而由于轨道交通建设投资费用高昂，国内大多数城市目前还不具备大规模建设轨道交通的经济实力，在这种情况下建设公交专用车道也就成为了我国优先发展公共交通的一条捷径。

公交专用车道作为管控车道策略的初步形态，即为公共汽车使用而不允许其他车辆行驶的车道，其目的在于赋予公交车辆较高等级的专用路权，提高公共交通车辆的行驶速度，缩短运行时间，从而改善公共交通车辆的运行环境，提高公共交通服务水平。

1997年6月25日，北京市在长安街开通的公共交通专用车道(从复兴门至建国门)，是国内第一条公共交通专用车道，全长6.5km，供公交车辆及批准运营的小型公共汽车行驶。公共交通专用车道的开辟，使长安街运行的公交车辆的平均车速由以前的16km/h提高到20~23.5km/h，公交车辆正点率提高了43.6%，单程运营时间平均减少了8min，并出现了高峰时期公共交通车速普遍高于社会车辆的现象。

目前公交专用车道的建设已普及，国内已有十几座大城市提出了建设公共交通专用车道的规划方案，如北京、上海、深圳、广州、武汉等地，并取得较好的效果。

(2)货车专用车道

针对大城市对外交通走廊，由于是区域间客运与货运车辆的必经之路，往往行驶车辆类型混杂,货车比例高,车辆运行性能较差。尤其在交通走廊入城段,货车带来大量左转、调头需求,给路段行车安全带来极大威胁,并大大降低了道路交通运行效率,造成交通拥堵状况,服务水平低下。

国内较早提出了客货分离的概念,进行货车专用车道的布置,但由于交通情况的复杂性等原因,对货车专用车道及其配套交通工程的设计与运用的理论研究及应用较少。

2014 年 4 月,北京市顺义区实施了货车专用车道管控策略,该区已规划在京密路、六环路、京平高速公路等 14 条道路施划货车专用车道线路。同时,城区内部分路段将设置货车限行区域,时间节点为早 7 时至晚 20 时,重量达 10t 以上货运车辆禁止通行。

顺义区主要道路货运网络呈现"七横七纵"的交通路网特征。"七横"即昌金路、白马路、顺沙路、顺平路、顺平南线、龙塘路和京平高速公路;"七纵"即京承高速公路、京密路、天北路、顺密路、通顺路、木燕路和中干渠路。据实际交通流量数据观测,京密路平均日交通量 34467 辆,其中货车占据 43.7% 的比例;顺平路平均日交通量 26397 辆,其中货车占据 25.9% 的比例;昌金路、木燕路、顺沙路、白马路、龙塘路等交通主干路,货车交通占据全部交通量的比例均超过 25%,而国际通行合理指标是 10% ~15%。大型货车密集的路段,极易造成交通拥堵状况,同时增大了交通事故率,其中主要体现在顺平路、顺平辅线、顺通路等路段范围内。

为保障物流通畅,减少货运车辆对城区交通的影响。顺义区将在该区主要道路实施客货运分流的政策,设立货运通道与专用对外出入口。自 2014 年 4 月起,将在白马路、左堤路、外环路、顺平路(东段)、通顺路(南段)、顺沙路(西段)、外环路、龙塘路、京密路、顺密路、昌金路、木燕路、六环路、京平高速公路共 14 条道路布置货车专用车道。

同时,顺义中心城区部分路段将设定大型货运车道限行区域。拟定区域为北起白马路,东连左堤路,南至南环路,西接西环路、顺白路、京密路的范围内,时间节点界定为早 7 时至晚 20 时,同时限定 10t 以上货运车辆禁止通行。围绕货运限行区域,设置禁行禁时标志,加装交通监控设施,完善道路引导标识。

通过对货车专用车道的布置以及货车限行区域的规划,有效地提高了顺义区路网系统运行效率与行车速度,有效缓解了区域交通,实现了客货分流行驶。

(3)潮汐车道

潮汐车道,即车辆行驶方向可随交通管理的需要进行可逆变化的车道,以两条黄色虚线并列组成的双黄虚线作为其指示标线。对于逆向行驶的车道变换,可通过可移动护栏或可变导向显示屏进行转换。通过导向显示屏的变化将车流行驶方向进行变换,称之为可变导向车道,指示导向方向随需要可变的导向车道,车道内不设置导向箭头,车道两侧划有锯齿状标线。进入可变导向车道的车辆应按车道行驶方向标志指示的方向行驶。

2014 年 1 月,宁波开通了第一条复合车道(潮汐车道 + 可变导向车道),在该路段,通途路(永丰桥—新芝路段)东西方向行驶交通流量潮汐特性明显,每天上午由西往东行的车辆较多,下午由东往西行的车辆较多。为了配合此处的交通流量特征,并最大限度地合理使用道路资源,在此路段设置了复合车道。

该路段共含有 8 条机动车道,由南往北数第 4 条车道为潮汐车道,行驶方向可逆变换;第 5 车道为可变导向车道,行进方向为左转、直行可变。具体时间安排为每天上午 7 点至 11 点,西往东方向变为 4 个车道,东往西方向也是 4 个车道(如图 1-17 所示,分别为一个左转、两个直行、一个右转）；从上午 11 点至第二天上午 7 点，西往东方向变为 3 个车道，东往西方向变为 5 个车道（如图 1-18 所示，分别是一个左转、三个直行、一个右转）。目前暂时将车道变动的时间定在上午 7 点和 11 点，后期可能根据交通流量作出调整。

图 1-17　上午东至西行方向车道数

图 1-18　下午东至西行方向车道数

在这段 300m 的行驶道路上，交警部门分别在通途路、新芝路东口和永丰桥西设置了门架，指示过往车辆按照显示屏指示选择车道。导向显示屏转换共分三个阶段：第一阶段，出现屏闪，提示需进行信号转换；第二阶段，潮汐车道上方的显示屏两面均变为红色的禁入标志，并持续 2min 以上，此阶段为清空期，此时仍位于潮汐车道上的车辆需尽快驶离，而还未驶入的车辆则禁止驶入；第三阶段，转换为正常状态，指示车辆按照显示屏指示选择车道。两个门架上的显示屏变化同步进行，如图 1-19 所示为上、下午期间车道标志情况。

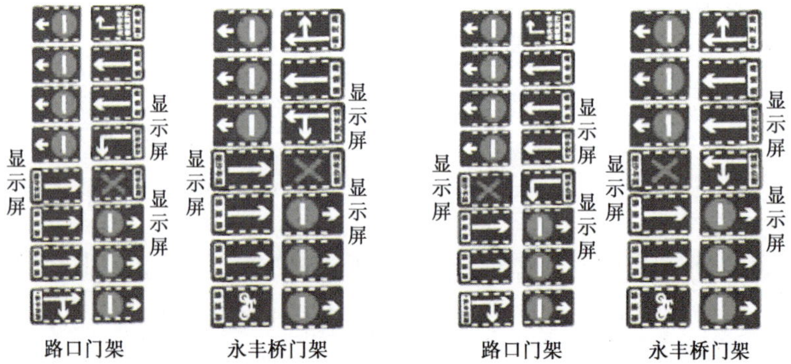

a）上午车道标志　　b）下午车道标志

图 1-19　上、下午期间交通标志状况

（4）HOV 车道

江苏无锡是国内最早实施 HOV 车道的城市，且仍处于 HOV 车道管控策略的初期形式，尚处于“雏形状态”。2014 年 5 月，HOV 车道在无锡兴源路率先实施，车道建设基础是基于公交专用车道演变而来，要求载有 3 人及以上的载客车辆才能通行，鼓励“集约化出行”，该实施措施在国内尚属先例，HOV 车道开通后，道路运行方面起到了良好效果，如图 1-20 所示。

兴源路是无锡市内贯通南北的双向六车道行驶的主要干道，交通流量非常大。为了缓解交通压力，倡导公交优先的政策。2008 年起，无锡在兴源路设置了公交专用车道，仅供公交车通行。近年来，由于无锡市私家车数量不断增多，无锡交通部门接到不少市民反映，因兴源路通行的公交线路不多，专门开辟一条公交专用车道，只允许公交车通行是对道路资源的严重浪费，于是无锡交通管理部门决定在原有的公交专用车道上设置 HOV 车道。

图 1-20　无锡 HOV 车道标志牌

无锡 HOV 车道开通以来，受到了无锡市民的好评。HOV 车道一方面提升了市民出行的效率，大大缓解了兴源路高峰期间交通压力；另一方面也是对道路资源的合理利用与节约。

据资料显示，无锡其他路段的公交专用车道都具有电子警察抓拍系统，但目前对 HOV 车道不进行抓拍，主要依靠市民自觉，但交警部门会不定期地开展专项检查，一旦发现车上不满 3 人却违规在专用车道上行驶的，将以不按规定车道行驶对驾驶员处 100 元罚款。

深圳于 2016 年 4 月 18 号在滨海—滨河大道启用广东省内首条多乘员车辆专用车道（简称 HOV 车道）。该专用车道与相邻车道车行道分界线为绿色虚线，地面设置相应文字及绿色多乘员车道图形标志，如图 1-21 所示。启用时间段为工作日早晚高峰，上午 7 时 30 分至 9 时 30 分，下午 17 时 30 分至 19 时 30 分。

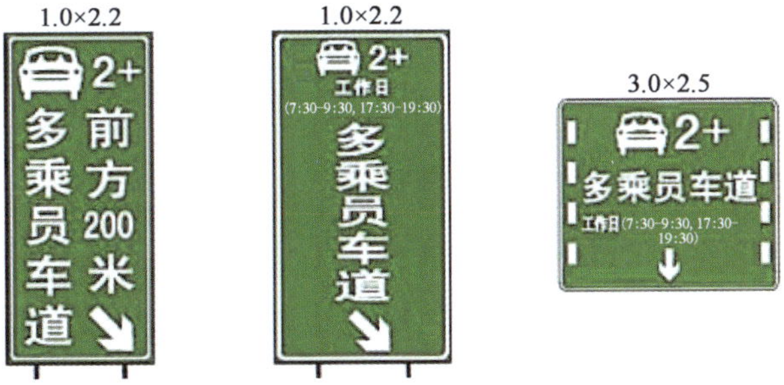

图 1-21　深圳 HOV 车道标志

滨海大道是深圳东西向主要快速干道，高峰小时车流量达 6938pcu/h，早晚高峰期间略有拥堵，但整体在可控范围之内，滨海大道出行具备“通道化”特征，起终点相对集中，且沿线立交及转向节点较少，车辆横切影响较小。据统计，滨海大道高峰时段单人驾车率达 74.2%，具备了较好的多乘员车道实施条件。综合各项因素考虑，深圳首条多乘员车道将选取在滨海大道、滨河大道，设置路段为滨海白石立交至滨河下沙人行天桥段西往东方向，位于主道最内侧一条车道。

为便于驾驶员识别，同时体现绿色出行的理念，深圳在设置多乘员车道标志标线时进行了一定的创新，以“多乘员车道”作为 HOV 车道的中文名称，多乘员车辆专用车道的上方或侧方间隔设置专用车道指示标志，专用车道与相邻车道车行道分界线为绿色虚线，地面设置相应文字及绿色多乘员车道图形标志，载客人数标识设定为“2 +”。

交警将依托现有和新建车牌识别设备高清监控抓拍，并通过“铁骑队”和“隐形战车”进行巡逻查处并辅以人工定点查处，对违反规定进入多乘员车道的车辆将给予 300 元罚款处罚，同时作为失信行为纳入征信系统。

1.4 本章小结

本章主要介绍了管控车道策略的概念、分类及作用,21 世纪初,管控车道(Managed Lane)发展成为美国公路交通领域的研究和建设热点,涉及广泛的交通组织策略,并为交通问题的改善提供了良好的方式。运用各种类型的车道管理模式的研究与实施,对充分利用现有道路资源,缓解高峰期间的交通压力,提高道路通行能力及运行速度,节约市民出行时间,减少能源消耗与大气污染等方面发挥了重要作用,同时对于促进智能交通系统(ITS)领域的发展起到了推动作用。同时在其他领域也有重大变革,如投资管理方面,近年来因受到金融危机的冲击,美国联邦政府和州政府下的基础设施的建设投资受到不同程度的影响,建设投资转向大力推行 PPP 模式。

针对国内管控车道发展形势分析,国内管控车道发展进程较为缓慢,相比美国管控车道发展研究仅仅实现了对专用车道、收费车道的应用。针对美国管控车道中应用较为熟练的 HOV 车道、HOT 车道以及快速收费车道,现今国内应用较少,仍处于初级发展阶段,各方面应用尚不完善。

第2章　管控车道实施策略

2.1　专用车道策略

专用车道策略即通过限制车辆类型对交通流进行主动干预，是最常用的管控车道应用策略之一，在美国已有40年的实践历程，其车辆行驶资格可按照车辆类型（如公共汽车、货车、摩托车等）或载客量[如两人以上（2+）的车辆、三人以上（3+）的车辆]予以界定。在美国大多数管控车道实践管理中，对车辆类型的界定中后者的定义较为普遍，即HOV车道管理模式。

对车辆类型的限定应以当地的实际交通状况为基础，充分利用管控车道容量，使得用户出行状态最大效用化。车辆资格限制的主要目标是降低混合交通行驶造成的延误，同时倡导多人合乘出行的交通方式，降低交通系统运输压力。尤其在高峰期间，给予特殊车辆类型优先通行权，在节约乘客行程时间、降低出行延误等方面具有良好效果。车辆资格限制的制定通常从以下因素予以考虑，但并不局限在以下因素：

（1）交通流中某种限定车型交通量。

（2）专用车道布设位置。

（3）平均每辆车载客量。

（4）平均车辆运行速度。

（5）节约行程时间。

车辆合格性管控形式的另一重要考虑因素便是时间操作性，包含特定时段专用车道与全时段专用车道两种类型。例如在高峰期间只允许限定车辆类型能够具有通行权，而在其他时间段内，全部车辆均可通行。根据当地的实际交通状况，对车道通行权的时段灵活操纵能够保证管控策略实施的有效性。下面对主要类型的车辆合格性予以分类阐述。

2.1.1　高承载专用车道

1）高承载专用车道概述

高承载车辆（High Occupancy Vehicle）专用车道简称HOV车道，是专用车道策略常用的实现形式之一。高承载车辆专用车道中对于车辆的限定方式主要包含两个方面：

（1）车辆类型的定义。

（2）车辆承载人数界定。

HOV专用车道在美国管控车道中的应用可追溯到20世纪90年代初，美国交通运输部将HOV车道中合法运行车辆限定为公交车、出租车、合乘小汽车、中型合乘车辆、低排放车辆等，但随着合乘优先理念的不断发展，因各地社会经济、交通水平发展不一，其车辆限定类型在不同区域亦有不同规则限定。HOV车道是指仅限于指定载客量的车辆通行的分离车道，在美国实践应用中，大多数HOV车道限制2人以上（2+）的车辆才能通行，但某些地域或处于高峰

图 2-1 HOV 车道承载人数限制

期间，某些 HOV 车道限定 3 人(3 +)以上的车辆才具有通行权，如图 2-1 所示。

车道限制车辆承载人数的界定对 HOV 车道运行效果有较大影响。HOV 车道行驶车辆承载人数标准主要依靠车道断面合乘率进行规划，其合乘率即是机动车运送乘客数量与机动车流量之比。经美国相关道路实践验证，当路段 2 + 车辆数量所占比例达到 15% ~20% 时，或现有路网的平均承载人数在 1.4 及以上时，可有效降低交通拥挤程度。车道限制车辆承载人数的设置标准主要考虑如下几方面的要素：

(1)在管控策略实施初期，以鼓励方式作为“先行兵”，吸引更多的出行人员转变出行交通方式。

(2)在大型的办公区域场地[例如中央商务地区(CBD)]，因该区域采用小汽车出行比例较高，如若对管控车辆的限制承载人数标准过高，则实施效果及目标实现较为困难。因此针对此类情况，在对管控车道策略应用时，可考虑采用 2 + 车辆的低标准界限。

(3)对于某些由公交专用车道转变为 HOV 车道的情况，应优先考虑 3 + 车辆的限定标准，防止公交专用车道的转变而引发的拥堵现象。

HOV 专用车道可实施在主干道或高速公路。经美国实际经验及研究表明，HOV 车道有效地提高了道路运输效率。当在高速公路进行 HOV 车道管控策略应用时，其交通基础设施主要服务于三种类型的交通流形式：隔离交通流、同向交通流与反向交通流。同时，道路隔离设施可以是双向交通流的隔离，也可以是可逆交通流移动设施。

在 HOV 车道实践过程中，因各区域道路实际运行状况复杂多样，在界定 HOV 车道内行驶车辆的承载人数政策时，应以易操作、易实现为原则，并根据实际的应用效果与环境相结合，进行合理的调整，提高 HOV 车道的运行效率。

2)HOV 车道类型

HOV 车道管控作为一种缓解高峰期间交通拥堵现象的有效策略，极大地提高了路网运行效率，已运用于美国众多城市，其中 HOV 车道形式大致分为以下几种类型：专用双向 HOV 车道、专用可变单向 HOV 车道、同向车流 HOV 车道、逆向行驶 HOV 车道。现对各类型做简要介绍。

(1)专用双向 HOV 车道

该种类型车道大多利用物理隔离设施隔离 HOV 车道与普通车道，其隔离设施既可采用隔离栏，也可采取混凝土隔离的形式将交通流进行隔离，如图 2-2 所示。专门为 HOV 车辆及限定内车辆提供通行权，某些情况下只可在规定的时段内通行。其车道内部大多采取双向交通流，双向交通流之间以道路标线进行分离，且具有固定的出入口设施。图 2-3 所示为位于洛杉矶市的 I-10 号州际高速公路双向交通行驶 HOV 车道。

因该种类型的 HOV 车道建设条件要求较高，成本耗费较大，且对道路条件、车辆状况等方面要求较为严格；并且近年来在本形式的管控应用方面，出现了 HOV 车道道路通行能力不足的现象，因此，在美国的道路规划设计中，该类型的 HOV 车道应用状况也在逐渐减少。

图 2-2　专用双向 HOV 车道

图 2-3　洛杉矶路段 I-10 号州际高速公路 HOV 车道

为了解决该项问题，能够最大限度地利用 HOV 车道通行能力，美国采取逐渐将某些 HOV 车道转变为 HOT(High Occupancy Toll)车道的交通组织管理策略，例如美国 I-10 号州际高速公路已实现此种形式的转变。HOT 车道是指在允许符合 HOV 车道行驶标准的车辆在该车道通行的基础上，若其他不合格车辆想拥有该道路的通行权，则可通过缴费的方式来实现。该方法在保证道路通行能力能够得到充分利用的同时，也带来了一定的经济效益。

(2)专用可变单向 HOV 车道

该类型 HOV 车道的设置方式与专用双向 HOV 车道设置形式相似，其主要是利用物理隔离的方式将 HOV 车道与相邻的普通行车道分隔，允许符合 HOV 车道通行标准的机动车在规定时间内使用的该车道。并且，该类型 HOV 车道根据时间段的不同，可以调整 HOV 车道交通流行驶方向，如图 2-4 所示。

图 2-4　专用可变单向 HOV 车道

然而，在该类型车道内行驶的车辆均为单向车流，通常根据交通流需求量限定某一规定时间内的车流方向，例如潮汐交通流，一般设置在车流方向性明显的辐射性交通走廊上，如连接中央商务区(CBD)的交通走廊等。该类型的 HOV 车道设置形式对于缓解有潮汐交通流特性地区的路网压力，起到了良好作用。针对美国现状 HOV 车道应用状况，可变单向 HOV 车道设置数量高于双向车流 HOV 车道。

如图 2-5 所示，位于德克萨斯州休斯敦路段的 I-10 号州际高速公路便采取该种形式的 HOV 车道布置。在专用可变单向 HOV 车道行驶中，将一条分隔车道根据时间分布改变出行交通流的行驶方向。该种类型的车道布置形式通常是于上、下午高峰期间，在入口通道上改变车辆行驶方向。该种类型的管控策略实施形式可有效地解决高峰期间交通拥堵的状况。

(3)同向车流 HOV 车道

同向车流 HOV 车道是指利用隔离设施、交通标志、标线将 HOV 车道与普通车道分离的管控策略，其车流行驶方向与相邻普通车道一致，且道路双向行驶车流均设有 HOV 车道，如图 2-6显示。通常按照与相邻普通车道之间的隔离形式，可分为有缓冲和无缓冲两种情况；按照车道在单向车流行驶中的设置位置可分为中间 HOV 车道与右侧 HOV 车道。该种类型的车道亦称为“钻石车道”,该形式也是最为普遍的 HOV 车道类型。

图 2-5　德克萨斯州休斯敦路段 I-10 号州际高速公路专用可变单向 HOV 车道

图 2-6　同向车流 HOV 车道

如图 2-7 所示为德克萨斯州达拉斯路段 I-635 号州际高速公路上布置的 HOV 车道,其采取的便是同向车流 HOV 车道管控策略。实施过程中,管控车道与普通行车行驶方向采取双白色交通标线的形式予以隔离。

(4)逆向行驶 HOV 车道

逆向行驶 HOV 车道是指“借用”对向通行能力富余的车道,为分担高峰方向行驶车流使用而形成的车道。当某地区中心城区与郊区间在高峰期间存在较为严重的双向交通流量比不均的现象,则可采取该种 HOV 车道类型。

该类型车道通常采用锥形路标、自动移动式护栏等形式隔离,一般设置在“潮汐交通流”特性显著路段,如图 2-8 所示,通常利用自动护栏移动车辆智能化完成交通流行驶方向的转换工作,此种类型的车辆完成护栏的移动时间较短且不影响后方车辆的运行,广泛应用于美国逆向行驶的 HOV 车道变换实践中。

图 2-7　达拉斯路段 I-635 号州际高速公路 HOV 车道

图 2-8　自动护栏移动车辆

可移动护栏技术根据高峰期间较高的潮汐交通流予以改进，更迅捷快速地实现交通流量管理与调控。如图 2-9、图 2-10 所示，在逆向行驶的 HOV 车道管理中，通过该形式能够及时实现车道变换。

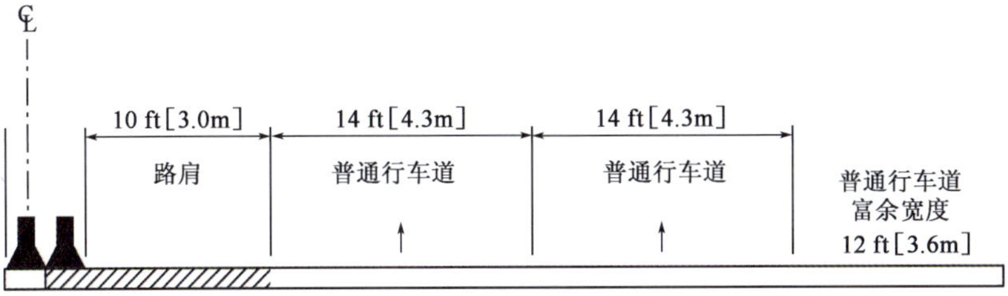

图 2-9　车道变换前断面布置

注：1ft = 0.3048m。

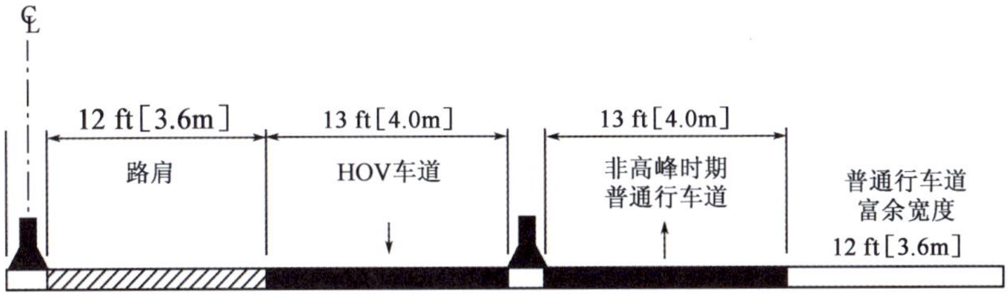

图 2-10　车道变换后断面布置

逆向行驶的 HOV 车道的优势在于既能解决潮汐交通流所带来的交通拥堵问题，又能够保证车道剩余通行能力得以充分利用，避免了对向车道通行能力的投资浪费。该类型 HOV 车道灵活性较大，但由于设置有固定出入口，且换道设备成本造价高，因此该类型车道系统性管理难度较高，建设成本投入较大，在运用前需进行深入分析。如图 2-11 所示，为德克萨斯州休斯敦路段 I-45 号州际高速公路逆向行驶的 HOV 车道类型。

图 2-11　休斯敦路段 I-45 号州际高速公路逆向行驶 HOV 车道

只有当各方向行驶交通流车流不均匀时，导致极度拥堵的地区才采用逆流形式的车道布置，该方法仅可作为一种临时交通流发展措施，不可进行长期的管理与运营发展。表 2-1 描述了新泽西州以及纽约地区逆流式行驶车道的布置状况。

美国逆流式行驶车道实施状况　　表 2-1

车 道 特 征	新泽西州	纽约
道路	林肯隧道 I-495	皇后中城隧道 I-495
长度(英里)	2.5	2

续上表

车道特征	新泽西州	纽约
投入年份(年)	1971	1972
实施时间	上午	上午
非高峰期间预留车道	2	2
缓冲车道	无	无
典型公交车流量	500 辆/高峰小时; 900 辆/高峰时段	120 辆/高峰小时; 200 辆/高峰时段
典型乘客流量	21000 辆/高峰小时; 35000 辆/高峰时段	6000 辆/高峰小时; 10000 辆/高峰时段

逆流行驶的 HOV 车道仍具有以下缺点:

①每天需进行频繁的车道变换,以改变路面状况。

②高速公路逆向行驶的 HOV 车道有助于降低交通事故率,但是执行标准较为严格,同时,由于非高峰方向行驶的车道容量减少,增加了此方向的事故发生率。

3)HOV 车道影响因素

为实现提高道路及土地利用效率、增加单位面积道路交通输送人数、缓解交通拥堵的目的,在 HOV 车道的规划设置过程中,需从需求与供给的角度分析其设置条件,基于交通调查数据,从周边土地利用、道路交通流现状、居民出行意愿等方面对 HOV 车道的需求影响因素进行分析。

(1)交通调查分析

交通调查是获取交通状况基础数据的主要手段,车道布置的实际应用研究需以实际道路状况数据为基础。交通调查是指利用客观手段,对道路的交通流形式及相关的交通现象进行调查,并对调查资料进行分析与判断,从而了解与掌握当地的交通状态及有关交通现象的工作过程。按照调查对象,交通调查可分为以道路上机动车为对象的道路交通流调查和以人们的行为出行意愿为基础的行人活动性质调查。

交通调查的工作是十分重要且必须进行的,它是掌握道路运行车辆的行驶状态和反映行人出行意愿的重要途径。道路交通流特性是反映道路交通运行现状的重要指标,针对运行车辆的调查主要包括交通基本参数的分析,如交通量、速度、密度和运行时间,以及在 HOV 车道设置中最关键的因素——道路车辆承载率等方面;HOV 车道设置条件的分析,必须以实际数据为基础,因地制宜,选择适合当地形式的 HOV 车道布置方式。利用 OD 调查、交通流调查和居民合乘意愿调查方法,采集周边道路 OD 数据,断面及出入口交通流量、车辆速度、车型构成、车辆承载率数据,以完成 HOV 车道的设置条件分析和方案设计。

行人出行意愿调查主要包括行人的出行愿望、出行起讫点分布、出行目的、出行方式和出行时间等,以分析居民的出行水平。居民出行的合乘意愿是 HOV 车道设计中的一个重要影响因素,它为合理界定 HOV 车道上行驶车辆的承载人数的标准、实现缓解城市道路拥堵的目标奠定了基础。

为了准确分析居民对于设置 HOV 车道的合乘意愿,主要从两个角度进行调查:①对城市全体居民进行抽样调查；②针对拟设置道路周边居民合乘意愿进行抽样调查。市民对合乘车辆的认可程度、对能够接受的搭乘人数意愿以及放弃私家车选择合乘的意愿，能够初步地反映HOV车道设置后道路断面车辆的减少数量，为HOV车道上合乘车辆的设置标准提供了依据。

(2)土地利用分析

"城市土地利用"广义上讲是城市总体功能范畴中的空间分布或地理类型。交通与土地利用间具有因果关系，土地功能布局的性质直接影响着人们出行活动，继而关联交通量的发生与吸引。根据交通规划原理，土地的功能布局与车道设置位置的起讫点和道路长度的设置密切相关，因此HOV车道设置的首要环节便是确定其设置的起讫点与道路的长度。

土地功能布局分析通常采用调查道路网格局与周边交通等方法结合进行，其目的是确定设计道路周边出行发生与吸引的集中地。主要分析过程为：通过路网格局与交通特征判断交通流行驶方向，确定出行起终点集中区域；通过对发生与吸引集中地的分析，明确HOV车道设计的最佳合乘路段状况与时机，最终从土地利用的角度为HOV车道的规划提供依据。

(3)路网状况分析

交通量是指单位时间内通过道路某节点或某断面的实际通行人数或行驶车辆数。根据交通流行驶特性，交通量不是一个静止不变的变量，具有随时间和空间变化而变化的特征。在对道路运行状况进行设计和评价的过程中，一般使用高峰小时交通量和平均日交通量两种指标。在国外HOV车道设置的状况分析中大多以高峰小时流量作为评价分析指标。

根据美国《HOV车道设计指南》(《HOV manual》)，设计道路上的高承载率的车流量是HOV车道设置的一个关键影响因素。其中高承载率车辆的适用对象主要包含公共交通车辆、合乘车辆和班车。其次，根据不同的车道类型，其高承载率车辆的高峰小时流量限值如表2-2所示。

高峰小时HOV车道最小运行流量经验值 表2-2

车道类型	单车道高承载率车辆高峰小时最小流量(pcu/h)
专用双向HOV车道	400~800
专用可变单向HOV车道	400~800
同向车流HOV车道	400~800
逆向行驶HOV车道	400~800

交通流中速度的分类有多种类型，其中平均行车速度和高峰小时速度是评价道路运行效率的重要性指标。平均车速是指单位时间内通过道路某一断面所有车辆的瞬时速度的算术平均值。在美国已有的规划指南中将车辆行驶速度作为评价或改变现有HOV车道运行情况的指标。

在分析现有规划道路速度限制的基础上，需对HOV车道的最低设计速度进行重新界定。由于每个城市交通拥堵程度和道路状况不同，因此不可能制定一个统一的车速限制标准。根据美国道路设计规范，城市干道的设计车速为30~60km/h，当干道高峰时期平均运行速度低于48km/h时，可考虑规划合适形式的HOV车道。

美国HCM 2010(Highway Capacity Manual 2010)将道路饱和流率(Saturation Flow Rate)定义为V/C比，其中V是指道路的最大交通流量，C为道路运行的最大通行能力。通常采用道路的饱和流率作为评价道路服务水平的指标,饱和流率越高,道路服务水平就越低。我国的道路静态交通研究中发现当道路饱和流率大于0.9时,道路运行服务水平急剧下降,达到不稳定状态,道路开始拥堵。在美国已有的研究报告中指出当道路服务水平(LOS)达到E或更为低下的服务水平时,规划的HOV车道能体现出其显而易见的优势,而LOS的E标准即对应于我国道路饱和度0.9的标准。因此,当道路饱和度达到0.9及以上时,应考虑规划HOV车道较为合适。

4)HOV车道在美国应用现状

针对美国管控车道实施状况的分析,对其进行的性能监测以及措施制订采取周期性的实施步骤,除了为交通规划与管理部门提供有效的依据外,也为扩大公众的接受程度以及项目的实施效果方面奠定了基础。针对管控车道运营管理的目标及实施,美国相关管理者采取了有效的保障措施,如表2-3所示。

HOV车道实施目标以及措施 表2-3

实施目标	有效措施
提升拥堵车道的通行能力,通过提高载客率以增加路网运输量	人员流动的实际增长与百分比增长; 平均车辆载客率的平均增长与百分比增长; 公交车辆载客率实际增长与百分比增长
提高公交车辆运行效率	提高车辆运送率; 改进公交车辆运营时刻表; 提高公交车辆安全性能
节省出行时间,提供更可靠准时的出行时间依据	高峰期间及运行方向出行时间明显短于普通车道上出行时间; 增加出行时间的可靠性
降低环境污染与能源消耗	降低尾气排放; 减少燃油消耗; 缩短车辆出行时间
提高车道运行效率	改善高峰期间各车道行车效率
提高安全性,降低对普通车道的干扰	HOV车道与普通行车道的事故数量及严重程度; 事故发生率
有效地改善交通运行状况	成本效益比

近年来,随着HOV车道研究的深入,美国HOV车道的类型也在逐渐发生演变,原有的HOV车道已经逐渐演变为同向车流HOV车道与逆向行驶的HOV车道类型,其他各种专用车道的类型亦在向这两种类型过渡。

为了充分发挥现有道路交通基础设施,美国某些地区设置了逆向行驶的HOV车道,即潮汐车道。通过对该类型车道的布置,改变现有道路方向性行驶的交通流量,以满足高峰时期交通需求。对于逆向行驶的HOV车道类型,实施依据是高峰时期出现严重的交通流方向性不平衡状态。据美国研究学者调研发现,当交通流出现7:3时可考虑设置逆向行驶的HOV车道。

实施逆向行驶 HOV 车道后能够更加经济、合理地利用公路用地。如图 2-12 所示为逆向行驶车道减缓高峰时期交通流状况。

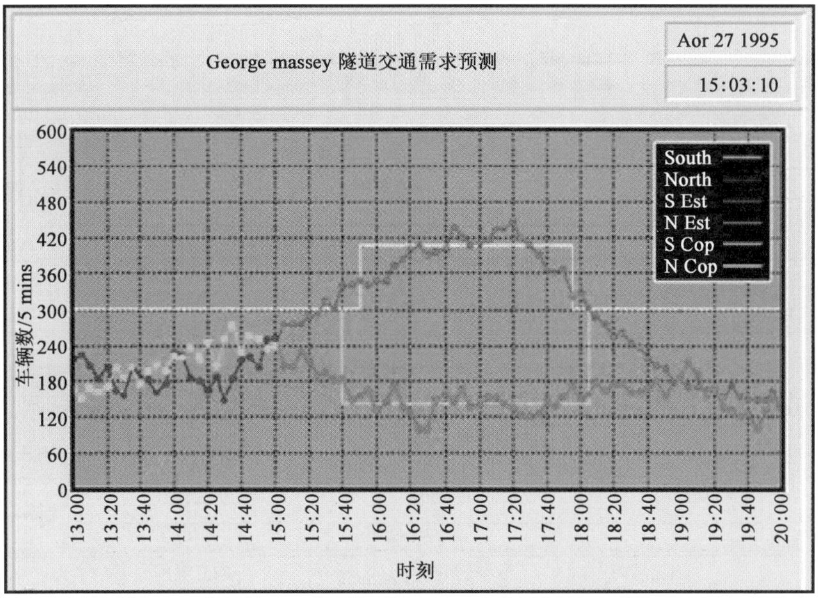

图 2-12　逆向行驶车道减缓高峰时期交通流状况

逆向行驶车道通常布置在高速公路中央被完全分离的车道上，以满足高峰时期内的交通需求。列举典型的例子：圣地亚哥于 I-15 号州际高速公路实施了一系列逆向行驶的快速车道，已经运营了 14 年。其中 2 条逆向行驶的 HOV 车道位于特德·威廉斯出口北部（SR-56 公路）与 SR-163 出口南部，该路段逆向行驶的 HOV 车道开放时间为上午 5:45 至上午 9:15，为早高峰时间段；下午 3:00 至下午 7:00，为晚高峰时间段。在高峰期间，I-15 号州际高速公路 HOV 车道在同一方向同时使用两条逆向行驶车道，并且以下车辆具有行驶通行权：

（1）2 人以上合乘运行机动车辆。

（2）公交车辆。

（3）摩托车。

周末运行期间，I-15 号州际高速公路 HOV 车道通常不开放逆向行驶车道，或根据实际通行状况酌情使用。在进行该逆向行驶 HOV 车道布置状况时，其设施应用中具有三个屏障间相互作用，除此之外还具有车道控制的自动限定器、车辆检测装置、摄像机、照明设施以及 CMS 标志。具体结构如图 2-13 所示。

在芝加哥地区的肯尼迪高速公路、西雅图 I-5 号州际高速公路以及北弗吉尼亚地区 I-395 号州际高速公路均设计并实施了分离式逆向行驶车道。如图 2-14 所示为北弗吉尼亚 I-395 号州际高速公路中央逆向行驶车道。

肯尼迪高速公路在中央分隔带处设有一段长 7 英里的双车道逆向行驶车道，该车道为快速行驶车道，在车道两端的出入口之间仅具有一个出口，外侧车道部分为单向 3 ~ 4 条行车道。

在西雅图中部地区的 I-5 号州际高速公路北部路段设有 7.5 英里的逆向行驶车道，该逆向行驶车道并不是快速车道且具有几个交叉点，该逆向行驶车道具有以下主要特征：

(1)逆向行驶车道与外侧普通行车道间通过道路两端的链接点进行连通，同时，其他七个交叉点衔接逆向行驶车道与路网干线系统。

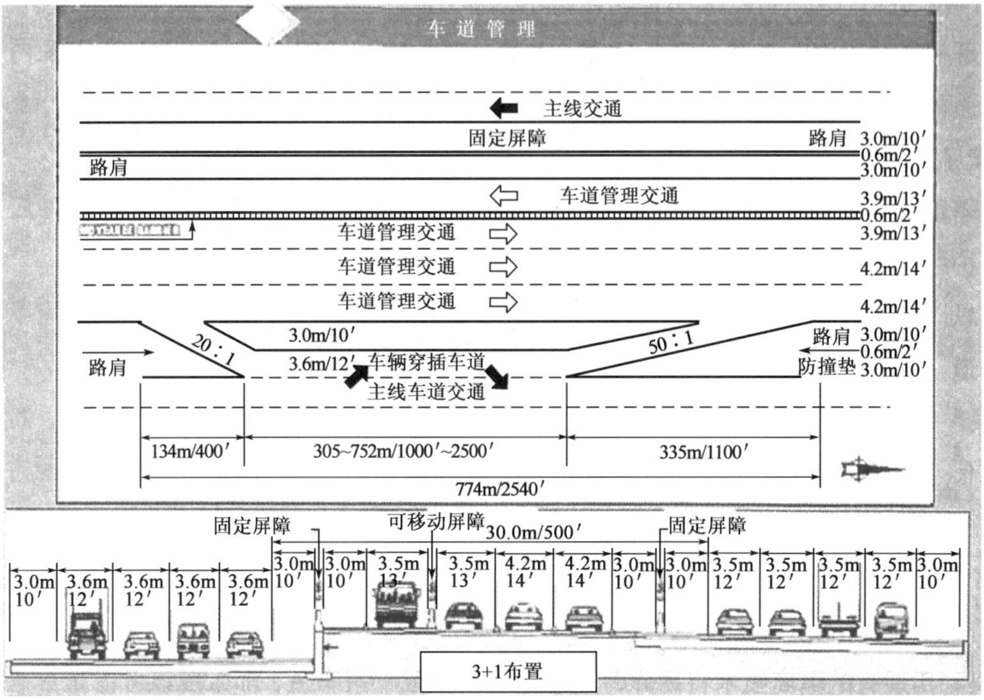

图 2-13　I-15 号州际高速公路逆向行驶车道布置状况

(2)控制匝道与逆向行驶车道连接的设备：

①旋转挡板。

②指明驾驶员当前运行方向的可变信息标志。

上述连接设备主要布置在各匝道口，帮助驾驶员熟悉线路走向，且在工作日期间调整车道走向布局，周末期间车道布置也有相应调整。

图 2-14　北弗吉尼亚地区 I-395 号州际高速公路中央逆向行驶车道

圣地亚哥丹诺桥梁中心车道在 1.6 英里长的距离内布设有逆向行驶车道，车道布置在一天中两次改变行车方向，采用可移动护栏技术进行车道变换，以满足高峰时期交通需求，高峰时期内该方向行驶车道为三车道行驶，在非高峰方向为两车道行驶。

美国的实践调查研究及实践表明，当实施可移动护栏技术时应考虑如下因素：

(1)若采取可逆车道管控策略，基本条件是其他普通车道的布置能够满足正常的交通需求，若该地区交通量较大以至于普通行车道尚不能满足行驶条件的需求，造成高峰期间交通拥堵的状况，则应考虑其他方法研究单向行车方向的可行性，例如通过调节周边交通量以减少非高峰方向的行驶交通流量。在实施了逆向行驶车道后如果依然存在交通拥堵状况，仍可认为该车道管理方案的实施是有效的，也即是，高峰期行驶方向增加通行车道所带来的益处超过了非高峰期行驶方向减少车道带来的弊端。

(2)若在高峰期间内利用现有的交通流分离技术，将路肩转变为行驶车道，则应考虑是否具有足够的道路建设用地，以保障车道行车安全。

2.1.2　公交专用车道

随着城市机动车保有量迅速增加，城市道路的建设远远跟不上机动车辆增长速度，交通供给和交通需求间的矛盾日益严重，继而导致了交通拥挤由线转变成面的局面，路网交通延误持续的增长成为制约城市发展的重大问题。如何在现有道路及交通条件下，提高土地资源的利用效率、缓解交通拥挤问题，是众多大中城市亟待解决的问题。美国针对该项问题采取了优先发展公共交通的策略，公共交通具有载客容量大的特点。与私人交通工具相比，公共交通人均占地面积小，能够更加高效地利用有限的道路资源。

公交专用车道作为推行公交优先政策的主要措施之一，在实现公交优先通行权方面效果显著。公交专用车道可称之为公交专用 HOV 车道，是最早的 HOV 车道设置形式之一，该车道只有公交车辆具有通行权。开辟公交专用车道有效地实现了公交车与社会机动车辆的分离，减少社会机动车辆对公交车的行驶影响，使得大容量的公共交通运行更加快速、安全，提高了路网的运输能力。

1)公交专用车道设置形式

(1)车道横向位置

公交专用车道是指在较宽的运行车道上，采用交通标线或物理设施分离各车道间运行交通流的方法，划分出一条公共汽车专用车道，保障在特定的时间、区域内供公共汽车行驶而不允许其他车辆通行。根据公交专用车道横向设置位置，可以分为 3 种类型：路中式公交专用车道、路内侧式公交专用车道、路外侧式公交专用车道。

①路中式公交专用车道。

路中式公交专用车道是将公交专用车道布设在行驶路段双向交通流的中间车道上，采用路中式公交专用车道的布设方式比较适合直行公交车流量比例较大，行驶路段沿途没有停靠站的情况。路中式公交专用车道在提高公交车道运行速度以及交叉口处实现优先控制、优先通行等方面具有很大的优越性。但是路中式公交专用车道与路段途中的停靠站点间的协调问题处理起来较为复杂。

美国公交车道设置应用实践经验显示，城市道路的公交停靠站点间距离均较短，相邻交叉口间的路段没有设置公交停靠站点的情况较少，因此路中型公交专用车道应用得相对较少。如图 2-15 所示为路中式公交专用车道布置形式，图 2-16 为加利福尼亚州路中式公交专用车道应用状况。

a. 优点。

公交车辆运行相对独立性较高，行驶车流受到的横向干扰少，几乎不受其他社会车辆的运行干扰，因此，公交车运行速度较快，如若配合新型公交车辆能够完成较高的道路运量。

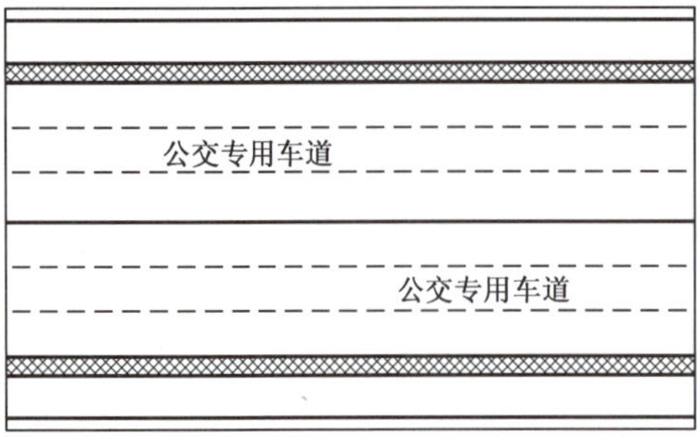

图 2-15　路中式公交专用车道布设形式

图 2-16　加利福尼亚州路中式公交专用车道应用状况

b. 缺点。

该形式的公交专用车道，使得直行公交车与其他左转车辆存在较大冲突，必须禁止其他社会车辆左转或给予其他左转车辆单独的信号灯相位通行权。乘客进出站台区域条件相对较差，必须穿过机动车道才能到达公交车停靠站点，在车辆行驶速度较快的状况下存在较大的不安全因素，尤其当看到公交车的到来想迫切过街上车的心理出现时，因此必须设置过街天桥、地下通道等过街设施，继而到达公交车站，但是该种过街设施的布置方式增加了投入成本。

c. 适用条件。

首先，由于需要在道路中间设置公交停靠站点，因此对道路横断面宽度要求较高，并且道路横断面形式最好为双幅路或四幅路，具有较宽的中央分隔带，该种断面形式能够更好地保障公交车辆及其他社会车辆的运行效率，降低彼此间的干扰程度，保障路网的输送能力。

其次，该形式布置适用于大运量直通式的公交车辆运行，例如采用车载客量在 200 人以上的大运量型、低底盘的快速公交车直行通过各个交叉路口的客运方式。如果在路中式公交专用车道内运行普通类型的公交车辆，必须注意以下几个方面：

a）公交车停靠站点宜设置在交叉口出口道处，且具有足够的站台长度，交叉口入口宜留作公交车辆行驶导向车道。

b）公交专用车道至少应留有两条行驶车道，以防止出现公交故障或事故时，容易造成其他公交车运行线路受阻。

c）在交叉口入口处应留有直行与右转的公交专用车道，以便统筹安排公交车与社会车辆的行驶信号相位。

d）尽量不安排右转弯行驶的公交车辆进入路中式公交专用车道，以免降低路口处的通行能力。

最后，该形式设置多用于资金投入较大、进行大规模城市道路改造，或在新建设的主干道上设置公交专用车道，同时建设行人过街天桥与地下通道设施，以充分发挥公交优先的理念。

②路内侧式公交专用车道。

路内侧式公交专用车道是指将公交专用车道布设在道路断面行驶的内侧，与中央分隔带或隔离栏相邻的车道上，如图 2-17 所示，实例应用如图 2-18 所示。该种类型的公交专用车道布设形式适用于左转公交车辆较多，且道路断面宽度较宽，道路中央设有中央分隔带的行驶路段。为了与路内侧式公交专用车道相互配合使用，通常将中途公交停靠站点建设在中央隔离带上。

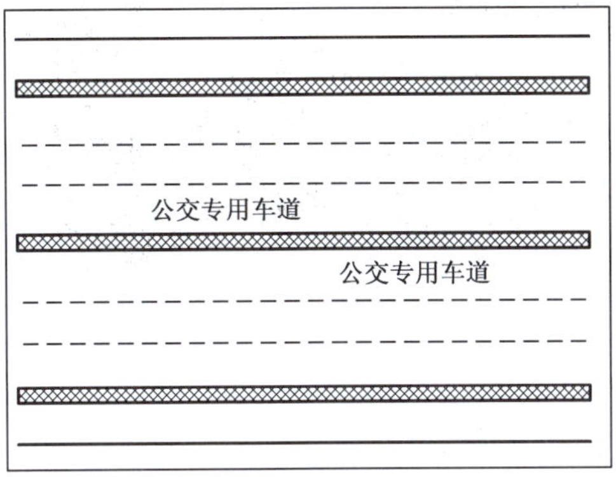

图2-17　路内侧式公交专用车道布设形式

图2-18　路内侧式公交专用车道应用状况

a. 优点。

美国公交专用车道实践经验及研究成果显示，路内侧式公交专用车道设置形式是公认的公交优先实施效果较明显的设置方式。其公交车辆运行空间的独立性较强，受其他社会车辆横向交通流干扰较少，运行速度较快，与新型大运量公交车辆相配合使用可以完成较高的运输效率。

b. 缺点。

路内侧式公交专用车道的布设存在如下需注意的问题：

a）乘客进出公交停靠站台必须穿越机动车道到达道路中央的公交站，相对来说不方便出行，同时安全程度较小。

b）如果设置过街天桥或者地下通道到达公交车停靠站，虽然保障了过街安全性，却加大了工程量与设置成本，同时也加大了乘客的步行距离，增加了出行时间。

c）路中设置公交车站对道路宽度的要求较高，因空间有限不易设置港湾式停靠站，容易出现公共汽车行驶在公交专用车道上排队进出站的现象。

d）路中设站要求公交车辆左侧开门，以实现乘客上下车行为。然而，现行的公交车大多为右侧开门车辆，需要加大投资用于公交车辆的更新。

e）直行公交车与其他左转社会车辆的冲突太大，此间必须禁止其他社会车辆左转或给予其他左转车辆单独的信号灯相位。

③路外侧式公交专用车道。

路外侧式公交专用车道将公交专用车道布设在行驶方向最右侧的机动车道上，该种设置形式也是最常见的公交专用车道布设形式。对于右转和直行公交车辆较多的路段较适用。图2-19所示为路外侧式公交专用车道布设方式。图2-20所示为纽约哈莱姆区路外侧式公交专用车道应用状况。

a. 优点。

由于布置路外侧式公交专用车道时，公交车辆靠最右侧的机动车道行驶，因此车辆无须变换车道便能够实现进出公交停靠站点，方便乘客进出站点及上下车，设置起来比较简单易行。

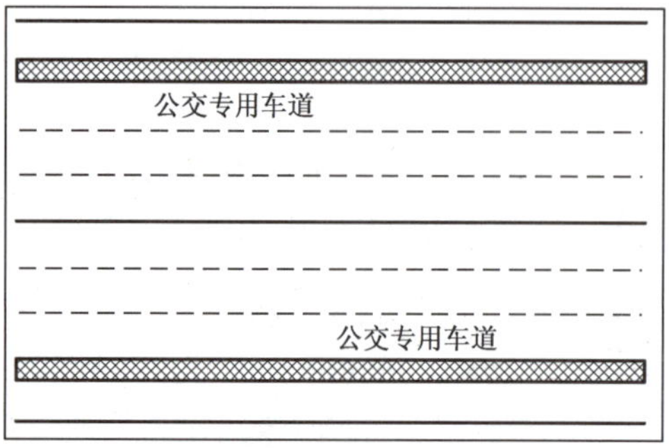

图 2-19　路外侧式公交专用车道布设方式

图 2-20　纽约哈莱姆区路外侧式公交专用车道应用状况

该种方式占用道路土地资源较少，工程量小，投资成本相对较低，对道路交通运行状况和公交乘车的影响相对较小，工程可行性高。公交停靠站点根据现有普通公交车门大多为右侧朝向的形式，设置在机非隔离道上或非机动车道上，其设置方法与传统的公交车运行方式和停靠站布置方式差别不大，能够借助现有的公共交通资源，能够利用现有的公交停靠站台而不需要新建行人过街设施与公交车站，利用现有的右侧开门的公交车辆而不需要重新购置左侧开门供上下车公交车辆，减少了工程量，节约了资金投入。

公交车站设置在路外侧，符合公交出行乘客长期养成的搭车习惯，乘客上下车条件好，车道布设与站台设置对道路宽度要求较低，无须占用过多的道路资源。形式设置符合道路设计和通行的习惯，由于一般道路车辆行驶习惯是高速运行车辆紧靠内侧车道行驶，而低速车辆行驶在两侧车道，对道路交通运行状况影响较小。

b. 缺点。

公交车辆运行独立性较差，易受路边停靠车、路边出入交通等方面的影响，在无机非隔离道的通行路段上，受非机动车和行人的干扰严重，造成车速降低，影响路网行车效率。同时在交叉口处，直行公交车辆会与右转社会车辆彼此间相互干扰，造成通行延误。

（2）隔离方式

根据公交车与社会车辆间运行形式隔离程度，可以将公交专用车道的分离方式分为两种：

①开放式公交专用车道。

开放式公交专用车道采用交通标线将公交专用车道与其他社会车辆车道划分开来，在空间上没有将公交车与社会车辆车隔离开，社会车辆对公交车的影响相对较大。但是该方式相对封闭式公交专用车道较为灵活，在车辆时变特性明显的路段，高峰期间给予公交车优先通行权，而非高峰期间公交专用车道可允许所有车辆使用，以最大效用利用道路资源。图 2-21 所示为开放式公交专用车道布设形式。

②封闭式公交专用车道。

封闭式公交专用车道主要通过物理隔离设施（如隔离栏等），将公交专用车道与其他车道完全隔离，如图 2-22 所示。路外侧式公交专用车道，可以通过使用分隔带、栅栏等配以绿化带隔离，对于路中式和路内侧式公交专用车道，可在路面上通过设置道钉隔离交通流。封闭式隔离使得社会车辆对公交车的运行影响较小，为公交车提供了较好的运行环境。

图 2-21　开放式公交专用车道布设形式

图 2-22　封闭式公交专用车道布设形式

物理隔离的效果明显比划线隔离好，且社会车辆容易遵守，能够保障公交车辆的专用行驶空间。然而，当公交专用车道仅具有一条车道时，一旦前方车辆发生故障或事故等，后方车辆无法超车，便会造成交通阻塞的现象，继而导致整条公交专用车道的瘫痪。因此，应考虑在隔离设施每隔一段距离设置开口点，使得公交车辆能够在紧急情况下驶离公交专用车道，保证行车道畅通。

针对全天候的公交专用车道且道路通行能力足够大时，才可设置物理隔离设施将公交专用车道分离。对于公交停靠站附近干扰严重的地方，采用物理隔离与交通标线隔离配合使用的方法，以确保公交车辆在专用车道的优先通行权，且最大程度地发挥道路通行能力。

(3) 车流组织形式

根据公交专用车道内车辆行驶方向的不同，可将其分为顺向公交专用车道（图 2-23）与逆向公交专用车道（图 2-24）。

①顺向公交专用车道。

顺向公交专用车道是在路段的两个方向设置公交专用车道，公交专用车道的车流方向与其他社会车辆车道的车流方向相同，即公交车辆与社会车辆同向行驶。顺向公交专用车道的车流组织方式是最常见的车流组织方式，符合人们的出行习惯，其应用也最为广泛，如图 2-25 所示为纽约市顺向公交专用车道布置状况。

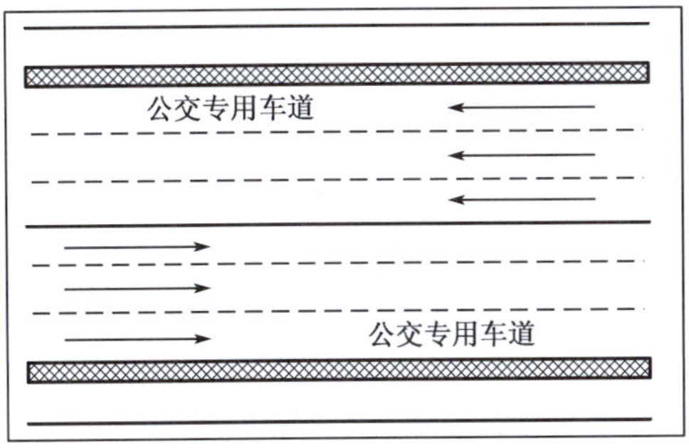

图 2-23　顺向公交专用车道形式

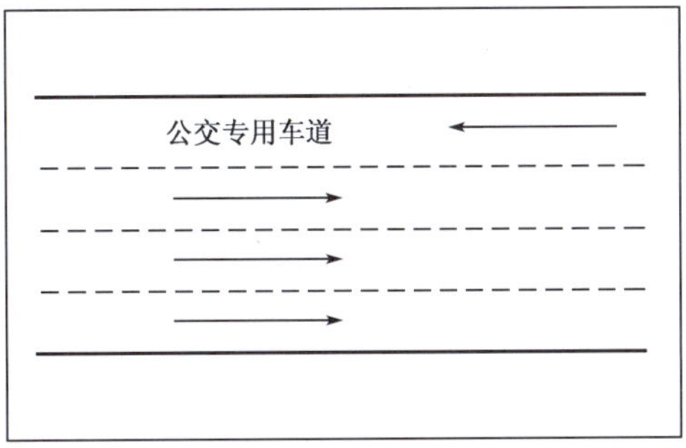

图 2-24　逆向公交专用车道形式

②逆向公交专用车道。

逆向公交专用车道是指公交专用车道的车流行驶方向与其他社会车辆车道的车流方向相

反，公交车辆与其他社会车辆逆向行驶，如图 2-26 所示为纽约市林肯隧道逆向行驶公交专用车道。

图 2-25　纽约市顺向公交专用车道布置状况

图 2-26　纽约市林肯隧道逆向行驶公交专用车道

逆向公交专用车道主要应用于单行道。单行道一般处于城市支路系统，由于道路宽度较窄，而将其设置为单行道。为了减少公交车辆的绕行距离，在单行道的相反方向给予公交车开辟出公交专用车道，使得公交车具有优先通行权。逆向公交专用车道的设置需满足相应的道路通行条件，是其能够得到有效应用的前提。

逆向公交专用车道能够有效地对公交专用车道进行限制，公交车优先等级较高。但是由于公交车道与其他车道上的社会车流逆向行驶，容易造成交通流间的交织。且与人们的行驶习惯与识别车流方向习惯不相符，容易造成过路行人判断错误。

2）公交专用车道设置条件分析

公交专用车道是施行公交优先策略的重要方法，公交专用车道的设置能够准确地协调道路行驶公交车流与社会车流间的关系，实现道路资源的有效利用。如何选择合适的路段进行设置是公交专用车道合理规划的关键。根据现有研究资料与调研结果分析，设置公交专用车道需从道路条件与交通条件两方面进行分析。

（1）道路条件

针对设置公交专用车道的路段道路，其物理条件必须满足一定的要求。设置公交专用车道的路段，道路断面车道数最好能满足单向三车道或者三车道以上车辆行驶。在路段设置公交专用车道后，可能会引发路段各个车道利用率不均衡的现象。

针对少于三车道的路段，以单向双车道路段为例，若设置公交专用车道，道路断面仍可富余一条车道以供社会车辆通行，理论上该方案是可行的，但是设置公交专用车道后，路段一半以上的通行路权均属于公交车辆。由于一般路段公交车占道路总流量的比例很少达到 50%，因而造成道路资源的浪费，不能有效地将道路通行能力发挥至最大。因此，设置公交专用车道一方面可能会导致社会车辆车道的容量过于饱和，继而加剧路段的交通拥堵问题；另一方面公交专用车道利用率相对较低，无法真正实现道路资源的有效利用，降低路网的运输效率。

对于一些中心商业区或人流聚集繁重的地区，十分有必要开辟公交专用车道，然而这些地区一般道路断面宽度较窄，达不到单向三车道以上时，可考虑将公交专用车道在特定的时间段内、特定路段内仅允许公交车辆使用，不允许社会车辆驶入。而其余时间段内可允许全部车辆通行。

（2）交通条件

①断面公交车流量。

道路断面公交车流量大小是决定是否设置公交专用车道的重要因素之一。若公交车的流量较小，而单独开辟出一条车道给予公交车专用通行权，会造成该车道通行能力的极大浪费，在这种情况下便无设置公交专用车道的必要。

研究资料显示，在理想条件下，车道只有公交车具有通行权时，按照车头时距 5s 的数据分析，则公交车的通行能力为 720 辆/h，但是公交车在营运过程中需完成进站上、下客的过程，受到公交停靠站的影响，造成通行能力大大降低。而对公交车的通行能力起主要影响的便是公交停靠站的数量。

其次，会受到交叉口信号灯相位的影响。因公交车的到达具有一定的潮汐性和不均衡性，所以通常在断面单向公交车流量达到 50 辆/h 的情况下，便可以考虑设置公交专用车道。在公交车交通流量较大的路段，且道路条件允许的条件下，可将单方向的两条车道划分为公交专用车道。

②断面公交客流量。

设置公交专用车道的目的是提高公交车的运行速度，通过缩短公交车运行时间来达到减少出行者出行时间的目的，继而提高路网输送能力。该项策略实施的最终目的是在现有土地资源的前提下，实现人均出行时间最短，使得道路资源利用最优化。在总出行人数不变的前提下，总出行时间的减少可减少人均出行时间。设置公交专用车道可以减少公交车的行驶时间，但有可能会增加社会车辆的人均出行时间。若断面公交客流量输送比例小，公交车减小的出行时间不足以抵消社会车辆运行增加的出行时间，继而无法实现人均出行时间降低的目的。

③路段饱和度。

在道路断面划分一条车道使得公交车获得专用路权，通行路权的重新划分使得各车道的交通流发生变化。当公交专用车道上的车流量减小，其他社会车辆车道的交通流量会相对增加，若该路段的交通流量已经很大，则设置公交专用车道可能会导致其他社会车道上的交通量过大，继而产生交通拥挤问题，甚至造成交通系统瘫痪。

根据美国道路通行能力手册《HCM 2010》研究成果，当道路运行服务水平降低到 C 级时（相当于我国四级服务水平），道路的行车速度约为自由流行驶速度的 0.7 倍，运行时间比自由流状态下消耗时间增加额度约为 0.4 倍；在 D 级服务水平下（相当于我国六级服务水平），道路的行车速度约为自由流行驶速度的一半，此时，道路运行时间比自由流状态下消耗时间增加额度为 0.96 倍。因此，当服务水平低于三级服务水平时，为保证公交优先通行的政策，可考虑设置公交专用车道。

根据 BPR 路阻函数模型分析，当路段的交通量达到其道路通行能力的 69% 时，会出现道路上运行车辆彼此间互相干扰的状况，行程时间约为自由车流状态行驶时的一半，在这种情况下为了保证公交车的快速运营，可考虑设置公交专用车道。当路段运行饱和度达到 0.82 时，设置公交专用车道可能会引发社会车辆行驶车道拥挤现象，增加社会车辆交通延误，在这种情况下需慎重考虑是否应设置公交专用车道。

2.1.3 货车专用(限制)车道

1)货车专用(限制)车道概述

随着客货混合交通流引发的交通安全、环境污染与社会经济等方面的问题日益严重,客、货流分离概念逐渐在国内外道路规划设计中广泛应用。客货分离是在道路运输过程中实现客车与货车分道行驶,根据运行车辆类型和行驶车速建设彼此间相对独立的运行车道,改变客车与货车的混行运行模式,实现客车与货车各自分道行驶,且单向运行的客车与货车车道数各自不少于两车道(包含)超车道或者紧急情况备用车道),采取交通标志、标线分离或强制隔离的断面形式。

其中对于车辆类型的定义,客车主要包含小客车及各种运行的客车车辆等,货车包括各种载货汽车等。例如美国密苏里州、伊利诺伊州、俄亥俄州与印第安纳州已在70号州际高速公路上建起与普通机动车道相分离的货车专用车道,该项措施的实施,对于缓解城际间道路运行和城市周边主要高速公路的交通拥堵问题起到了重要作用。

美国联邦政府从2006年便开始实施"未来走廊"的交通工程计划,用于改善道路交通拥堵问题,提高道路货运能力,该政策引起了高达38个州的关注。2007年9月,6条州际高速公路被选定进行由政府提供资金的走廊建设,70号州际高速公路便是其中之一。2007年,美国印第安纳州、俄亥俄州、伊利诺伊州和密苏里州提议在70号州际高速公路上建设789英里长的货车专用车道。这是美国最大的国家级项目之一,项目的重要子项目便是跨州际的高速公路修建城际货车专用车道。

"未来走廊"计划对70号州际高速公路上货车运输具有创新意义。该方案得到了伊利诺伊州、密苏里州、印第安纳州与俄亥俄州运输局的支持,预期建立横跨4州的独立的货车专用车道,期望货车专用车道在未来能够扩展至全美国领域。

作为美国八大货车主要通行干道之一的81号州际公路,其路线经过弗吉尼亚州内共325.51英里的路段,其路线建设目的是服务货车占有量15%以下的高速公路,但是随货车量与总体车流量的增长,货车出行比例达到了40%以上。在2001年,弗吉尼亚州交通运输部开始了对81号州际公路的全线改造,其中包含了采用物理分隔的形式,分离货车和小客车两种形式的交通流。

2003年,美国交通运输部投资1.5亿资金新建货车专用车道。2006年,弗吉尼亚州交通厅对货车专用车道的建设提供了一些改良建议,例如在某些特定路段增加出入口,在隔离带增加一些护栏防止交叉事故发生等。在这个过程中开展了许多关于货车专用车道管理策略的研究,其中包含采用微观仿真软件进行交通网络系统的有效性、能量消耗、安全等方面的模拟研究。

客货车分流行驶的管控策略模式在提高道路交通系统运行速度、延长路面使用寿命、降低交通事故等方面具有重要意义。具体而言,客货分流行驶有如下三方面的意义:

(1)消除客货车速度差,提高运行速度与通行效率

因客货车流行驶速度差异较大,使得客车超车现象频繁出现,而货车本身亦经常出现彼此间相互超车,甚至是货车超越客车的现象,继而导致货车长时间地占用行驶方向内侧车道,造成客车流非正常行驶以及超车困难等问题,致使客货车流同时处于低速行驶的状态,极大地降

低了交通系统的通行效率。

采取货车专用(限制)车道的交通组织管控措施后,客车与货车各行其道,彼此间互不干扰,极大地消除了客车与货车之间的车速差异,同时也可根据实际状况的需要分别予以限定客车、货车的最高行驶车速,该策略能够大大提高道路运行速度和通行效率。

(2)降低路网事故率,提高交通安全

引发道路交通事故的诱因是多方面的,但其中一个重要原因便是在路网中的大型车辆与小型车混合通行、客货混合行驶的运输状态。外加载货汽车超载行驶、货车驾驶员疲劳驾驶、货车车辆本身安全系数低等原因造成由货车所引起的交通事故占交通事故总数的很大比例,且常常由此引发特大交通事故。实施货车专用(限制)车道管控策略,客货车流的分离行驶避免了客货车互相超车抢道的行为,极大地降低了交通事故率,减少严重交通事故的发生。

(3)延长路网使用寿命

不同的车辆对路面的损害程度和对路面的行驶要求各不相同,因此对道路的设计年限与工程费用要求也不尽相同。在客货车流混合行驶的状况下,货车中的重型车辆及超载车辆较多,对路面造成严重的损害。当超载车辆频繁地通行路面时,低等级道路的路面会在短时期内受到破坏。这种情况不仅使陈旧道路难以承受其压力,而且新建道路也将会因此缩短其使用寿命;但是若道路建造设计中统一按照大中型货车作为设计基础,又必然会加大建设投资成本,造成不必要的资源浪费。如若根据路面行驶车辆类型来对路面进行分类修建和维护,将会对道路建设具有重大意义。

2)货车专用(限制)车道分离措施

当前最常使用的客货分离的方法是实行车道分离限制,即根据行驶车辆类型与行驶车速规划相对独立的行驶车道,改变客车与货车混合行驶的运行模式,实现客车与货车分道行驶。同时也有对货车通行时间予以限制的客货车流分离措施。道路运营管理部门大多是通过当地或国家的权力机关发布相关的政策法规将其付诸实践应用。图2-27所示为货车专用车道时空分离措施。

(1)时间限行策略

根据美国货车专用(限制)车道管控策略应用实践分析,实施了某时段内禁止货车或大型车驶入城市中心区域的政策,对货车行驶车辆进行限制,能缓解城市内部交通拥堵问题,减小货车车流所引发的交通事故率。

但是该种交通时段限行政策并未从道路规划和道路设计上根本地改变路网出行结构,是交通流增大至超过现有道路的交通负荷后,为了改善交通运行状况而采取的临时举措,适用于大城市车流量较大且路网结构较为复杂的城市主干道。但从另一个角度来看,也造成了货车出行的不便利,造成物流企业仓储成本增加、配送困难等货运相关行业的问题。按时间限行策略是为了缓解交通系统问题而牺牲货运物流行业的利益,采取的行政措施,该项举措虽然短期能解决问题,却是治标不治本的方案。

(2)空间限行策略

根据美国货车专用车道空间隔离形式,主要包含两种方式:限制货车在右侧车道行驶与采用隔离带、护栏等物理隔离方式划分单独的车道。

①规定货车在右侧车道行驶。

将车速较低的货车车型限制在左侧车道以外行驶，即右侧车道行驶，这种交通流限制措施改善了客车与货车混行的交通状况，减缓了车速差造成的交通拥堵，提高了客车平均运行速度。但是这种形式的分离方案设计也造成了出入口车辆不安全的交通隐患，大型货车的外车道行驶遮挡了左侧行驶的客车驾驶员视线，造成了客车进出道路的不便，如图 2-28 所示。

图 2-27　货车专用车道时空分离措施

图 2-28　限制货车在右侧车道行驶

2001 年，美国学者开始研究发展货车专用（限制）车道管控形式。当前美国已有多条主要高速公路部分路段实施了货车专用（限制）车道，根据具体实施地区不同的路况和车流量，货车专用（限制）车道的实施方式也有所不同。

I-15 号州际公路是美国西部的一条连通南北的重要的交通枢纽线路，道路全长 2307.03km。这条中西部间的主要交通干线连接了洛杉矶大都市区、大沙漠、拉斯维加斯等交通枢纽城市，主要干线上货车比例较高，引发了严重的交通拥挤问题。美国交通运输部从 2003 年起开始对该线路进行改造工程，其中就包含修建单独的货车专用（限制）车道，其货车专用（限制）车道设置形式便是限制货车紧靠最右边车道行驶，如图 2-29 所示。

②采用隔离带、护栏等物理隔离方式划分单独的车道。

现状应用主要有两种形式的隔离行车道方式，一种是以交通标线划分的形式划分出单独的货车行车道，另一种形式便是用混凝土防撞栏或金属梁护栏将货车和客车隔离行驶，彼此间互不干扰。采用防护栏等物理形式隔离出一条专门的货车专用车道或者客车专用车道时，具体所隔离出的专用车道通行权取决于货车所占道路总车流量的比例。美国 I-15 州际高速公路便采取物理隔离的形式将货车专用车道与普通行车道予以隔离，如图 2-30 所示。

图 2-29　美国 I-15 号州际高速公路货车专用车道

图 2-30　将货车专用车道隔离
（美国 I-15 号州际高速公路）

美国东岸相跨 15 个州的交通大动脉的 I-95 号州际公路，建立了货车专用车道。该公路全长 3098km，是美国南北线路最长的公路，因其承载巨大的交通运输量而被称为东北走廊。这条公路经过了华盛顿特区、马里兰州等 16 个州及主要城市，在城市周边路段的拥堵与事故频发点。实施货车专用车道作为改善主干线交通状况的管控措施，自建成后对缓解周边地区的交通压力起到了相当重要的作用。

3）货车专用车道设置条件分析

合理的车道设施既能够实现客、货车分离行驶，为道路交通使用者提供相对安全的驾车环境；交通条件是货车专用车道的设置能够发挥效用的前提，适宜的交通条件既能够充分利用有限的道路土地资源，又能保障道路运营的效益。因此设置货车专用车道，需要综合考虑道路设计条件和交通条件，其中交通条件的分析需要同时考虑交通量与货车比例，还需要考虑目标道路上货车与客车的速度差。

（1）道路条件

①车道数限制。

从理论角度分析，设置货车专用车道应当保证道路运行单向行车方向至少设置一条货车专用车道，与此同时，每隔几公里应当设置超车道或超车区，以满足部分车辆的超车需求。考虑到超车状况、紧急事件处理、交通事故清障或施工区等特殊情况，每个行车方向至少布置两条货车专用车道是比较理想的。尤其是对于易发生拥堵且货车交通流量较大的区域，必须设置两条货车专用车道。然而，根据实际情况的需求，设置货车专用车道的条数关键在于路权大小，同时还应从土地利用资源角度考虑其供给条件。

②车道行驶宽度。

货车与客车车型差异较大，各车辆间宽度亦有所不同，当前高速公路的车道设计宽度大多为 3.75m，内侧行车道与外侧行车道的宽度并无太大差异。当实现客货车分离行驶后，结合各自车辆车身宽度和设计车速，货车专用车道的车道宽度可适当大于普通行车道的车道宽度，为货车提供良好的行车环境。

美国公路运输联盟（AASHTO）建议：在行车速度较高且货车交通流量较大的地区，车道行驶宽度至少应达到 12 英尺（约 3.66m），AASHTO 还规定在立交与普通行车道相连的路段车道宽应达到 16 英尺（约 4.88m）。为了方便双轴车或拖车等长车身的货车车辆，继而提出货车专用车道的宽度应设置为 14 英尺（4.27m），并将此方案投入实践应用中。

③车道位置布设。

货车专用车道的设置位置可分为三类：道路内侧（即单向行车方向的左侧）、道路外侧（即单向行车方向的右侧）或居于前两者之间。当货车交通流量较大时，适合设置内侧货车专用车道，若行驶起讫点在道路路段内的货车交通流量较大时，需要考虑将内侧货车专用车道与城市中心道路连通；外侧货车专用车道的设置便于清障车进入货车专用车道，未来如若增加额外的货车专用车道也相对容易些，但在现有的道路上增加货车专用车道较为困难。中间货车专用车道的设置形式，仅仅存在于理论分析的层面，不具有实际的应用价值。

④分离设施设置。

设置货车专用车道隔离设施是必不可少的，隔离设施能够保护货车与客车彼此间稳定的行车环境，实现货车专用车道与普通车道的分离行驶。一般来讲，货车专用车道的隔离设施主要包括以下几种形式,如交通标线隔离、振动带隔离、混凝土设施隔离与绿化带隔离。

交通标线隔离是通过在路面上布设交通标线实现货车专用车道与普通车道间的隔离。施划的交通标线应当具有醒目的颜色,且能够与一般的车道线区分开来,根据实际情况的需要,采用地面标线划分出隔离区。划线隔离的操作简便易行,成本低廉,是几种隔离方式中最为经济的一种设计。但交通标线隔离属于理念性隔离,并没有实际的物理隔离设施,在实际的操作中,难以对违章车辆进行约束。

振动带隔离是采用在货车专用车道与普通行车道间设置振动带的形式实现分离交通流。振动带隔离对驾驶员有一定程度的警示作用,当驾驶员因走神或疲劳驾驶等导致驾驶车辆偏离原来行车道时,振动带能够使得车辆处于颠簸状态,继而引发发动机产生噪声,能够警醒驾驶员。该隔离方式成本低廉,施工方便,易于推广。但是,振动带的施工过程会对路面造成某种程度的破坏,且部分地区高速公路路面在冬季容易被冰雪所覆盖,降低乃至失去振动带效用的发挥。

混凝土设施隔离是通过在货车专用车道与普通行车道之间设置混凝土隔离墙,继而达到隔离客货车交通流的目的。混凝土隔离需具有一定的高度,使得车辆难以逾越,则隔离效果最佳,但这种形式的隔离操作,如若隔离墙过高容易使得承载人员的安全感与舒适性变差,并给予乘客以较强的行驶压迫感,因此混凝土设施的隔离高度应适宜。混凝土设施隔离的分流形式的工程量比较大,造价相对较高,且改造较为困难。

绿化带隔离是采用种植草植物或景观植物的方式,实现货车专用车道与普通车道的隔离的方式。绿化隔离带应与周围的自然景观相互呼应,既能达到美化环境的目的,又能给乘客带来较好的视觉享受,能够有效缓解驾驶员的疲劳程度,是道路环境美化中通常采取的一种方式。绿化带隔离一般要求具有一定程度的隔离带宽度,使货车与客车交通流之间的横向行驶距离加大,有效地减少了彼此间的相互干扰,交通安全性高,但设置绿化隔离要求道路断面具有足够的宽度,占地面积较大,需要占用额外的道路空间。

(2)交通条件

①道路交通量。

交通量是设置货车专用(限制)车道需要主要参考的一方面因素。当道路交通量很小的情况下,行驶交通流处于自由流行驶状态,机动车辆可以自由行驶,几乎不受其他行驶车辆的干扰,这时道路的运行服务水平较高,没有设置货车专用(限制)车道的必要性。当机动车交通量达到一定水平时,由于车辆间存在速度差异,在行车过程中会受到其他运行车辆的影响,而需完成超车变道等行为时会影响到道路的整体运行服务水平,这时才有必要考虑通过设置货车专用(限制)车道来改善现有的交通问题,提高道路通行能力。

a. 在交通量很小的情况下,交通流呈现自由流行驶状态,因各自车头间距较大,货车对客车行驶速度的影响较小。设置货车专用(限制)车道后,客车与货车之间仍可按照各自期望车速行驶,因此设置货车专用(限制)车道后对整体交通系统车辆的速度几乎无影响。

b. 随着交通流量的增大,道路上的交通流行驶密度变大,继而车头间距减小,车辆间的彼此干扰性增强。设置货车专用(限制)车道后,能够降低低速车辆对高速车辆的行车干扰,小客车平均运行速度提高。而货车由于行驶通行权受到限制,且超车行为受限,平均运行速度下降。对道路设置货车专用(限制)车道后,减少了货车与客车同车道上行驶车辆之间的速度差,路网交通流的平均速度有所提高。

c. 当路网交通量达到饱和后,容易引发车辆拥堵现象,设置货车专用(限制)车道的速度增加量也只能趋向某一稳定数值,不会出现无限增长现象。

②货车行驶比例。

在货车通行交通量的比例过小的情况下,货车专用车道上行驶车辆稀少,浪费道路土地资源。货车交通量所占比重过高时,设置货车专用车道后,有可能造成普通行车道上车辆稀少,同样造成道路资源的浪费。因此货车所占比例过高或过低的状况,均有悖于经济性与合理性的原则。

a. 在货车比例较小的情况下,货车对客车流行驶不存在干扰。设置货车专用车道后因货车比例较小,货车专用车道上的车辆将极为稀少;同时客车由于行驶路权受到限制,行驶车道数降低,且交通流密度将增大,客车的平均车速降低。

b. 随货车比例的增大,货车对客车的干扰性变大。设置货车专用车道后,能够减缓低速车辆对高速运行车辆的行车干扰,小客车的平均运行速度提高。货车由于行驶路权受到限制而平均速度下降。整体设置货车专用车道,减少了同行车道车辆间的速度差,路网交通流平均运行速度有所提高。

③货车行驶速度。

货车行车速度也是设置货车专用(限制)车道需参考的重要因素。客车的运行速度主要与车辆性能和道路限速管理相关,大多不受载重质量的影响,货车行车速度主要受到装载货物质量的影响,如空车或者装载轻质货物时速度较高,此时与客车的行车速度差异较小,彼此间干扰相对较小,无设置货车专用(限制)道的必要;当装载货物质量较大(如煤矿、车辆等)时,货车的行车速度明显降低,此时与客车的速度差异较大,相互干扰性大,客车与货车具有分道行驶的必要,具备设置货车专用(限制)车道的条件。

美国联邦公路管理局(FHWA)通过对各州货车专用(限制)车道实施状况进行实地调研,认为实施货车专用车道的最根本的原因主要包括以下几点:

a. 改善了路网系统交通运行状况(14 个州)。

b. 降低了交通事故率,提高了行车安全(8 个州)。

c. 路面条件影响因素(7 个州)。

d. 建设施工区域的制约条件(5 个州)。

通过对货车专用(限制)车道的实施方式也可通过其他方法实现,表 2-4 中对货车行车限制的约束条件及影响状况进行了概述。

货车行驶影响因素限制　　表 2-4

策　略	约束条件	影响状况
车道限制	限制使用高速公路互通的下坡车道;执行难度大;对路面破坏性大;降低了对交通标志的可视性	针对有下坡车道的高速公路,车道变换将集中在短距离路段;车辆合流时将会增大引发交通冲突的概率
时段限制	货车高峰运行时段需与平常高峰区间不冲突;实施难度大;缺乏政策、法律支持	对车速控制基本无作用;可将货车分流至其他不拥堵时段通行或其他道路;对时间效应强的货车通行不利

续上表

策　　略	约束条件	影响状况
车速限制	针对货车与普通车辆难以制定不同的车速限制标准；需要更为广泛的实施方案；需在车辆检测、奖惩措施方面进行创新	在限行车道中减小车辆间速度差异或促进行车安全
路线限制	需实施高效的路线规划	对行车安全性及交通运行几乎没有影响；对运输危险物品非常有利
驾驶员培训	要求严格遵循实施和执行的法律法规	短期内影响小；长远影响大
加大法律法规的执行力度	需要更多的执法人员；进行设计规划时，将执行要求有效地予以结合	加强执法可有效地使人们遵守交通法规，但无确凿证据表明该方法可降低事故率

通过对休斯敦地区 I-10 州际高速公路货车专用车道进行研究发现，在实施后货车事故率减少了 68%。在靠近诺克斯维尔的 I-10 州际高速公路实施车道限制，在左侧通行的货车数量有效降低，即使其采用的是通过交通标志予以实施的方法，执行力度较低，却收获了较好的效果。

图 2-31　新泽西州收费公路分离车道布置状况

4）货车专用（限制）车道在美国应用现状

在美国货车专用（限制）车道应用中，货车车道与普通行车道空间分离的措施得到了较广泛的应用。其中较为著名的案例是新泽西州收费道路，其道路运行特点是完全将道路交通流进行分离，其中一条车道仅供小汽车通行，另外一条车道则是商业（主要包含出租车、公交车辆以及私家车辆）与非商业用途均可使用。如图 2-31所示为在收费站区域均设置了两条行驶车道。图 2-32 分析数据表明，将行驶车道分离为两部分的交通事故率比未进行彼此间车道分离的路段事故率低。

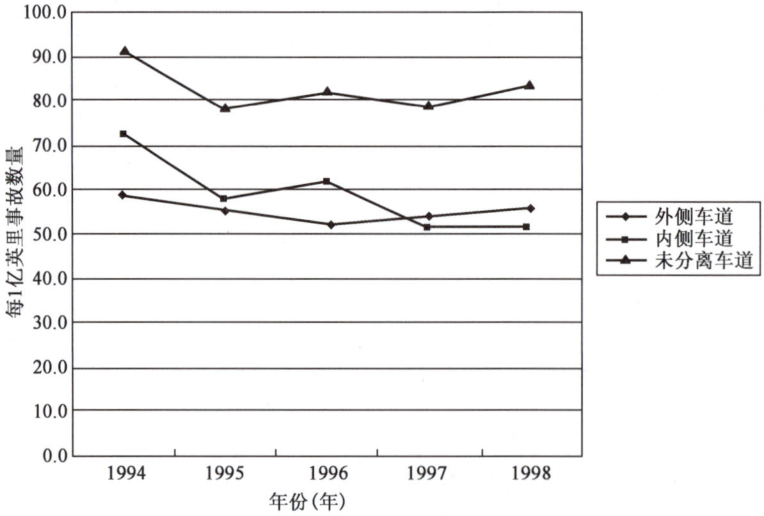

图 2-32　新泽西州收费公路事故统计状况

以波士顿公路为例，通过设置货车专用车道分离道路通行权。原有道路通行权仅限于商业交通工具的使用，主要包含出租车、公交车辆以及私家车辆。其指定货车专用车道的政策的作用，是为了使来自 I-95 州际高速公路的货车在通过南波士顿工业区边缘时，减少噪声污染以及尾气排放等方面。道路上运行车辆主要为重型货车，有效地缓解了波士顿中部地区已饱和的交通需求，如图 2-33 所示。

图 2-33　洛杉矶地区 I-5 货车绕越车道

根据美国货车专用(限制)车道应用案例发现，货车专用车道的布置通常在单向三车道以上时才能够满足其他车辆的通行需求。美国某些州区实行货车专用车道的策略是因某道路经常出现多辆货车并排行驶的状况，从而对后行车辆造成严重影响。在车道布置方面，为避免货车专用车道对其他车辆的影响，通常将货车专用车道布置在右侧行驶。表 2-5 所示为美国各州区货车专用车道实施的案例以及主要经验状况。

货车专用车道行车限制案例及经验　　表 2-5

地　区	实施状况	效果经验
佛罗里达州 I-95	建设时间 1988 年，持续 6 个月，于上午 7 时至下午 19 时实施	对货车专用车道的实施，民众安全感反应增强，且货车事故率降低 3.3%
佐治亚州	于 1986 年 9 月起，货车仅限制在右侧车道行驶	在 I-285 车道路段，在采取措施前，经常性发生货车拥堵全部行车路段，实施后货车违规变换车道下降至 72%
新泽西州	19 世纪 60 年代，新泽西州收费公路局(NJTA)强制实施货车在收费车道限行政策	据 NJTA 调查信息反馈，实施效果良好，有效地提高了道路运行效率
伊利诺伊州	于 1964 年实施货车专用车道措施	民众反馈调查显示，安全性感官提高
马里兰州环形公路	因货车事故率提高而采取货车专用车道政策	民众干道更为安全，有效地降低了货车事故率
弗吉尼亚州环形公路	共针对四条线路实施货车专用车道政策	民众与调查结果：降低了行驶安全性；两年内实施效果不佳，事故率上升
密歇根州	在全州范围内实施单向三车道以上时，货车仅能在右侧车道行驶	—
伊利诺伊州 Garber 研究所	对九个货车专用车道进行交通仿真	降低右侧车道的行车速度会使得货车事故率稍微上升

截至 2009 年，美国已实施货车车道限制措施的州包括：阿肯色州、加利福尼亚州、科罗拉多州、佛罗里达州、肯塔基州、缅因州、爱荷华州、马里兰州、密苏里州、新泽西州、纽约州、南北卡罗来纳州、南北达科他州、德克萨斯州和弗吉尼亚州。上述地区部分含有多种类型的货车车道限制措施。例如弗吉尼亚州不仅采取了货车专用车道，而且限制货车在货车专用车道的车

速。纽约州在I-495号州际公路上一些单向大于四车道的路段采用了高占有率车道限制措施,限制车辆在左侧车道行驶,而在纽约州际公路单向三车道以上的路段上,也设置了10英里长的限制货车左道行驶措施。佛罗里达州在单向三车道以上的道路采取了24小时禁止左道行驶的措施,而加利福尼亚州则采取的是强制隔离的货车专用车道措施。大多数设置货车专用车道的州际公路路段都在大城市周边,车流量大,货车比例高。在美国,已经建好通行的货车专用车道为解决大城市周边的交通拥堵和事故问题起到了非常重要的作用。

2.2 道路拥挤收费策略

2.2.1 概述

道路拥挤收费是平衡路网流量分配的经济杠杆,是管控车道常用实施形式之一。解决道路交通拥挤问题、提高道路运行效率的传统方法是增加交通供给,即通过新建道路和改扩建已有道路的方法解决。但是,新增道路会提高交通需求,导致城市交通环境进一步恶化。因此,解决城市交通问题的研究重点已转向交通需求管理,道路收费政策可以实现交通需求管理,能够较好地缓解城市交通问题。

图2-34 美国I-91号州际高速公路收费电子板

道路拥挤收费的关键在于选择合理的收费策略。为顺利实施交通拥挤收费措施,必须从城市自身的实际情况出发,经过反复实践论证后制订收费方案。其中包括收费对象、收费时间、收费方式、收费模式和收费费率的确定。图2-34所示为美国I-91号州际高速公路收费电子板。

1)对象

道路收费策略的主要目标是通过采取收费的方法,从时间与空间角度调节交通流,降低高峰时段和交通繁忙地段的交通负荷,继而缓解交通紧张的局面。通过收费来控制机动车的出行比例,鼓励居民使用大众化的交通工具,提倡公共出行。

城市道路收费策略的实施对象主要是以个体机动化作为出行交通方式的出行者。针对城市中各类出行交通方式,时空资源消耗较大的交通方式应优先考虑征收道路行驶费用,主要包含各种小汽车以及货车等交通方式。在城市实行收费策略时,出行者使用原交通出行方式的出行成本大于其出行效益时,该部分交通需求才可能被放弃或者被其他出行成本较低的出行交通方式所替代。在明确收费对象时,应分析出行者的出行方式与意向,需合理地安排其他合适的交通工具,用于替代出行者原使用的出行成本较高的交通工具。

城市各类公共交通、为城市服务的各种服务性的特种车辆不属于道路收费的征收对象,对于合法经营的出租车辆、租赁车辆、单位大中型班车可在收费费率方面采取一定优惠,收费征收的主要对象是私人车辆以及货车等。例如高承载收费车道简称HOT车道,其收费策略便是基于 HOV 车道与收费车道的折中形式,其收费对象是不具备合乘标准的车辆,低乘载率车辆交付费用的情况下也允许其通行,这种策略形式可以通过激励高峰期间交通方式的转移以便充分利用 HOV 车道富余的通行能力。

HOT 车道收费策略初始收费标准的制定随道路交通流量的变化而变化,当交通流量增加时,其收费费率需相应地提高,同时高承载率车辆的界定亦发生变化。如图 2-35 所示为 HOT 车道收费状况随时间的推移,交通流量与收费对象也发生变化。随交通流量的增加,对高承载率车辆的限制标准逐步提高,由 HOV(2 +)人免费通行转变为 HOV(3 +)人免费通行。

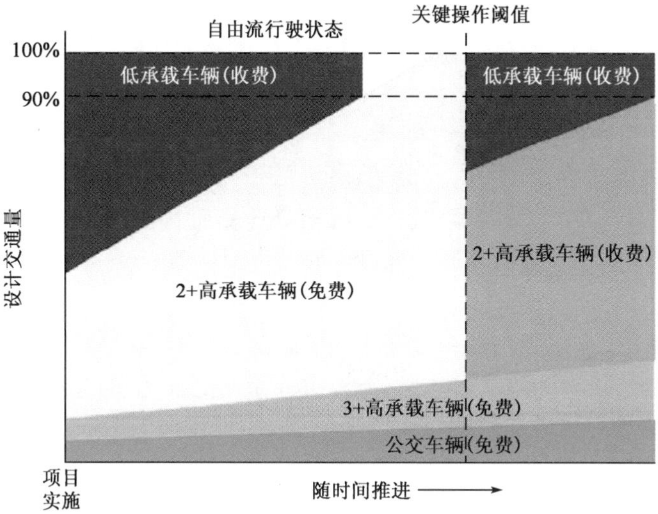

图 2-35　收费策略变化图示

表 2-6 对七种道路收费策略(主要包括 HOV 车道、HOT 车道、快速车道、快速收费车道、公交专用车道、货车专用车道、货车限制车道)选取不同的收费对象制定标准。

不同管控策略下收费标准　　表 2-6

收费策略	车辆群体	
	收费车辆	免收费车辆
快速收费车道	单人乘坐车辆;高承载车辆;货车;低排放车辆;出租车;摩托车	公交车辆;紧急车辆
HOV 车道	—	高承载车辆;公交车辆;低排放车辆;出租车;摩托车;紧急车辆
HOT 车道	单人乘坐车辆;货车	高承载车辆;公交车辆;低排放车辆;出租车;摩托车;紧急车辆
快速车道	—	全部车辆群体
公交专用车道	—	公交车辆
货车专用车道	—	货车
货车限制车道	—	除货车外全部车辆群体

2)时间

城市道路收费是为了从时间和空间资源角度调节交通流量,降低高峰时段与繁忙路段的交通负荷,以便平衡路网交通流量。因此,道路收费的重点时段应是在城市交通系统拥挤的早、晚高峰时段。从美国实践应用经验分析,按照城市交通发展趋势,主要道路交通系统网络早高峰时段普遍延长,晚高峰期限逐步提前,外加拥挤收费对城市交通影响的时间滞后性,所以拥挤收费的时段应该选择在工作日白天时段。

随着科技的发展,美国管控收费策略逐渐演变出根据交通流而实时变化的收费方式,是否收费以及收费费率均取决于交通流量、拥堵程度或车流行驶速度等方面。该收费方式从经济学角度分析较为合理,却不太符合很多国家的国情,因此仍需根据当地的实际交通状况制定相应的收费策略。

美国华盛顿州 SR167 道路收费时间为工作日 5:00 ~ 19:00 时段,在一天中的其他时段(19:00 ~ 5:00)不收取通行费用,对全部出行者开放道路通行权,并且在最拥堵的早高峰期间收费额度较其他时段更高。美国各个城市均有相应的交通状况和地域特色,在实施道路收费管理策略时需结合本地区的具体交通情况设定收费的时段。

3)方式

收费方式的选择是决定拥挤收费最终成功实施的关键。根据对美国道路收费管控策略形式及发展历程的研究,从收费的技术手段分类,可分为人工收费和自动收费两类。

(1)人工收费

人工收费是在既定的收费区域或地段进出口设置收费站,行驶车辆若要进入收费区域,必须在收费站处缴纳一定的费用后方可拥有通行权。目前较为常用的收费方式是通行券收费、IC 卡收费和区域通行证收费策略。

通行券收费是指通过计算机控制票据的打印,对过往车辆进行人工识别,经人工操作向计算机输入车辆判别信息,通过计算机打印通行券,人工收取现金。在封闭式收费道路,采用在入口处发票、出口处验票的方法进行收费,而开放式收费道路则当场收取通行费用。

IC 卡收费是一种由计算机管理的人工收费类型,主要是以专用磁性卡片或智能 IC 卡为媒介,作为存储和读取车辆信息的载体。该种收费手段广泛应用于封闭式管理车道收费,按照车辆类型与行驶里程收费,在进站口处发放 IC 卡,出站口处验卡结算交费。该方式操作简单、方便,而且实用性较广。但是建设收费站占用了过多的土地资源,同时在缴纳费用时必须停车,操作效率低,造成较大交通延误。

区域通行证收费是在车辆进入预先设定的交通控制区之前,需要先购买区域通行证,全部系统操作交由入口处的交警监督执行,对于没有购买出入通行证的车辆,交警会记录车辆的车牌号码,车主会受到相应的处罚。自区域通行证收费策略实施后,在收费时间、收费水平及收费对象车辆方面作了多次变动,通行证种类也越来越多。区域通行证收费策略在实施的初期达到了减少拥挤道路交通量、提高车辆行驶速度等目标,但是该系统也暴露了如下问题:

①因购买通行证的费用较高,导致一部分车主改变了高峰期间的出行线路及方式,高峰期收费区域内的交通流量大幅度减少,容易造成收费区内道路利用率不高。

②由于区域通行证收费策略的方案不断修改使得系统变得越来越复杂,需要额外的人力

对收费系统进行维护,收费困难程度增加,同时交警在执行时难以辨认车主所购买的通行证是否有效。

③区域通行证收费方案采用的是人工形式,在车主停车接受通行证检查时会增加额外的车辆运行时间,导致了运行成本的增加,也会增加整体路网的交通延误。

④该收费策略对车辆进入控制区的次数并没有限制,车主购买一次通行证能够获得多次的道路通行权,然而,该种形式体现不出交通系统拥挤的边际成本。

(2)自动收费系统

随着信息技术与电子技术的飞速发展,道路收费策略系统获得了技术上的突破。自动收费系统即全自动不停车收费系统,通过电子收费技术与设备,对道路使用者在特定区域或路段征收一定程度的费用,而有偿使用该道路及其附属设施的管理策略。该收费系统的目的是调控整体路网的交通流量。目前,道路自动收费系统主要有以下三种技术方式:基于 DSRC 的电子收费技术、基于车牌识别的电子收费技术、基于 GPS 与 GSM 的电子收费技术。

①基于 DSRC 的电子收费技术。

将基于 DSRC 的电子收费技术应用于美国管控车道策略,在实践应用中受到普遍关注。该种方式的优点是在技术上较为成熟与稳定,成本相对较低,容易被广大民众所接受,已成为收费策略实践应用的主流技术,其中 ETC 电子收费系统便是该种技术的实践应用。

基于 DSRC 的收费技术的道路收费系统主要包含如下几个部分:车辆识别子系统、中心区域交通状况信息采集子系统、中央处理子系统与违规处理子系统。其中车辆识别子系统主要负责对驶入限制区域的车辆进行识别与确认,并将出行者车辆采集信息传输到中央处理子系统;中央处理子系统以中心区域交通状况信息子系统采集到的交通状况信息为基础,结合预先建立的收费费率模型计算道路收取费用,继而在出行者的现金卡或银行账户上扣除。与此同时,根据车辆识别子系统确立的信息识别车辆是否有违规现象,继而将确定的信息通过违规处理子系统下达处理指令,例如抓拍违规车辆车牌等信息。车辆识别子系统可向违规处理子系统直接下达命令,完成违规处理。各系统间相互协调、配合,共同完成电子收费交易以及违章车辆识别任务。其收费系统的体系结构如图 2-36 所示。

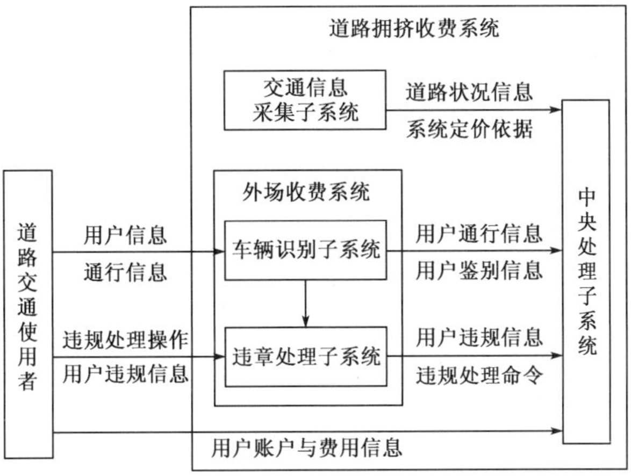

图 2-36　基于 DSRC 的电子收费系统体系结构

②基于车牌识别的电子收费技术。

广义上讲，车牌识别技术主要包含两种形式：一种是以图像处理和光学字符识别(OCR)技术为基础的车牌识别系统，该方式需要在路侧安装特定的车牌识别摄像机，将摄像机抓拍的车牌信息上传，通过进行图像处理识别车牌号，明确出行者信息；另外一种车牌识别技术是基于电子车牌技术，电子车牌能够直接与路边布设设备进行通信，基于车牌识别技术的收费系统体系结构如图 2-37 所示。

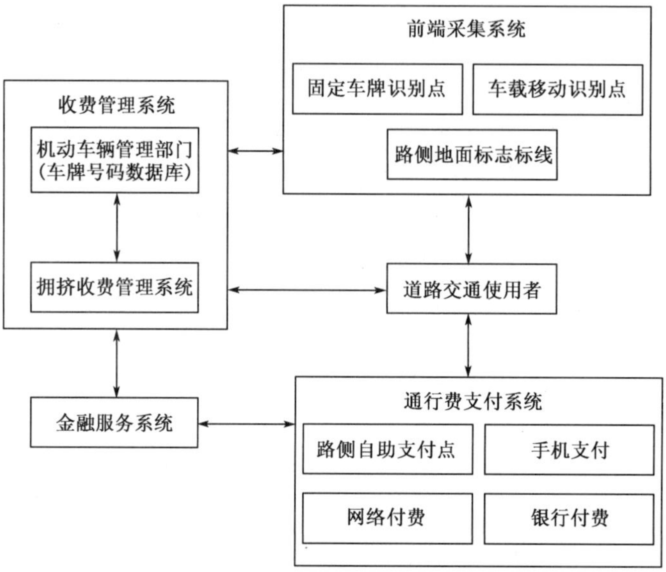

图 2-37　基于车牌识别的电子收费系统体系结构

基于车牌识别技术的道路收费系统的工作过程为：居民机动车辆在出行前需通过通行费支付系统预先支付道路通行费用，与此同时记录车主的车牌号，并将其数据储存在数据库中。当车辆行驶至收费边界附近时，系统会通过安装在附近的拍摄装置自动搜集车辆车牌号，并将车牌数据传送到收费管理系统，同时车辆进入收费区域的详细时间及图片会被记录在案，以此作为处罚的依据。管理中心通过将交费数据系统中的车牌号码与拍摄的车牌号码对照，来判断该车是否已交费，若已缴费则消除系统数据库中保留的号码，若未交费则会对车主送出罚单，予以处罚。

基于车牌识别技术的电子收费系统应用于城市道路收费系统时不需要安装任何车载设备，操作系统只需通过特有技术手段将进入收费区域的车辆车牌号记录下来，缴纳通行费用的过程还需通过其他渠道。与基于 DSRC 技术的电子收费方式相比，基于车牌识别技术的收费系统最大的优点是不需要安装车载单元，该方面能够减少一大笔的初期建设投资，但该方式的收费系统对车牌识别的精度要求非常高。

③基于 GPS 与 GSM 的电子收费技术。

随着通信信息技术的发展，一些新型的技术手段逐渐应用到电子收费系统，其中较为典型的是基于 GPS(全球定位系统)和 GSM(基于移动通信技术的全球移动系统)技术相结合的收费策略，目前美国已经对此方式展开了研究和应用实践探讨。

其收费体系操作过程为：以 GPS 与 GSM 技术为基础而设立的收费站为虚拟站点，当行驶车辆驶入虚拟收费站时，预先安装在车辆中的车载装置自动引发通信模块，通过 GSM 通信系统与后台的服务系统进行信息沟通，同时车载装置会将车辆的编号、日期和时间、IC 卡卡号、车主的身份证号等信息传送至后台服务系统，当后台系统确认车辆需缴费，经结算中心在个人的运行账户中扣款，并将交易数据储存于当前数据库中，随后将扣款信息发送至用户。对于没有交费的车辆和车道收费系统不能识别的车辆(例如车牌号与注册车牌号不匹配现象)，系统会直接与执法系统联系，继而通知执法单位对其进行处罚。如图 2-38 所示为基于 GPS 与 GSM 电子收费系统体系结构。

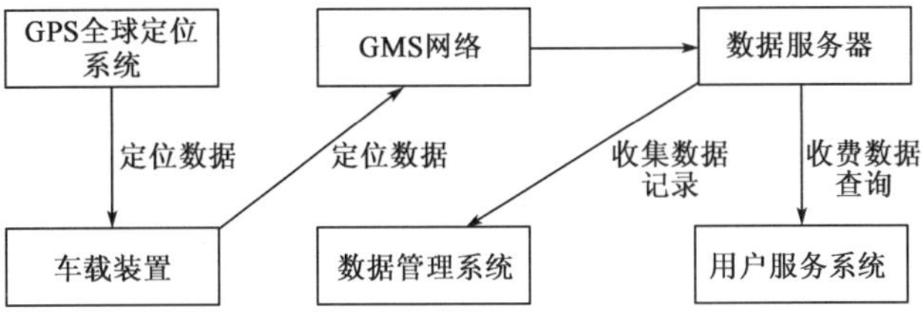

图 2-38　基于 GPS 与 GSM 的电子收费系统体系结构

与以 DSRC 技术为基础的 ETC 收费策略模式相比，基于 GPS 与 GSM 的收费系统建立的收费站是虚拟收费站点，不需要设置路边设施，能够根据道路交通状况随时调整收费站的位置和收费区域的边界。从当前应用研究分析，该种收费策略潜在优势较大。采用前瞻性的眼光研究未来的道路收费系统时，基于 GPS 与 GSM 将是一种值得关注的技术方案，该系统可以实现以下五种功能：

a. 道路交通系统数据采集。

b. 收费方案策略优化。

c. 路径行驶诱导。

d. 提供交通信息服务。

e. 实时动态征收通行费用。

④各种收费技术综合技术指标比较。

综合分析三种电子收费技术形式各自的优缺点，分别从设施建设成本、收费准确率、运营管理、技术成熟程度等层次对三种收费技术进行对比，详见表 2-7。

三种收费技术指标比较　　表 2-7

指　　标	DSRC 收费技术	车牌识别技术	GPS 与 GSM 收费技术
道路设施成本	高	较低	不需要
车载设施成本	较低	无	较高
收费准确率	高	一般	高
运营管理	简单	复杂	简单
技术成熟程度	成熟	较为成熟	不成熟
对环境影响性	有	有	无
受天气影响	无	严重	无

续上表

指　　标	DSRC 收费技术	车牌识别技术	GPS 与 GSM 收费技术
电磁干扰性	有	无	有
可维护性	较差	一般	较好
功能扩展性	较广	小	较广

经三种收费技术原理的综合比较,对三种技术进行如下总结:

a. 基于 DSRC 的收费策略技术是一种较为成熟的方案,且得到了广泛的实践应用,其最主要的缺点是高额的建设与维护费用。

b. 以车牌识别为基础的收费技术虽然不需要高额的建设与维护费用,其技术应用较为成熟,限制该方法发展的最大因素便是车牌识别精准度。

c. 以 GPS 与 GSM 为基础的收费技术较为灵活,无须投入大量的费用建设收费设施,只需在车内安装车载设施。从收费范围分析,该收费技术既适合单条道路进行收费,也适用于区域性建设的收费,可拓展性较强,因此可能会演变成为今后城市道路收费的主流技术。

2.2.2 收费模式

道路拥挤收费从时间角度和空间角度可分为静态收费与动态收费两大类。仅考虑空间角度的拥挤道路通行权收费称为静态收费,仅考虑时间角度而忽视网络拓扑结构的拥挤道路使用收费称为时变收费(如针对路段瓶颈道路收费),而从时间和空间角度综合考察的拥挤道路收费,称为动态收费(时变收费也属于动态收费策略之内)。静态拥挤道路通行收费仅适用于稳态条件(即 OD 矩阵是固定的,不具备时变特性)下的交通网络,没有考虑收费的时变性,即静态收费模型不考虑当前收费对未来的交通拥挤程度的影响。动态拥挤道路使用收费考查的是出行需求和出行费用均是时变的,因而拥挤道路使用收费也是时变的。

1)静态拥挤收费

1990 年,美国联邦公路管理局通过立法建立了“道路拥挤收费试点项目”,为实现道路交通管理策略改革提供了新的依据。其中影响最广泛的措施,是于 1995 年创建了新型的“高乘载收费专用车道”(High Occupancy Toll Lanes),简称 HOT 车道。创建之初,大多数城市道路拥挤收费策略均采用静态拥挤收费策略。静态拥挤收费仅考虑空间维的道路收费政策,适用于稳态交通流条件下的交通系统网络,不考虑车流的时变性特点。

静态拥挤道路收费的理论基础是经济学中边际成本定价原理。一般说来,在交通拥挤较为严重的交通网络系统中,道路使用者最优线路选择未必是系统运输效率的最优化。这是因为道路使用者在选择出行路径与出发时间时,往往仅考虑自己所能感知或将付出的代价。每个道路使用者大多不会意识到自己在进入路网时影响了其他的道路使用者,增加了系统的出行费用与行程消耗。因此,道路出行者在决定本次出行时不会将该部分费用考虑在内。通常,将这部分费用称为外部不经济,它主要包含两个方面:

(1)道路使用者强加给路网系统的费用,主要包括空气污染、噪声、振动等方面。

(2)道路使用者强加给其他的道路使用者的费用,如行驶速度降低对后面车辆的影响等方面。

在某种程度上，各个道路使行者均引起了上述外部不经济状况。而驾驶员必须承受的费用只包括燃油费、车辆磨损费，以及完成本次出行需要的时间费用。因此，驾驶员会低估本次出行的全部费用或社会费用的消耗。当道路通行能力充足时，这种“自私”的行为不会影响到其他道路使用者。但是，当交通流量接近道路通行能力时，随着道路拥挤程度的上升，每新增加一个出行单位均会使交通系统中所有成员的利益受损。此时，若公众仍坚持原来的出行方案，便会使交通路网系统拥挤不堪，甚至瘫痪。迫使某一出行者改变行驶路径和出发时间的方案可实施性较小，最好的办法是用经济手段对道路使用者进行限制。

道路使用者坚持在道路拥挤路段出行，因其仅仅考虑自身的感知成本或平均可变成本（也即是边际个人成本），而没有考虑给其他道路使用者所带来的“外部不经济状况”，即用户没有为其出行支付全部的社会费用（即边际社会成本，包括由交通状况导致的环境污染）。道路使用者对出行成本的错误感知（仅支付部分出行费用），将导致网络的潜在交通需求过高和交通量的无限制增长，从而造成路网中某些路段交通流量达到饱和或过度饱和的状态，引发交通拥挤和排队问题，造成道路资源的浪费。

通过经济学家研究发现，缓解道路交通拥堵最直接，且经济上最有效可行的办法便是对拥挤路段进行收费，给予道路使用者两种选择，付费的使用者可在原有路网和时段行驶，不想付费的人便可另择他路或改变出行时间。因此，原有拥挤路段的交通问题将被大大缓解。经边际成本定价原理分析，为使整个道路系统通行能力得到充分利用，拥挤路段上的道路使用者应支付一定的费用，才可抵消它所产生的“外部不经济行为”。

收取费用的大小等于边际社会成本和边际个人成本之差，通过对拥挤路段上的道路使用者征收相应的通行费用用于修正其对出行费用的错误感知，以保证道路使用者在做出行决策时考虑本身的出行强加给其他用户的“外部不经济状况”，从而达到使用者自身出行费用平衡，使得交通路网系统达到最优，继而保障交通系统运行的有效性，达到缓解交通拥挤问题的目的。

静态拥挤收费策略采用的是静态交通分配模型，即假设交通需求和路段行程时间为常数，仅仅依赖本路段之前监测的交通流量。这对于交通流量相对平稳、路段行驶时间受交通负荷影响较小的城市间长距离，或非拥挤的城市交通特性分析和路网规划是比较可行的。而对于存在较为严重拥挤现象的城市交通网络，交通流的时空分布规律具有很强的时变特性的路段，采用静态模型的适用性较差。

在对城市交通控制与管理中，更需要考察路网系统中交通流行驶状态随空间与时间的演化过程，针对可能出现的拥挤和阻塞状况，及时采取有效的管理措施，确保城市交通系统平稳、高效地运行。然而，这些问题的解决均是静态拥挤收费策略难以实现的。因此，动态交通网络流量的收费标准制定一直是国内外学者们共同关注的研究课题。

2）动态调整收费

交通流并不是稳定不变的，交通需求具有随时间变化的特性，这使得交通系统中的交通流具有动态变化特征。因此，动态的交通需求分析模型能够更广泛、准确地反映交通系统问题。静态分析模型是以日交通量为研究对象，以推测一天的平均交通量分布，从而进行交通分析等操作，制定相应的收费策略。动态交通分配是以时刻变动的交通需求为对象而展开的交通分配。

在动态收费模式下,某时段的收费水平等于不收费时市民的等待时间费用,这样便能以收费的形式替代排队等待时间费用,继而满足路网的交通需求,缓解瓶颈满负荷的运行状态,尽可能达到无排队的现象,从而使得整个交通系统中交通流达到最优化的状态。

2.2.3 收费策略制定

在进行收费策略的制定以及建设投资的决策中,主要是根据道路性能监测指标予以制定。相关措施在日常的运营管理中,需了解管控车道的运行性能指标,继而发现存在的问题。对管控车道项目的应用需遍布其运营中的整个运行周期,主要包含以下职能:

①衡量道路运输系统的运行状况。

②找寻路段现状运行问题与区域交通问题。

③通过数据分析,分析替代方案以解决现状问题。

④估算相应的成本效益,确定实际改善的性能与成本效益。

美国的道路管理部门已建立了道路性能监测、评价的相关体系,为公众出行以及决策者提供了良好的交通运输系统信息,其目标是追寻更大的期望效果值,获取相关的性能指标数据,为提高道路运行效率、解决增加的出行需求提供基础。在进行管控车道运营状况性能监测过程中,需考虑如下因素:

①道路使用利益相关者。利益相关者即在进行管控车道运营管理中受到影响的组织或个人,例如交通运营管理部门、道路使用者以及有物质利益相关者的组织或个人。其利益相关者应参与整个绩效监测的应用过程。

②出行需求。即在现状条件下对管控车道运行项目进行初步评估,其需求主要体现在远景目标以及政策实施过程中。

③实施可行性。性能监测指标与分析方法能够有效地对多种运行方案进行评价与筛选,继而选取能够最大限度地发挥项目成本效益的方案,例如采取仿真的方法对各个方案的效益与实用性进行对比分析,为道路运营决策提供依据。

④方案评价。对道路运行状况的评价需要收集日常数据,进行数据分析工作,采用已建立的道路评价指标评估策略、政策的执行状况。在其过程中的反馈环节使得管控车道的建设者能够对项目的实施状况进行有效的评估,提出需求改进策略。

1)运营监测指标

管控车道道路性能监测可分为输入、输出及结果监测。输入监测是监测对资源和项目的贡献程度;输出监测是监测对项目设施建设成果的应用情况;结果监测是监测对实施目标的效果。例如对增加道路通行能力而言,输入监测包含了对基础设施的耗用,输出监测包含了车道的扩充等因素,结果监测指标包含减少出行者的道路行车延误,其最终目标均是道路通行能力的增大。结果监测应是首要考虑的因素,直接影响对实施目标的效果,然而结果监测指标是难以界定与衡量的。在决定采取对何种指标进行监测时,需考虑是否能够完成相关的数据收集工作,能够为决策制定提供有效依据。

20 世纪 80 ~90 年代,交通拥堵指标成为美国交通管理部门主要的性能监测指标。早期提出的关于拥堵的道路监测指标主要体现在以下三个方面:

①交通流运行特征,其中包括运行车速、出行延误、出行时间等。

②道路通行能力,即实际交通流量与道路容量的比值。

③自由流特性,即自由流运行车辆的运行百分比。

(1)德克萨斯州

道路运行性能监测指标已经成为绩效评估与评价规划方法的一部分,其监测指标与交通规划过程中的各类目标相互关联,但是道路性能监测指标越多,可能越混乱,对规划以及实施效果造成负面影响。德克萨斯州交通管理部门对道路运行绩效监测指标进行了总结,如表 2-8 所示,其指标涵盖了道路出行的机动性、可达性、安全性,以及道路的建设、运营与管理对经济发展、生活质量、环境质量的影响等方面。

道路绩效监测指标　　表 2-8

监测目标	指标	监测目标	指标
机动性	起讫点出行次数; 平均行车速度与出行时间; 拥堵延误时间; 服务水平; 人均车辆行驶里程; 人均出行时间	生活影响	拥堵延误时间; 车均(人均)出行里程的事故率; 交通污染; 市民对安全与城市质量水平的感知; 平均出行时间; 受噪声干扰的人口比例
可达性	起点至目的地的平均出行时间; 平均出行距离; 单位长度的道路使用率; 限定高度下桥梁数量	环境资源消耗	空气质量; 事故造成的废弃物; 道路出行燃料消耗
安全性	事故发生率; 与道路建设相关的事故率; 事故高发地点次数; 事故风险指数; 道路使用者对安全性的感知; 路面优良百分比	运营效率	交通运输系统服务成本; 成本-效益水平; 起讫点出行次数; 顾客满意度; 单位货物单位出行距离成本; 服务水平
经济发展	事故经济损失; 时间延误经济损失	系统维护	道路剩余使用寿命; 维护成本; 路面粗糙指标

(2)美国联邦公路管理局(FWHA)

美国联邦公路管理局建立了道路性能监测程序,对交通运行机动性与可靠性关键指标进行监测,其中机动性反映出行的简易程度,可靠性反映出行的便利性。美国联邦公路管理局根据历年来对机动性与可靠性的监测状况,制定了如下机动性监测指标:

①出行时间指数:在高峰时间段内出行消耗时间与自由流行驶状态下消耗时间的比值,主要体现了高峰期间的拥堵程度。

②拥堵出行比率:拥堵状态下的出行时间与总估算时间的比值,用于量化拥堵程度。通常

以自由流状态下行驶速度作为判定拥堵状态的依据，当路段在某段时间内的行车速度低于自由流行驶速度时，界定为拥堵路段。

③延误时间：主要来自于道路使用者的经验反馈，将机动性能的影响标准化，较其他指标有更高的要求，主要用于减少总出行延误。

针对出行可靠性的测评指标主要有如下三方面：

①缓冲指数：根据相关研究表明95%的出行需要消耗额外的"缓冲"时间，将出行者缓冲指数与其平均出行时间相乘，继而将缓冲时间计算入行程时间中。用该种方法体现的出行可靠性，优点在于其价值百分比不倾向于时间与距离的界定。

②变异百分比：也称为变异系数，用于衡量平均出行条件的变化状况。采用变异百分比与平均出行时间相乘，将结果计算入平均出行时间中。其数值越大则可靠性越低。

③糟糕指数：即是超过路段平均出行时间的比例，用于量化拥堵路段出行造成的延误时间。

(3)美国公路合作研究组织(NCHRP)

通过对道路运营管理的绩效监测结果分析，确定了70多项监测指标。同时对众多指标进行了原则分类，其衡量原则主要包含了如下方面：

①清晰性与简洁性(指标清晰性以及量化程度)。

②描述性与预测能力(描述现有道路交通状况，找寻问题及预测变化)。

③分析能力(利用实测数据进行技术评估道路性能)。

④精确度(分析精度是否符合规划与运营管理分析的要求)。

⑤灵活性(适用于多种规模与场景)。

通过对上述原则的分析，对各项指标进行评定分值，确定了如表2-9中所示各项监测指标。

NCHRP推荐绩效监测指标 表2-9

监测目标	指标	监测目标	指标
出行数量 (用户角度)	人·英里出行里程； 货车·英里出行里程； 车辆行驶里程； 出行车辆数(包含各类车型)	交通系统 (管理部门角度)	严重拥堵百分比(服务水平达到E或F)； 行车密度； 服务水平； 排队长度(频率与长度)； 理想行车速度范围内行车里程百分比； 车辆承载率(人/车)
出行质量 (用户角度)	人·英里平均速度； 门对门平均出行时间； 出行时间可预测性； 出行时间可靠性； 平均延误； 服务水平	安全性	事故率与事故类型

续上表

监测目标	指标	监测目标	指标
事故	事故引发的行车延误； 事故清理时间	组织性能	各类型时间反应时间； 收费水平； 路面状况； ITS 设备运营百分比

2)数据信息

在检测道路运行过程中，指标的选择与信息收集有直接的关系，其来源需具备可靠性与一致性，且能够满足决策者的需求。在美国管控车道实施过程中，其遇到的问题普遍体现在资料的获取与数据质量的确定，否则便会出现数据准确性较低，造成分析结果与实际不相符的问题，继而影响道路运营与管理政策实施效果。

美国联邦公路管理局实施了一项“绩效监测计划”，用于量化道路运行水平，为协调与分配资源以及测评控制效果提供基础资料。监测计划主要界定了如下内容：

①需要收集的数据。

②收集数据进程表。

③数据收集地点。

④数据分析技术与方案。

⑤数据库管理需求。

⑥道路运行水平分析。

(1)加利福尼亚州 PeMS 系统

加利福尼亚州交通管理部门与加利福尼亚大学的研究学者共同建立了道路运行监测系统——PeMS 系统，该系统收集了众多加利福尼亚地区交通运行数据，例如洛杉矶、奥兰治县、萨克拉门托等地区。通过对信息的收集与汇总，对监测数据进行如下处理：

①将 30s 内交通流量与承载率转变为各车道 5min 内承载量。

②计算各监测线圈的 g 因子并以此推算各车道行车速度。加利福尼亚州大部分检测器为单线圈，仅收集交通流量与承载率数据。PeMS 系统适用于评估每个时间周期内检测线圈的 g 因子。

③将各车道的交通流量、承载率以及行车速度进行综合分析，以确定在检测器处的交通运行状况。

④计算相应的道路运行指标：拥堵延误、车辆行驶里程、出行时间等。

⑤通过账户密码网上获取道路交通信息。

在 PeMS 系统网站中包含了对出行时间的估计以及最短路径的选取信息，道路使用者能够根据自身出行选取相应的线路，提高出行方便性。同时该系统能够对出行时间进行预测，即以某时刻某地点为起点，计算某段时间后能够到达何处。并结合历史与实时数据的综合分析对出行时间的预测算法进行更正。

(2)华盛顿州

华盛顿州交通运输部于 1981 年便开始对道路运行数据进行收集与存档，在实施初期因数据存档成本与传输问题(互联网应用前)产生了一些不良效果。通过多年来信息技术的发展与交通体制改革,多数地区数据存档工作已在华盛顿州交通运输部制度化。西雅图地区公路监测系统对道路每20s间隔期内的道路运行数据进行收集,例如交通流量、方向承载率等。通过将数据转变成行车速度与出行时间估计等信息,继而归纳为5min内的数据档案。

华盛顿州交通运输部与华盛顿州交通运输中心(TRAC)为西雅图公路开发了基于CD光盘的数据档案,用于存档道路运营数据。TRAC通过对数据的分析建立了相应的数据分析程序,将收集的公交车辆与小汽车承载率数据进行整合,以确定出行交通量。其数据的应用为解决运营评估改善问题、匝道管理等方面提供了依据。

3)道路运行分析

道路运行状况的分析,需将数据转变为易被大众所理解与接受的形式,帮助道路使用者以及管理人员了解道路的运行性能以及发展趋势。例如华盛顿州交通运输中心将存档数据绘制成为各种图表以反映交通拥堵状况,作为决策者与运营管理者发现问题、解决问题的手段。

如图2-39所示为交通拥堵状况与行车速度、交通流量的关系分布,平均行车速度采用彩色图线予以标示,显示了全天内的交通运行速度变化状况。因各天行车速度分布的差异,可通过界定"拥堵"状态(达到F级服务水平),以及交通拥堵的发生频率测评道路的可靠性。左轴线表示为"交通流量",右轴线表示为"拥堵频率",显示本地区每周超过80%的时间发生拥堵,且在早高峰时间段因拥堵原因,造成交通流量下降。

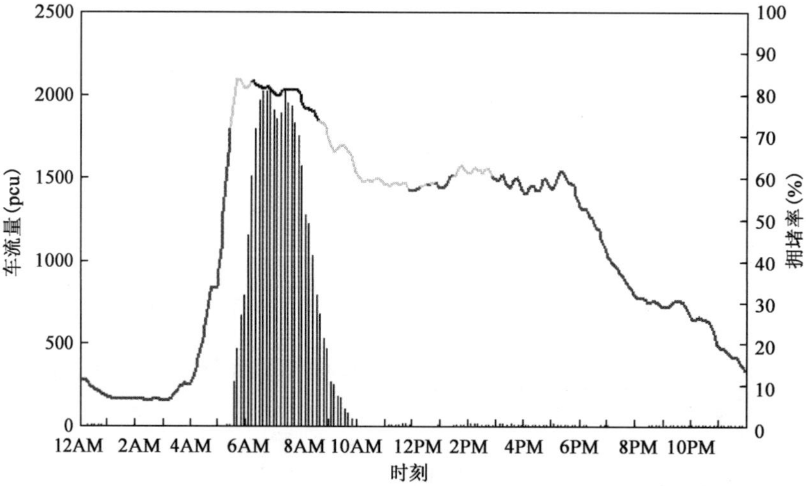

图2-39　拥堵频率、流量与速度图示

对交通拥堵状况的另一种表示形式为将各天运行通道的服务水平进行标示,如图2-40轮廓图显示,不同颜色的区域代表不同的道路拥堵水平。

采用行车速度监测数据反映机动车全天出行时间,该表示方法不仅能够描述当天的出行时间,亦能够估算全年的出行时间。图2-41描述了全天的出行状况。

图2-41所示为拟定路线车辆实际出行时间,其中绿色线条表示指定时刻出行的平均出行时间,红色线条表示出行时间90%位分布。该图反映了道路"拥挤频率",当出行平均时速低于35mile/h,界定为拥挤状态,上图中蓝色区域频率分布表示了驾驶员在整个出行时间分布

中，平均时速在 35mile/h 以下的频率。

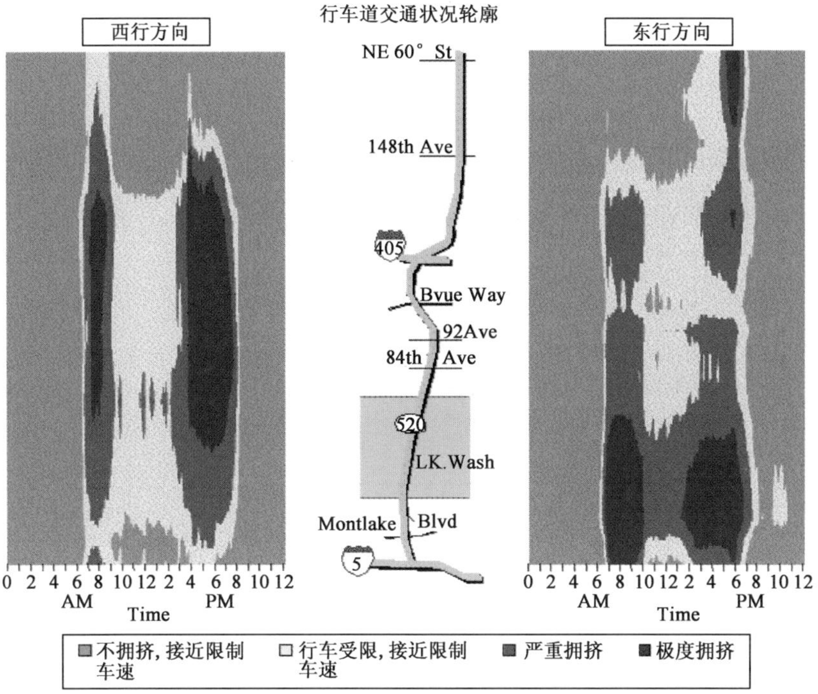

图 2-40　道路服务水平分布

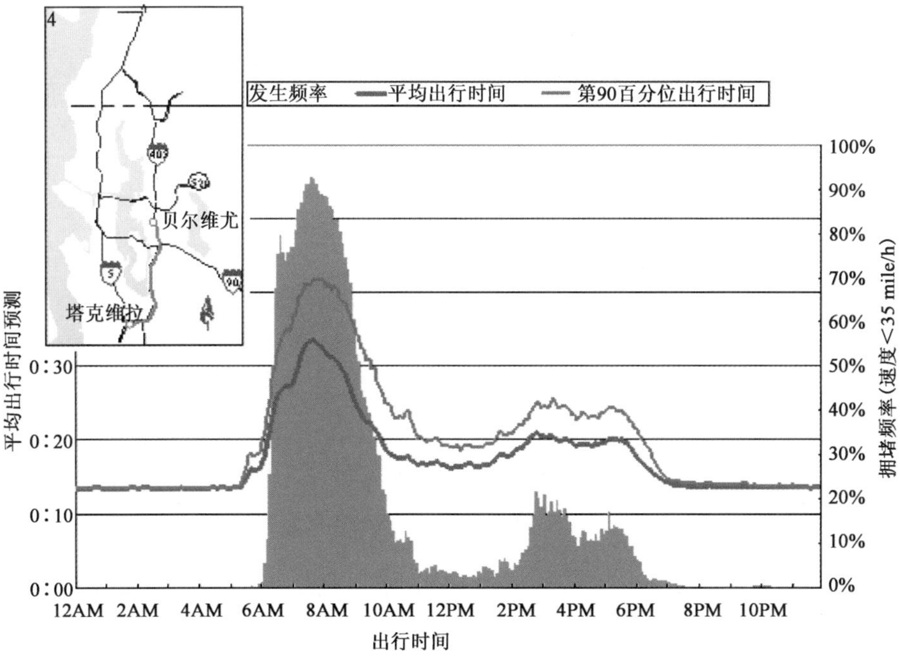

图 2-41　拟定路线全天出行时间

华盛顿州交通运输部在美国西雅图 SR 520 公路进行匝道控制已有多年，其主要在下午实施匝道控制措施，当匝道控制措施改至上午后，高速公路性能得到了有效的改善，如图 2-42 所示，实施前的道路上午运行期间服务水平达到 F 级，实施后有效地减缓了拥堵状况，同时对于增加道路通行能力具有重要作用。

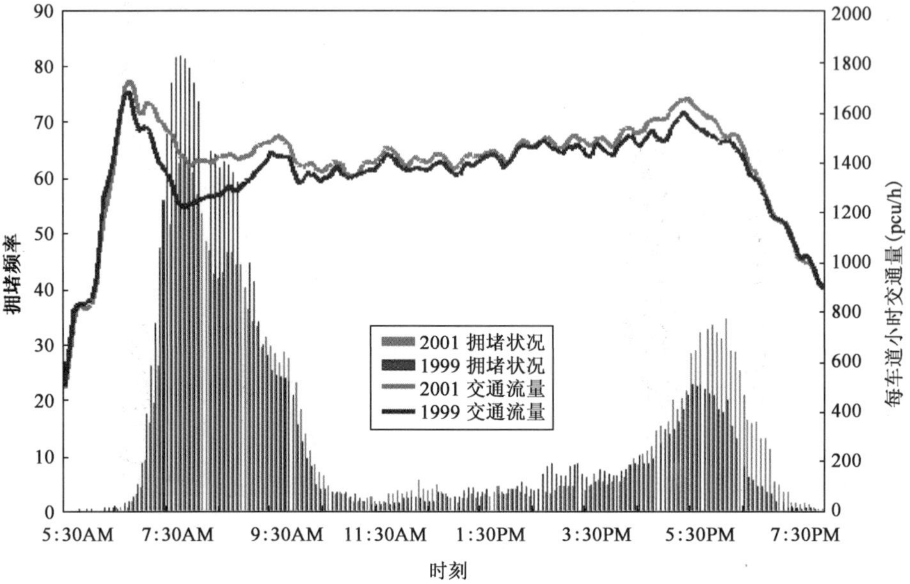

图 2-42　匝道控制对交通流量与拥堵频率的影响

2.3　出入口控制策略

出入口控制是进行管控车道策略管理的另一方面，对管控车道的进出形式限制管理能够最大程度降低车辆频繁出入对交通流造成的干扰。通过交通标志、标线或物理隔离设施对出入形式进行限定，其策略应用对调节交通流量的稳定运行具有重要作用。

2.3.1　分离方式

1）物理隔离

物理隔离设施是专用道路进行隔离封闭的人工构造物的统称，主要包含固定护栏、可移动护栏及混凝土隔离设施等形式。城市道路隔离设施在分离对向交通流、降低车道间交通流横向干扰等方面具有重要作用。根据美国实践应用及研究显示，交通流隔离设施是保障交通安全的重要道路设施之一。安装隔离设施后，道路交通事故率远低于无隔离设施的同类型道路，因此管控车道隔离设施的设置对保证道路交通安全方面具有非常重要的作用。

隔离设施的设计需根据当地交通状况的需求，按照实际情况分析是否需设置物理隔离设施，并研究其设置合理性。在 HOV 车道规划时，专用双向 HOV 车道、专用可变单向 HOV 车道及同向车流 HOV 车道，均可设置混凝土墙或护栏形式，分离 HOV 车道与普通车道，减缓专用车道交通流行驶受干扰程度。

物理隔离设施分流的状况通常适用于 HOV 车辆较多、道路合流与分流的交通量较大，且 HOV 车道设置长度较长的情形。针对逆向行驶的 HOV 车道，在潮汐交通流特性的影响下，固定的隔离设施已不能满足道路交通需求,因此引进了可移动护栏技术,如图 2-43 所示为马萨诸塞州高速公路实施的可移动护栏装置。

图 2-43　马萨诸塞州高速公路可移动护栏装置

可移动护栏技术能够改变道路交通流行驶方向,对双向交通流具有连续有效的保护作用。该技术能够改变道路行驶区间的宽度与长度,对行驶交通流实时地作出反映。因此,可移动护栏技术能够迅速地缓解道路高峰时期高峰方向通行能力不足的问题,减缓因潮汐交通流而引发的交通拥堵问题。

可移动护栏技术由若干相互链接的铰链形成的连续链与护栏自动传送系统组成,针对互相链接的铰链形成的连续链,其交叉部位与其他可移动护栏相类似,但其端部呈现“T”形。在护栏的另一端处,可通过钢栓的插入与拔出进行控制,继而能够方便地固定与移动护栏的各部分,如图 2-44 所示。护栏自动传送系统能够将护栏从一侧移动至另一侧,准确地形成一条新型的车道线,其移动速度可达到每小时 5 英里。

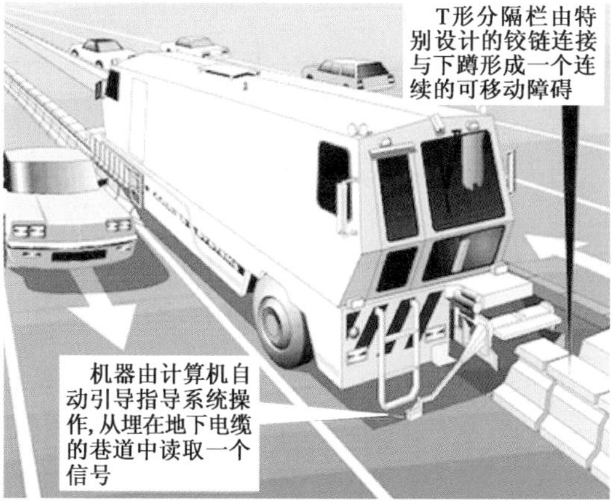

图 2-44　可移动护栏装置操作

在美国应用实践中,众多的可逆车道均将可移动护栏技术应用于一至几英里的交通流控制中,有效地缓解了交通拥堵问题,提高了道路运行效率。同时,可移动护栏能够控制可逆车道内的自由流速度,节省了出行时间。

2)交通标线隔离

道路交通标线具有管制与引导道路交通流的作用,在道路交通组织管理中具有重要地位。其功能主要包含以下几点:

(1)划分道路通行权,分离道路不同类型的使用对象,如货车、小汽车、自行车与行人等。

(2)规定不同的交通流走向,如分离行驶车流、界定路口导向、指示道路的出入口等。

(3)为道路使用者提供导向及指导信息,如道路类型标记、速度限制、方向指示等。

(4)强化道路运行规范,保障行驶安全。

专用车道与相邻车道间采用无物理隔离的形式分离交通流,通常分为连续型与非连续型。

其中连续型是指相邻车道的常规车辆能够随时进入管控车道,无须设置专门出入口,利用虚线或单实线隔离交通流,如图 2-45 所示为 HOV 车道虚线隔离方式。非连续型是指相邻车道的常规车辆只能在固定的出入口处进入管控车道,利用双实线分隔相邻交通流,如图 2-46 所示为 HOV 车道双实线隔离出入口形式。

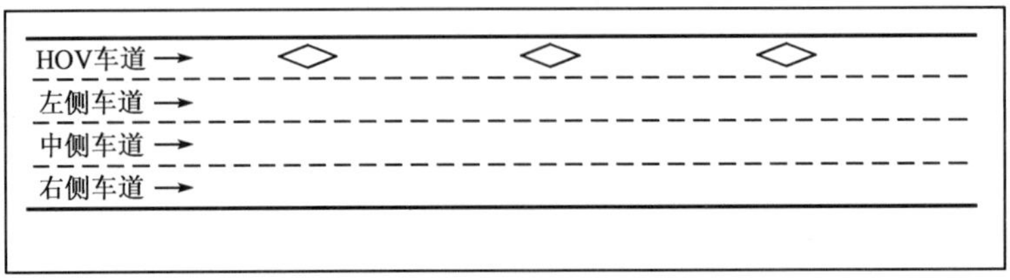

图 2-45 连续型 HOV 车道出入形式

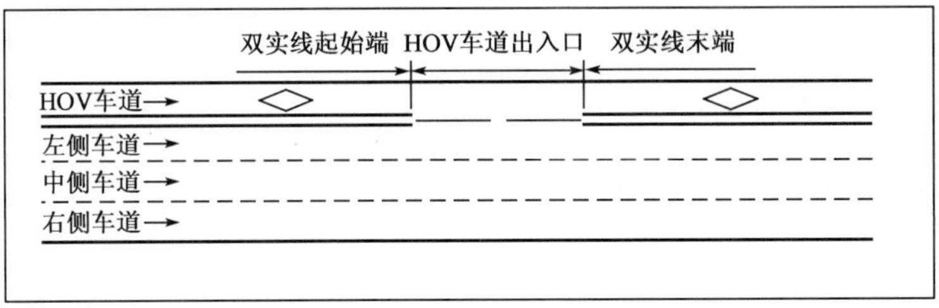

图 2-46 非连续型 HOV 车道出入形式

根据美国 HOV 车道分离形式应用实践,交通流隔离策略多种多样,美国华盛顿州 SR 167 高承载专用收费(HOT)车道对其车道分离形式进行了改进,将以往的双实线隔离逐步改为单实线分离形式,如图 2-47 所示。车辆能够随时进出 HOT 车道。车辆进出更为方便,降低了在固定进出口处交通流交织形成的交通延误,同时提高了 HOT 车道车辆的运行速度。

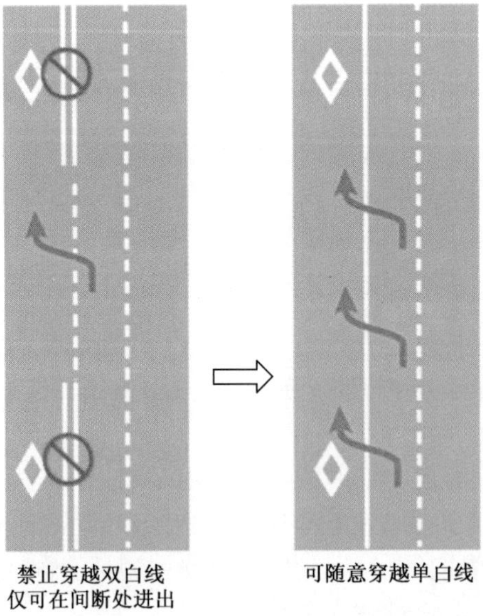

图 2-47 SR 167 出入 HOT 车道形式变化

2.3.2 快速车道

随着日益增长的交通需求以及道路交通设施越来越高的要求，许多城市现有的道路交通设施建设已不能满足现状通行条件，继而频繁地出现交通拥挤甚至交通阻塞问题，严重影响了居民日常生活，制约了城市社会经济的发展。为了缓解这一矛盾，基于城市发展的原则，越来越多的大城市开始着手于规划建设城市快速车道，以提高道路承载能力、服务水平和路网运输效率。目前，世界上许多发达国家的城市已经建立了具有一定规模且相对完善的城市快速车道系统，美国纽约已基本建成了快速车道系统。

城市快速车道有别于常规的城市道路建设，为城市交通所提供的服务定位主要体现在“快速”与“高效”两方面，能够充分地发挥机动车高速行驶的特性，减少了行车延误，以保证城市交通网络体系的高效运行。综上，快速车道的特性主要包含如下方面：

(1)高效通行能力

快速车道实行分向行驶和控制出入的交通组织方式，为交通运行提供更为便捷的服务，尤其是针对长距离交通及过境交通。城市快速车道系统一般具有较宽的规划红线限界，且基本路段通行一般采用双向 6 ~ 8 车道。同时，快速车道运行交通流基本具有高速且连续行驶的特性，因此，城市快速车道系统能够提供高效通行能力的服务。

(2)机动车专用性

为保证快速车道上交通流的高效运行，快速车道只允许机动车通行，禁止行人和非机动车进入该车道，避免各种车辆混行而引起的混合交通流，继而造成交通拥挤甚至是阻塞，保证快速车道能够提供较高的服务水平。

(3)辅路配合体系

快速车道建设目的主要是为中长距离出行的车辆提供相应便捷、快速的服务，但同时也需要满足快速车道沿线短距离出行的交通需求。因此，需根据快速车道的建设构造形式，在道路两侧或者一侧设置辅路，用以完善城市快速车道的使用功能，更为高效地发挥路网运行效率。

(4)出入口频繁性

城市快速车道与各层次城市道路之间存在较多的交通流转换行为，使得快速车道沿线出入口频繁。城市快速车道出入口交通流间转换主要表现为分流和合流的现象，由于出入口频繁且相邻进出口间距较短，车辆交织运行形式复杂。

1)出入口交通特性

(1)出入口类型

出入口类型与交通流交通组织方式紧密相连，在不同的出入口类型和各种组合方式下，交通流所呈现出的交通特性也不相同。总体来说，快速车道出入口可分为直接相连立交匝道和通过地面辅路两种形式，具体表现为高架桥和地面形式。在实践应用中，通过设置立体匝道的出入口形式，即主线高架，一般位于城市外围地区，直接相连地面辅路的出入口形式，其主线大多为地面或隧道形式，通常处于城市繁华地区。

在路权分配角度来看，高架桥匝道形式的出入口类型较为明确，而地面形式的出入口形式相对模糊，对交通组织具有较高的要求，并且容易在交织区处引发交通堵塞问题。在表现形式上，两种类型的出入口差别较大，设置匝道出入口类型受其连接道路的影响较大，而设置快速路辅路的出入口类型受辅路的影响较大。快速路入口、出口类型如图 2-48、图 2-49 所示。

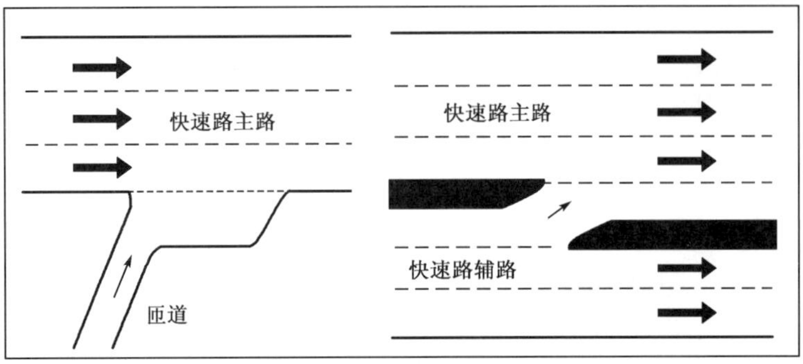

图 2-48　快速路入口类型

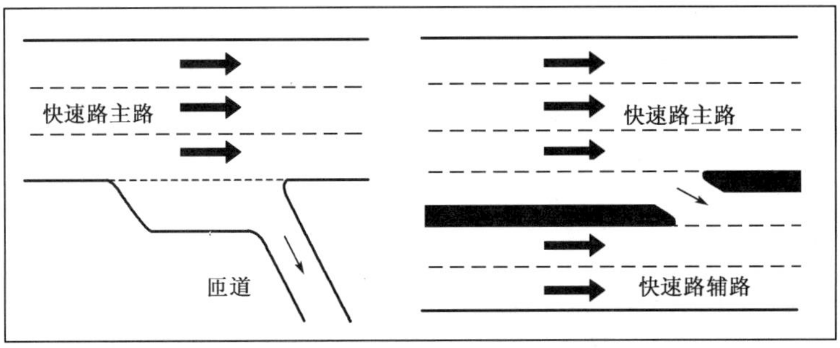

图 2-49　快速路出口类型

不同类型的出入口类型进行组合便构成了出入口构型，城市快速路出入口构型主要有以下四种形式：进口-进口型、进口-出口型、出口-进口型和出口-出口型。各种形式的出入口构型具有不同的交通流组织特性。

(2)出入口设置需考虑的因素

①快速车道全线与区域路网综合考虑。

进行快速车道设计时需具有全局性的观念，不能仅仅只分析某个大型立交，而忽视了该道路与路网的协调性。出入口的设置一定要对全线快速车道(包括已建成与新建的路段)以及相交道路进行分析，同时，需要深入研究周边路网的分流能力。只有合理的安排好出入口形式及位置，才能更合理地进行立交的选型、建设工作，否则，功能再齐全的立交，若出入口处设置不当，也无法更好地发挥道路运行效率。

②设置集散车道调整出入口。

为避免出入口间距过小而对快速路主线交通流产生影响，尤其是对立交布设区域，需建设集散车道调整出入口，以增加彼此间距。集散车道设计车速相比主线较低，能够更方便地衔接快车道主线与辅道或立交匝道。集散车道的设置不仅仅起到调整出入口的作用，也有利于立交的选型以及优化设计，使主线与转向匝道间衔接更为合理。

③通过增设监控设施控制出入口。

遵循先出后入、量出为入的原则，保障快速车道交通流处于平稳运行的状态。必要情况下可考虑增加出入口的监控设施，以控制车辆进出快速车道，平衡快速车道与其他道路间的交通组织分配。

④菱形立交的出入口形式设置。

常见的菱形立交出入口通常设置在跨线桥外围与地面辅道的衔接点(出入口通常设置在地面),或通过上、下桥匝道与地面道路相连接(出入口设置在高架桥上)。若相交道路功能等级较低,行驶车流量不大时,不会影响整个立交的运行;若相交道路为主干路或更高等级的道路时,交通流量大且转向车辆较多时,信号灯控制下平面交叉路口不能适应,容易出现大量车辆排队等候的现象,继而影响快速车道主线行驶的正常通行,则采取先出后入的出入口设置方式显然不能满足交通流量的需求。

通过采取两种类型措施可以缓解交通压力,一种是增大出入口相隔间距,尽可能地远离平交路口,尽量减少平面交叉路口交通延误对快速车道主线交通流的干扰。若彼此间间距能够增加到足够大,则采用另外一种方法,即出入口设置为先入后出,将地面一部分直行交通流转移至跨线桥或高架桥,借以缓解地面平面交叉路口的交通运行压力。上述措施均是通过出入口设置的不同布设方式以平衡快速车道与区域地方道路间交通流量,从而使交通流均匀分配到各级道路网系统,充分发挥路网的通行能力,提高路网运输效率。

2)出入口设置影响因素

(1)路网交通需求影响

快速车道的设置并不是孤立地存在于城市交通系统中,而是通过匝道和辅路间的出入口与周边路网系统相联系。因此,如何更好地组织快速车道交通运行及与周边路网之间的衔接状况,是快速车道交通运行管理中的关键问题。

从交通网络系统衔接的角度分析,快速车道交通系统的衔接主要分为两个层次:首先,快速车道与郊区高速公路以及快速车道系统内部之间的衔接,快速车道与周边区域路网的衔接;其次,另一项较为突出的问题主要表现为"地面道路行驶车辆进不去,快速车道车辆出不来"。随着快速车道系统的逐步扩大,道路间的衔接问题也逐步凸显,主要表现为快速车道路网系统内部交通流量与服务水平分布不均衡。

由于交通路网的布局形式与交通需求分布状态不匹配、不同区域内的交通生成量和吸引量的分布不均衡、快速车道网内部立交连接节点间衔接不合理等原因,导致快速车道网内部不同路段间交通饱和度不均衡与服务水平的差异。因此,快速车道出入口设置成为协调周边路网的交通需求和调节路网之间交通量分布不平衡的关键所在。

当出入口数量设置较少,位置布设不合理时,会出现出入口间距扩大的现象,一方面不能满足周围路网的交通需求,不能合理地分配路网交通量;另一方面会造成快速车道交通流量减少、辅路交通压力加大、车辆在出入口交织区排队运行的状况加剧,最终导致城市快速车道整体效益降低。

当出入口的数量设置过多,位置布设不合理时,一方面会吸引周围路网交通流的驶入,使得路网交通量分配失衡;另一方面短途的交通流也会大量涌入快速路车道,继而加剧快速车道系统的运行压力,从整体上影响到城市快速车道整体运输效率的发挥。

因此,合理地设置快速车道出入口的数量、布设位置及设置方式是合理调配快速车道及其周边路网交通流,充分发挥交通系统运输效益的关键。具体考虑因素包含与快速车道主路相连接的路网结构与功能、与辅路相连接的道路结构与功能、出入口间距、出入口与地面道路平面交叉口的距离等方面。

(2)公共服务设施影响

针对公共服务设施系统，其主要考虑在快速车道的主线或辅路上，为提供交通方面的公共服务影响快速车道行驶车流实现快速运行等方面的因素。主要包含公交停靠站点的设置方式、公交车辆的到站方式、公交车辆的运行形式(是否设有公交专用车道)等因素。

当公交停靠站点布设在快速车道主路时，站台设置位置若距离出入口过近，主线行驶车辆速度较快时，公交车在公交站点的停靠过程、启动以及公交车自身的长度、加速性等方面的车辆特性，均会直接影响车辆驶出快速车道、辅路车辆驶入快速车道等交通运行形式，进而限制出入口功能的发挥，不能充分调用路网运行效率。因此，尽量避免在主线出入口附近处设置公交车站。

当公交站台设置在辅路时，若公交站台设置位置距离出入口过近，因主线车辆需换道行驶至辅路车流，与公交车在公交站台的停靠、启动等行为交织影响，某种程度上限制了主线车辆驶出快速车道，影响出入口功能的发挥。因此，尽量避免在辅路出入口附近设置公交车站。

另外，快速车道(包含主路、辅路)行驶的公交车辆线路越多，车辆停靠公交站台频率越高，便会有大量公交车在站台附近聚集，甚至产生排队现象，对主路、辅路行驶的车辆交通组织影响更大。

(3)管控形式影响

交通管理及控制形式的影响因素主要来自于出入口所在路段采取的交通管理与控制方式，对相应的交通流与车辆行驶规则等方面造成的影响，具体包括交通信号灯控制、交通标志标线、渠化交通设计和交通监控等方面。

交通信号灯控制、交通标志标线的设置位置与功能、与出入口的相对距离等因素均会影响出入口附近的交通流运行状况，继而影响出入口的布设。渠化交通设计和交通监控能够有效地为发挥出入口的作用。交通信号灯控制、交通标志与标线的设置对于辅助发挥出入口的效率起着非常重要的作用。

以交通标志的设置位置为例，从认识论与控制论的角度分析，驾驶员发现交通标志对驾驶车辆完成全部操作的过程，一般需经历发现交通标志、读取标志、进行决策、实施操作四个过程。在上述四个过程中，驾驶员的操作反应执行实际指令的时间若转化为机动车行驶距离，即为交通标志应设置的位置与出入口处的相对距离。

若该段距离设置过长，造成驾驶员过早地执行换道减速的行为操作，造成路网系统整体运行速度下降，限制出入口功能的发挥。若该段距离设置过短，造成驾驶员不能平稳驶出出入口，容易在出入口较近距离处引发强烈干扰，继而影响出入口车流平稳运行。

2.4 本章小结

美国管控车道控制策略由三种基本策略组成：专用车道策略、道路拥挤收费策略、出入口控制策略。

专用车道策略，即通过限制车辆类型对交通流进行主动干预，是最常用的管控车道应用策略之一，其车辆行驶资格可按照车辆类型(如公共汽车、货车、摩托车等)或载客量[如两人以上(2+)的车辆、三人以上(3+)的车辆]予以界定。在美国大多数管控车道实践管理中,对车辆类型的界定中后者的定义较为普遍,即 HOV 车道管理模式。其次还包含公交专用道及货车专用道(限制车道)等。根据当地的实际交通状况,对车道通行权的时段灵活操纵能够保证管控策略实施的有效性。

道路拥挤收费是平衡路网流量分配的经济杠杆,是管控车道常用实施形式之一。解决道路交通拥挤问题,提高道路运行效率的传统方法是增加交通供给,即通过新建道路和改扩建已有道路的方法解决。但是,新增道路会提高交通需求,导致城市交通环境进一步恶化。因此,解决城市交通问题的研究重点已转向交通需求管理,道路收费政策可以实现交通需求管理,能够较好地缓解城市交通问题。其关键在于选择合理的收费策略。为顺利实施交通拥挤收费措施,必须从城市自身的实际情况出发,经过反复实践论证后制订收费方案。其中包括收费对象、收费时间、收费方式、收费模式和收费费率的确定。

出入口控制是进行管控车道策略管理的另一个内容,对管控车道的进出形式限制管理能够最大程度地降低车辆频繁出入对交通流造成的干扰。通过交通标志、标线或物理隔离设施对出入形式进行限定,其策略应用对调节交通流量的稳定运行具有重要作用。

第 3 章　美国管控车道案例分析

管控车道研究策略作为 21 世纪初美国交通发展领域研究与建设的新潮流，运用相应形式的管理车道模式与技术，在充分利用现有道路资源基础上，在缓解高峰期间的交通拥堵问题、提高道路运行效率及速度、节约市民旅途出行时间、减少能源消耗与大气污染等方面起到了重要作用，同时对促进智能交通系统（ITS）领域技术的发展起到重大推动作用。

因此对美国管控车道的案例实践分析及研究能够对美国管控车道的实践经验进行总结，在现阶段我国高速公路网逐步完善、城市化建设快速发展的背景下，形成可供国内借鉴的成套技术，为国内建立管控策略体系提供理论基础与决策依据。本章主要对美国管控车道的四个典型案例进行分析。

3.1　SR 167 HOT 车道

3.1.1　建设背景

SR 167 车道位于美国华盛顿州，2009 年华盛顿州交通运输部对 SR 167 道路进行改造，将其建设为高承载收费车辆专用（HOT）车道，该 HOT 车道起始于华盛顿州皮尔斯县的 8 号大街，终止于华盛顿州金县 15 号大街，SR 167 公路研究建设范围如图 3-1 所示。该项目的建设是原 I-405 州际高速公路向南至 277 号街道 HOT 车道试点项目的延伸，主要用于缓解本地区的通行压力。

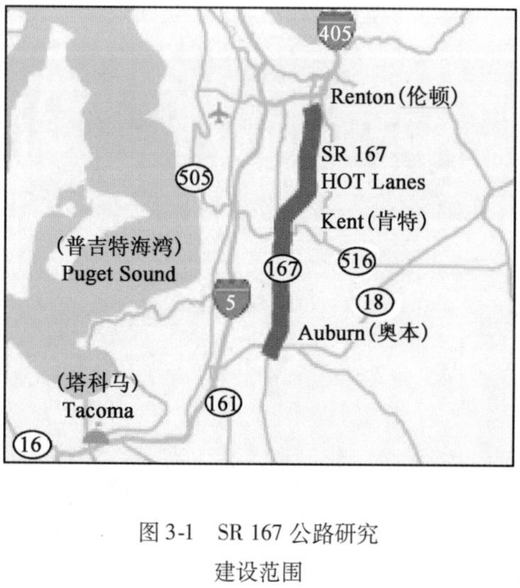

图 3-1　SR 167 公路研究建设范围

从 1980—2000 年，该交通走廊区域城市人口增长了 68%，由 175000 人增长至 294000 人。就业程度显著提高，由 1980 年的 94917 工作职位增加至 2000 年的 180607 工作职位。且该趋势将保持持续增长的状态，随普吉特海湾房价和地价上升，土地资源利用紧张，普吉特海湾市政局预计 SR 167 交通走廊人口在 2030 年将增长至 410000 人，相比 2000 年增长了 39%，该区域人口与经济增长状况如图 3-2 所示。

项目的建设主要包含 SR 167 主线及互通式立交的分析研究。据调查资料显示，SR 167 的道路使用者主要为上班族早高峰期北上刚性出行交通流。此外，肯特谷第二大配送中心的货车运送服务沿美国西海岸和 SR 167 大量分布。

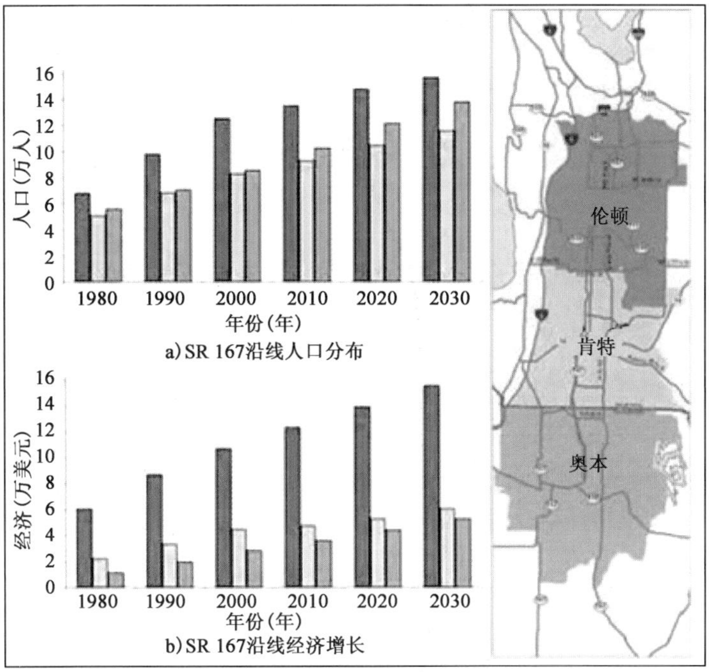

图3-2　SR 167公路区域人口与经济增长状况

每天由SR 167车道向北行驶的机动车数量高达52000辆,在通勤时间段内,早高峰期间车流量大约占据了7%的日车流量,约3000辆行驶在该道路路段内。早高峰时段长达3h(上午6:00至9:00),向南行驶方向晚高峰将持续4h(下午2:00至6:00)。非工作日期间高峰时间段于中午12:00至下午6:00时段内不定向变化,图3-3与图3-4分别为SR 167车道早高峰与晚高峰时段内主要节点交通流量。数据显示,早高峰时段内北行车辆远高于南行车辆,而晚高峰车辆主要发生在南行路段,因此该路段具有明显的潮汐交通流特性。

根据华盛顿州调查数据显示,高峰期间行车速度明显低于日平均运行速度,且在通勤工作日期间,早高峰交通拥堵路段主要发生在向北行驶路段,部分路段车辆行驶速度低于20mile/h。根据华盛顿州对SR 167公路长达一周时间内的行车速度监测,制定了相应的运行速度分布图,如图3-5所示。

图中"绿色路段"表明行车速度高于55mile/h;"黄色路段"表明行车速度介于36~55mile/h;"橘黄色路段"表明行车速度介于26~35mile/h;"红色路段"表明行车速度介于16~25mile/h;"黑色路段"表明行车速度低于15mile/h,已处于严重拥堵状态,但在该路段并未出现该状况。由图中数据显示向北通行的车流交通需求较大,行车速度严重受阻,未能充分发挥线网整体运输效率。

由SR 167公路主线驶入SR 18公路向北通行路段引发严重交通拥堵问题,使行车速度维持在20~30mile/h,严重阻碍了路网运行的通畅性,尤其是位于HOT车道设置路段,因此需进一步对HOT车道路段进行研究,以发挥路网通行效率。

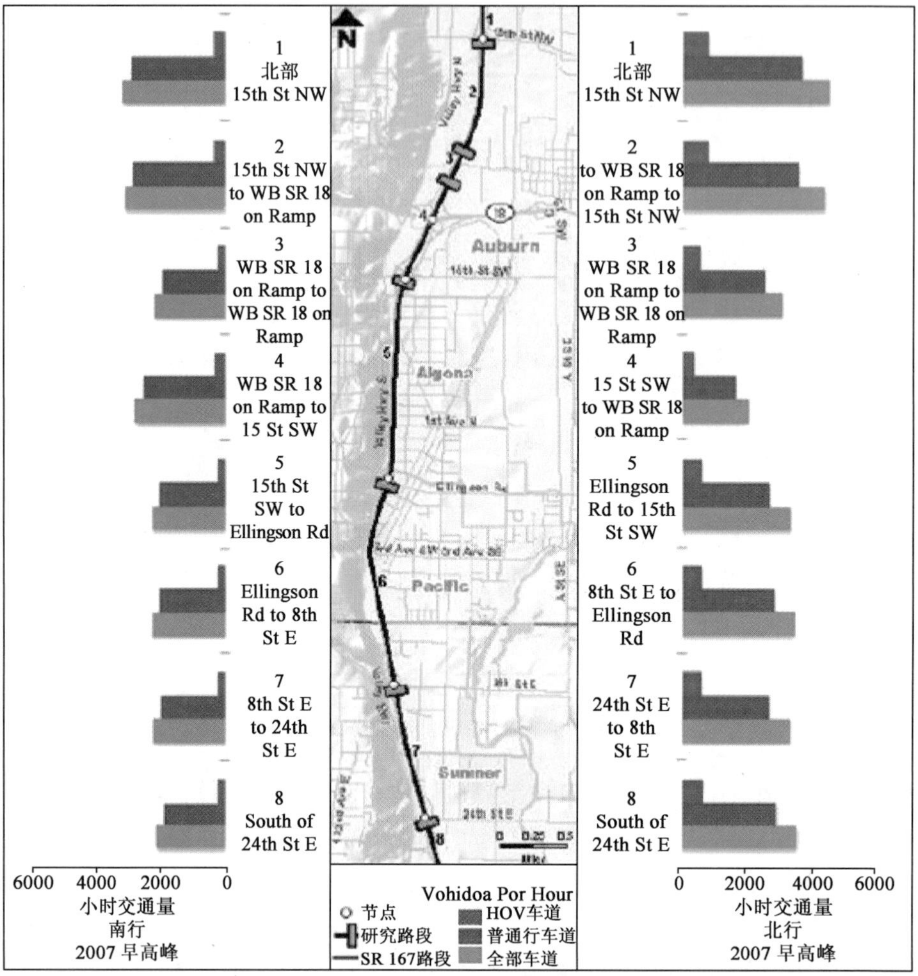

图 3-3　SR 167 公路早高峰主要节点交通量

通过对沿线道路主要交通节点的实际调研制定对应节点的服务水平分布图,为线路改造设计提供了依据,能够深入了解交通堵点分布,缓解交通拥堵问题,节点服务水平如图 3-6 所示。图中向南行驶方向交通节点服务水平明显低于北行交通流,尤其体现在 8 号大街东部与 SR 167 公路相交地带,该节点服务水平已处于 F 级,造成了严重的交通阻塞现象,增加了行程延误,运行速度显著降低。因此对该互通立交进行了改造设计,通过引入 HOT 车道设计理念,充分发挥了路网系统通行能力,提高运行效率。

3.1.2　管控策略

SR 167 车道实施了高承载车辆收费专用(HOT)车道管控策略,有效地提高了道路通行能力与通行效率,对缓解道路拥堵状况、提高运行速度、降低出行时间具有重大意义,尤其是针对向北方向行驶的通勤出行者,该道路满足了该通行方向大量的交通需求。

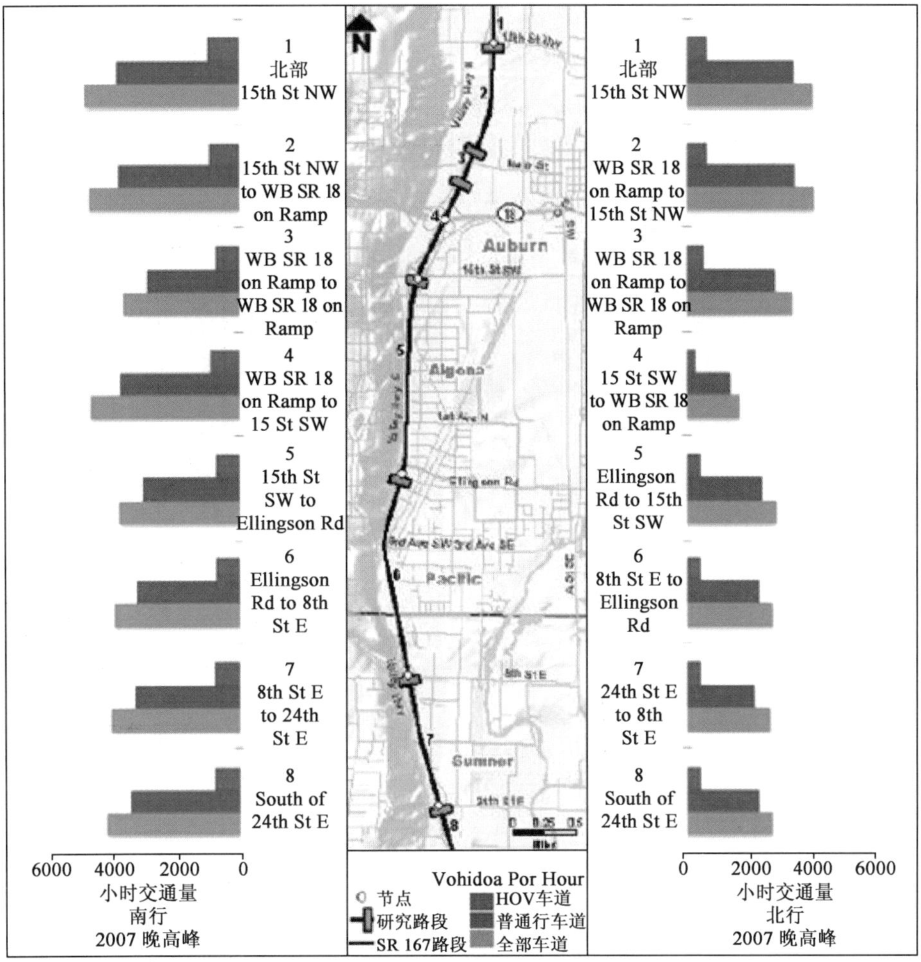

图 3-4　SR 167 公路晚高峰主要节点交通量

在控制策略上增加了向北通行的 HOT 车道如图 3-7 所示，HOT 车道的建设为早高峰时期增加了约每小时 900 辆的通勤车辆。若不采取 HOT 车道管理模式，预计到 2020 年，在早高峰的 3h 时段内（6:00～9:00），普通行车道运行速度将降低至 20mile/h，且由 8 号大街至 15 号大街的出行时间将由 3.75min 增加至 4.5min。

因此建设 HOT 车道旨在提高普通行车道与 HOT 车道的通行速度与运输效率，管控策略的实施将使每天超过 4000 辆机动车在项目中收益，每辆车将降低约 10min 的行程延误。

在实施初期采用双实线的方式分离 HOT 车道与普通行车道，车辆只能由固定地点出入 HOT 车道，且缓冲区与开口长度至少在 1500 英尺以上，分离形式如图 3-8、图 3-9 所示。

双线隔离方式在提升道路运行速度的同时也出现了一些问题，固定出入口进出 HOT 车道的形式，造成在出入节点处行车速度降低，尤其在高峰时段内，增加了行车延误，降低了路网运输效率。同时基于 2012 年华盛顿州民意调查数据，高达 40% 的民众希望能够将固定式出入口改为连续式出入口，连续式出入口加强了 HOT 车道开放性，保证运行车辆能够随意进出，避免对后驶车辆造成交通延误。因此，将双线隔离改为单线隔离，如图 3-10 所示，该种形式使得车辆可以随时随地地出入 HOT 车道。

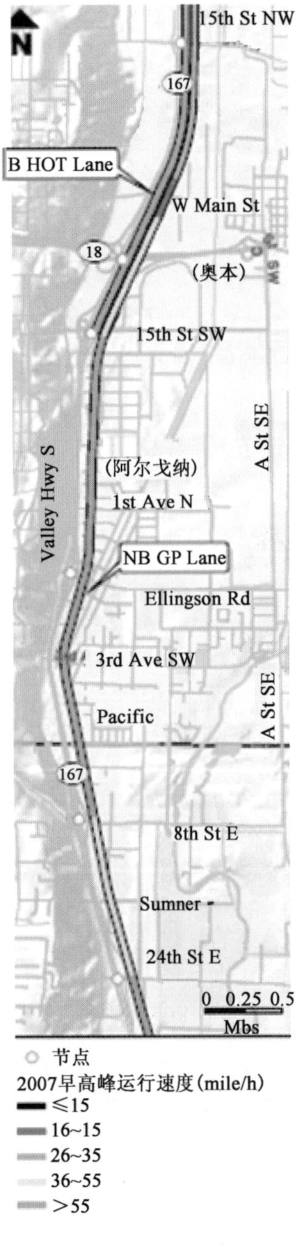

图 3-5　SR 167 公路周平均运行速度

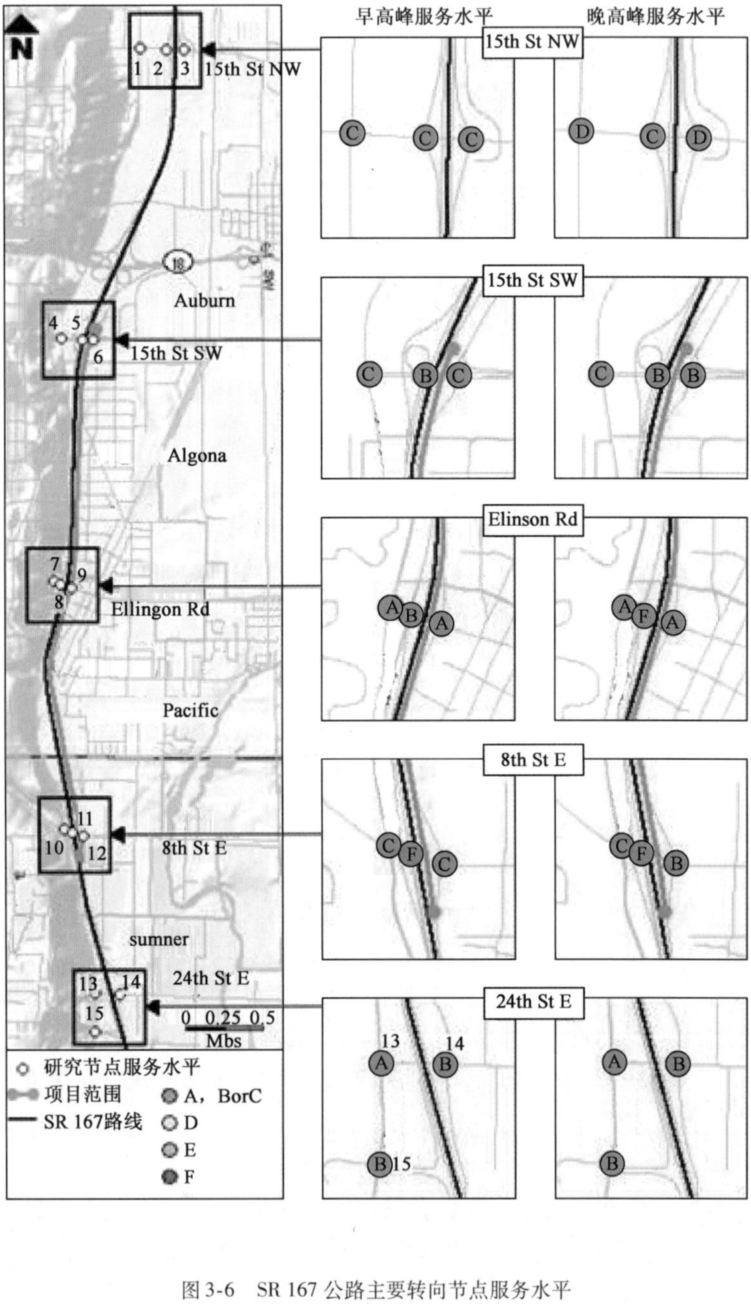

图 3-6　SR 167 公路主要转向节点服务水平

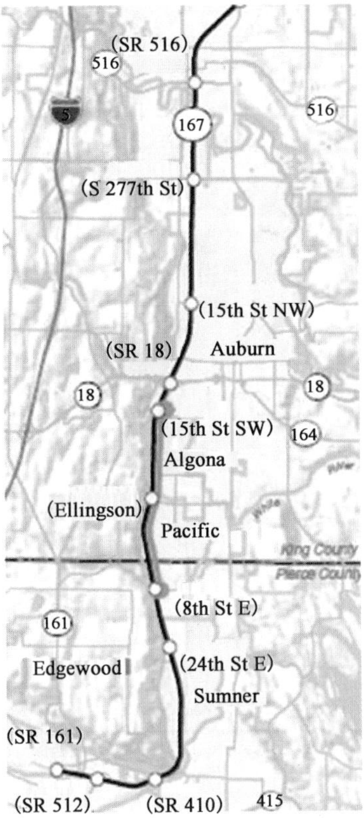

图 3-7　增加了南向北通行的 HOT 车道

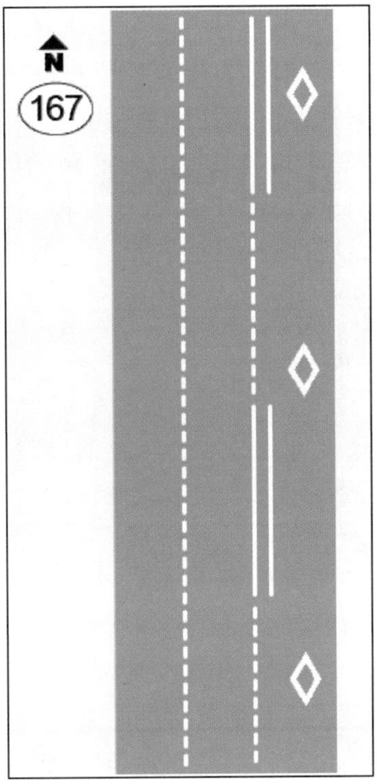

图 3-8　SR 167 公路 HOT 车道双线隔离模型

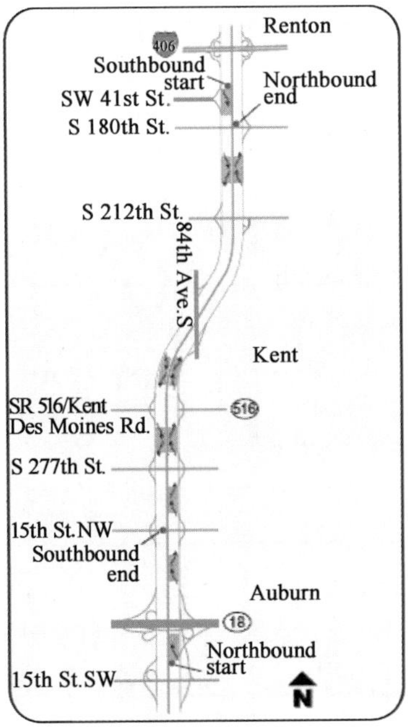

图 3-9　SR 167 公路 HOT 车道开口位置分布

图 3-10　SR 167 公路 HOT 车道单线隔离模型

3.1.3 融资模式

SR 167 HOT 车道为政府投资建设项目,通过收集各方的投入资金实施项目建设,旨在研究管控车道管理形式的创新设置与深入分析。由美国华盛顿州交通运输部筹集资金建设,后期道路运营的收费将用于道路的管理运营方面,通过对道路的养护管理质量与投入资金数据分析显示,HOT 车道运营模式的研究为管控车道策略的深入组合提供了实践指导。在未来发展过程中,如若没有足够的资金维持该 HOT 车道的运营与管理,便将其改造成高承载车辆专用(HOV)车道。

3.1.4 收费策略

SR 167 HOT 车道中运行车辆的设置仍遵循高承载车辆专用车道的设置标准,摩托车、公交车、中型客运车辆以及高承载车辆(2 +)拥有免费通行权,同时限制货车或超过 10000 磅(1 磅 =0.4536kg)的车辆占用 HOT 车道。除此之外,其他类型车辆可通过缴费的形式获取该道路的通行权,如图 3-11 所示。

由华盛顿州交通委员会、华盛顿州交通运输部与公众意见共同制定相应的收费标准,华盛顿州交通委员会根据一年内交通流量的变化、收入水平、运营管理费用的消耗等方面,调整道路收费费率,满足道路运营管理的要求,收费收入将全部用于 HOT 车道的运营管理与维修养护,项目建设的主要目的是加强华盛顿州交通运输部对管控车道运营管理模式的了解及未来道路发展的探索。

2008 年华盛顿州相关立法机关建立了相应的收费体系框架,指出收费收入应用于项目的建设投资还款和交通走廊系统性能的优化。收费利率的设置应满足预期的资金负债、优化道路出行系统性能以及产生额外的收入。收费的制定应保障公平性、公正性的原则。相关机构的收费框架制定如表 3-1 所示。

收费政策制定相关机构职责 表 3-1

指　标	华盛顿州议会	交通委员会	交通运输部
责任	建立收费标准; 制定收费路段; 使用收费收入	制定收费标准与相关费用	计划、建设相关设施; 统一收费; 建造、运营收费系统
角色	建立收费相关法律标准; 授权走廊收费权利; 监管财政计划; 实践收费策略; 监管收费财政预算	制定收费标准下的收费费率; 限定高承载率人数标准; 建立咨询委员会	开发收费系统与程序; 收取通行费; 财政优化; 走廊收费系统管理; 评估收费项目可行性

SR 167 高承载车辆专用收费车道采取 ETC 收费策略,根据路网交通拥堵状况,实时动态调整收费标准,收费费率随拥挤程度的加剧而提高,平衡路网交通流量,保证路网内 90% 运行车辆行驶速度控制在 45mile/h 以上,最大限度地利用道路通行能力。基于动态收费费率的调整,对交通运行状况做出实时的反映,通过嵌入地面的感应器感知交通流量与行车速度,缓解交通拥堵问题。收费费率随拥挤程度的加据而提高。SR 167 公路 HOT 车道收费如图 3-11 所示。

出行者占用该车道行驶时，需建立"Good To Go"电子账户，如图 3-12 所示。通过安置在车辆上的监测设备与 ETC 系统相连，继而完成整个收费过程。在驶入该车道时需注意收费电子显示标牌，识别道路的收费标准，其费率变化范围在 50 美分至 9 美元之间。同时，SR 167 HOT 车道实施收费管理时间段为上午 5 时至下午 19 时，此时间段外，HOT 车道对所有车辆免费开放。

图 3-11　SR 167 公路 HOT 车道收费

图 3-12　SR 167 公路 HOT 车道"Good To Go"标牌

3.1.5　实施效果

SR 167 HOT 车道于 2008 年 5 月通车，经过 7 年的实施操作，HOT 车道目标实现状况统计如表 3-2 所示。

SR 167 HOT 车道目标实现状况　　表 3-2

目　标	是否实现	效　果
自由行驶交通流	✓	HOT 车道行车速度 >45km/h； 出行时间更可靠
缓解拥堵	✓	日收费水平提高； 走廊交通输送量提高
安全性提高	✓	平均事故率保持稳定； 事故反应时间降低
财政水平缓解	✓	2011 年收费收入超过运营管理支出
设备合理应用	✓	年度调查报告显示高收入群体与低收入群体均在使用 HOT 车道

1）交通特性

（1）交通流量

通过对 HOT 车道实施数据采集信息观察分析，越来越多的道路使用者愿意通过支付相应费用获取道路通行权。

①HOT 车道道路使用者逐年增加,如图 3-13 所示。

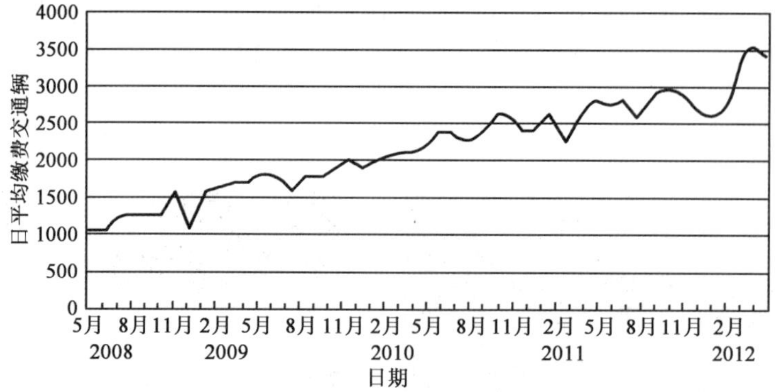

图 3-13 SR 167 HOT 车道出行交通量

②早高峰(7:00—8:00)期间向北行驶方向与晚高峰(5:00—6:00)期间向南行驶方向,采取 HOT 车道行驶的交通流量实施(2012 年)第 4 年相比第 1 年(2009 年)翻了一倍,如图 3-14 所示。

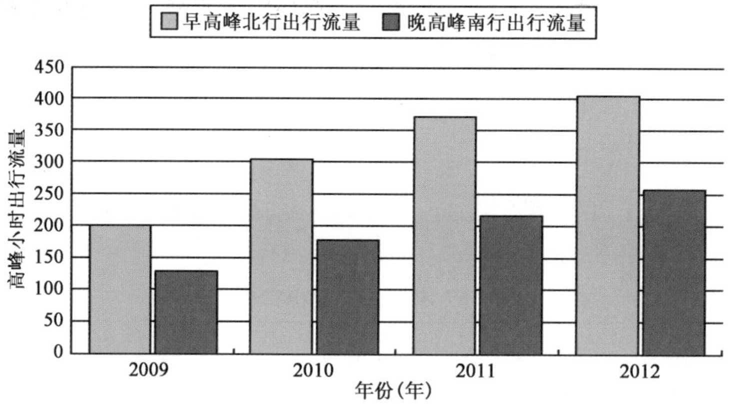

图 3-14 SR 167 HOT 车道高峰期间交通量

如图 3-15 所示,在实施 HOT 车道的第二、第三和第四年,尽管该地区的经济衰退现象持续发生,但平均每日交通量已恢复至 HOT 车道开通前一年。在实施五年的基础上,道路通行交通量增长了 7%,HOT 车道增长比例达到 27%,如图 3-16 所示。

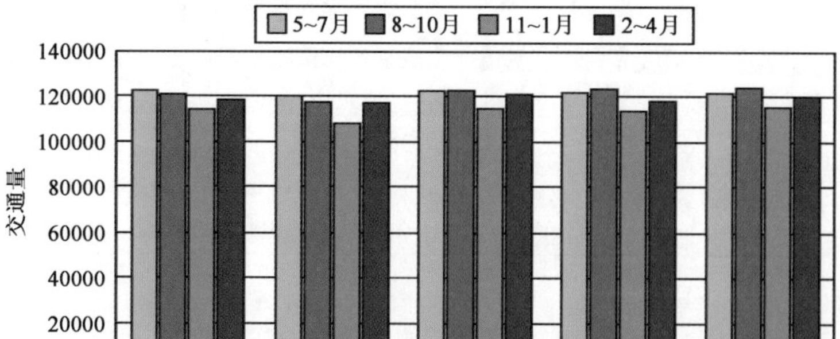

图 3-15 SR 167 交通走廊日总交通量

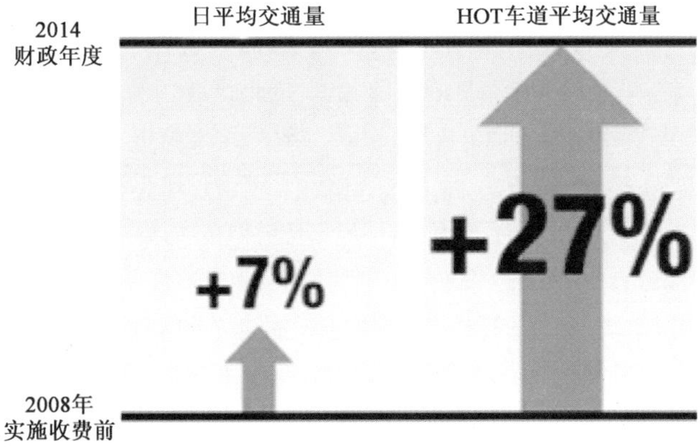

图 3-16 SR 167 全部车道与 HOT 车道增长比例

(2)行车速度

HOT 车道通过立法要求在高峰期间 90% 的时间内,交通流运行速度需达到 45mile/h 以上,经实施效果数据监测,在 99% 的时段内均达到了上述要求,有效地保障了 HOT 车道通行效率。高峰期间向南行驶的车道行车速度由 2009 年的 42mile/h 增长至 2012 年的 56mile/h。向北行驶的平均速度由 2009 年的 44mile/h 增加至 2012 年的 51mile/h。HOT 车道的平均运行速度保持在 60mile/h。如图 3-17 所示为高峰期间双向交通流在 HOT 车道与普通行车道的行车速度对比数据。

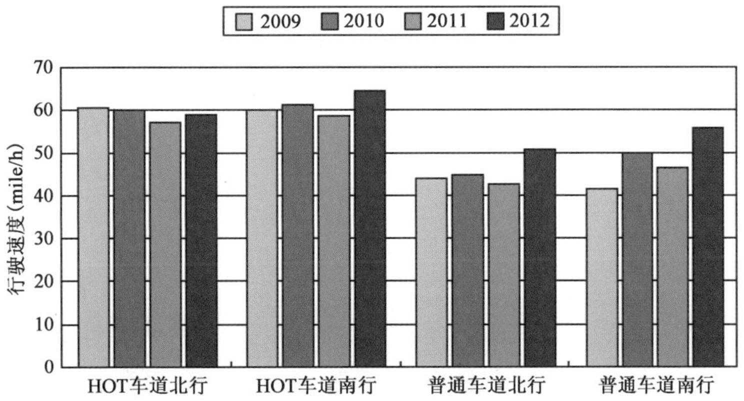

图 3-17 SR 167 双向行驶速度分布

(3)出行时间

①普通行车道。

高峰期间向北行驶的普通行车道平均出行时间为 19min,第 95% 位出行时间为 27min。在实施三年后平均出行时间一直保持在稳定的状态,在第一年、第二年和第三年中平均出行时间均是 19min;第 95% 位出行时间在第一年、第二年和第三年中分别为 26min、24min 和 25min。

高峰期间向南行驶方向普通行车道平均出行时间为 13min,第 95% 位出行时间是 27min。在第一年、第二年和第三年中平均出行时间分别为是 12min、11min、14min;第 95% 位出行时间在第一年、第二年和第三年中分别为 22min、15min 和 12min。

②HOT 车道。

通过四年试点项目的实施数据监测发现，HOT 车道全天出行中均保持自由交通流行驶状态，自 2008 年实施以来，早高峰期间（7:00～8:00）向北行驶方向 HOT 车道平均出行时间一直保持在 11min，同时第 95% 位出行时间为 12min。两项指标相近的时间显示 HOT 车道实施策略在保障出行时间、提高运行车速方面具有重要作用，尤其是在高峰时段。对晚高峰期间（16:00～17:00）向南行驶的行驶时间检测中得到了相似的结果，HOT 车道平均出行时间和第 95% 位出行时间均是 8min。

在平均收费标准为 2 美元时，工作日（周二至周四）期间向北行驶的运行车辆在高峰时段（7:00～8:00）平均节省时间为 8min。平均收费标准为 1.5 美元时，工作日（周二至周四）期间向南行驶的运行车辆在高峰时段（16:00～17:00）平均节省时间为 6min，如图 3-18 所示。

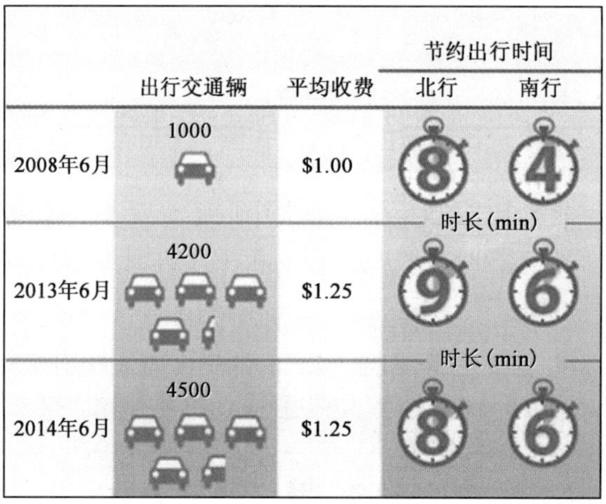

图 3-18　SR 167 双向行驶节省时间分布

2）支出与收入

（1）出行费用

HOT 车道收费费率与运行交通量历史关系数据如表 3-3 所示，SR 167HOT 车道项目实施收费状况主要包括平均收费费率、最高收费费率以及南北通行的 HOT 车道分布交通量等。

SR 167 HOT 车道收费费率与交通量　　表 3-3

指　标	2009 年	2010 年	2011 年	2012 年
平均费率($)	1.00	1.00	1.00	1.25
最高费率($)	9.00	5.50	5.25	6.50
平均日交通量	1365	1915	2525	2950
最高日交通量	1910	2390	3310	3950
高峰期间平均北行交通量	200	305	375	430
高峰期间平均南行交通量	130	180	220	255

道路收费费率的变化范围维持在 50 美分至 9 美元之间，在前三年的实施过程中平均收费费率在 75 美分至 1 美元之间，发展至第四年时平均收费费率上升至 1.25 美元，反映出使用

HOT 车道的道路出行者在逐步增加。

2008 年 6 ~7 月期间收费费率达到最大值 9 美元，此后，华盛顿州运输部工程师调整了动态收费系统算法，在保障道路通畅运行的条件下，将收费费率限制在 6.50 美元以内，如图 3-19 所示。在进行算法改善的前几个月中，将收费费率进行微量提高，建立初期的敏感性算法，将社会车辆适量引出 HOT 车道，保障高承载车辆和公交车辆的服务水平与运行效率。HOT 道路运行形式发展至 2014 年时，早高峰期间（7:00 ~8:00）向北行驶交通流平均收费费率为 2.25 美元，晚高峰期间（16:00 ~17:00）向南行驶交通流平均收费费率为 1.5 美元，如图 3-20 所示。

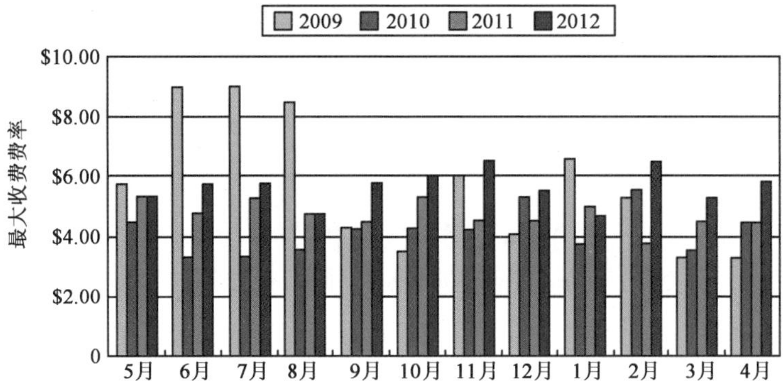

图 3-19　SR 167 车道收费费率浮动形式

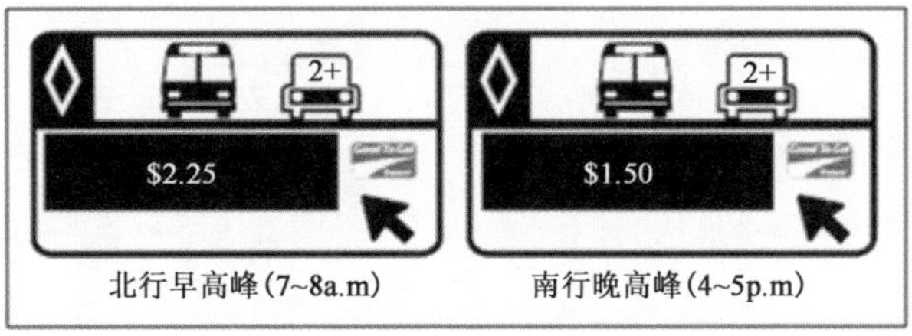

图 3-20　SR 167 车道收费费率浮动形式

（2）运营成本与收入

SR 167 HOT 车道试点项目的实施在缓解交通拥堵状况的同时，获取了额外的道路运营收费收入，且收费收入水平呈逐年增加的趋势，如图 3-21、图 3-22 以及表 3-4 所示。

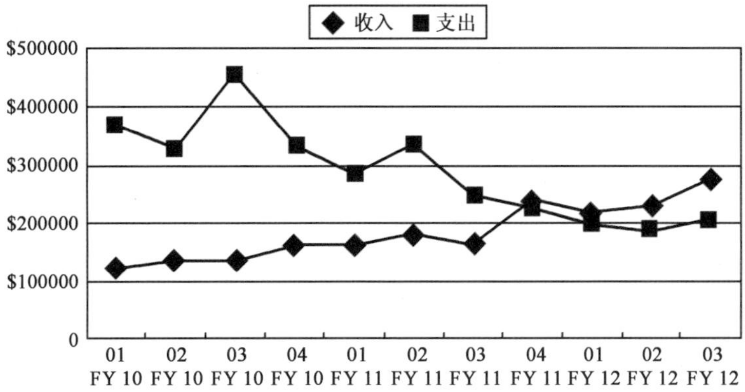

图 3-21　SR 167　HOT 车道收入与投资趋势

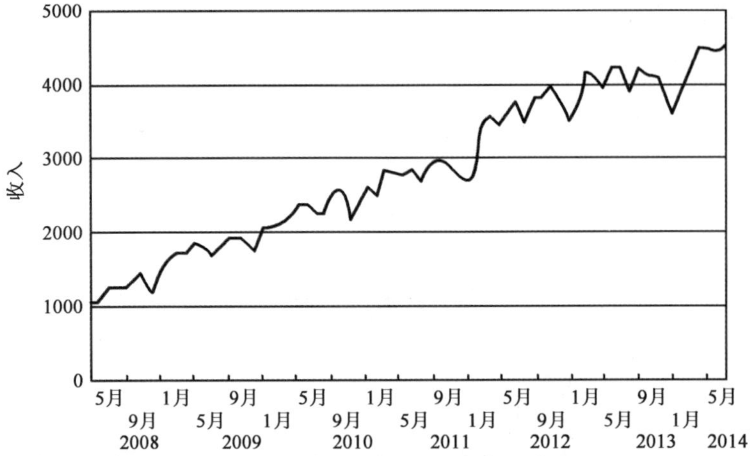

图 3-22 SR 167 HOT 车道收入发展趋势

SR 167 HOT 车道收入与投资费用 表 3-4

时间节点		收费总收入($)	投资总支出($)
Q1 FY 10	2009 年 7～9 月	120535	367148
Q2 FY 10	2009 年 10～12 月	135799	327181
Q3 FY 10	2010 年 1～3 月	136693	4566841
Q4 FY 10	2010 年 4～6 月	162031	332161
Q1 FY 11	2010 年 7～9 月	165444	285416
Q2 FY 11	2010 年 10～12 月	180357	3341372
Q3 FY 11	2011 年 1～3 月	165225	246187
Q4 FY 11	2011 年 4～6 月	239420	226595
Q1 FY 12	2011 年 7～9 月	217010	198988
Q2 FY 12	2011 年 10～12 月	230476	186625
Q3 FY 12	2012 年 1～3 月	276756	204153

收费收入在 2011 年 4 月开始超过道路运营成本，若保持该收费水平趋势，额外的收费收入可重新用于交通走廊的建设。

3）安全与紧急救助

（1）安全性

在 HOT 车道管控策略实施的第四年，据调查数据统计显示，与 2008 年刚开始实施 HOT 车道相比，事故平均数量下降了 2%，如图 3-23 所示。出行过程中多种因素会影响车道的行驶安全性，包括出入 HOT 车道引发的交通流紊乱、道路交通容量的改变、交通拥堵现象、增加 WSP 执法形式、路面行驶条件、路况可见度的变化等方面，HOT 车道的实施有效地提高了行车安全性。

（2）紧急救助

HOT 车道的实施可以方便紧急救助车辆通行，如图 3-24 所示。

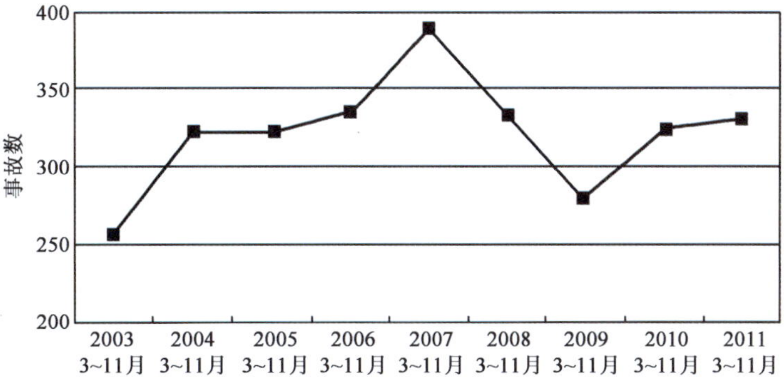

图 3-23 SR 167 事故数量

通过加大对走廊沿线紧急救助的投资，提升 HOT 车道对突发事件的反应速度，减少因交通延误和拥堵造成的事故，有助于保证运行车辆的通行效率。表 3-5 为历年紧急救助车辆事故处理指标情况。

紧急救助车辆事故处理 表 3-5

指标	2008 年	2009 年	2010 年	2011 年	2012 年
处理时间数量	130	195	180	180	130
反应时间	10.3	9.3	9.9	8.9	9.9

4）监管措施

（1）华盛顿州巡警

华盛顿州在 SR 167 公路提供了额外的巡逻执行力度，避免驾驶员违章占用 HOT 车道通行权现象。通过采取执法的手段，加强道路使用者对 HOT 车道的通行权的公平性。主要任务包含检验车辆是否符合 HOT 车道通行要求、是否缴费等。自实施以来，华盛顿州巡警在项目区域的紧急救助事故处理情况如表 3-6 所示。华盛顿州巡警工作现场如图 3-25 所示。

图 3-24 紧急救助车辆对私家车进行援助现场

图 3-25 华盛顿州巡警工作现场

紧急救助车辆事故处理 表 3-6

指标	2009 年	2010 年	2011 年	2012 年
HOT 车道总监管时间(h)	3010	2470	1520	820
交通中断次数	2740	2010	2030	1720
HOT 车道违章次数	730	660	650	660
非法驶入 HOT 车道次数	320	290	240	220

(2)“英雄”计划

行驶在 HOT 车道上的道路出行者,可通过“英雄”计划反馈出行建议或者举报违章运行车辆。若在行驶过程中,发现某车辆不满足高承载率要求,或未通过“Good To Go”电子收费系统进行缴费的行驶车辆,可记录车牌号进行举报,若举报现象真实可靠,则华盛顿州交通运输部将通过邮件的形式,发送至注册车辆所有者,主要包含两方面:①进行罚款操作;②指导其如何使用 HOT 车道,同时举报者可获得不同程度的奖励。伴随 HOT 车道开通所实施的该项政策得到了稳定的发展,如表 3-7 所示。

各年举报次数统计 表 3-7

指标	2009 年	2010 年	2011 年	2012 年
月平均举报次数	50	40	60	40

5)道路使用者

(1)道路使用者分类

自 2008 年 HOT 车道策略实施以来,华盛顿州运输部通过邮箱注册“Good To Go”电子账户的用户,对道路使用者出行特征进行了初步统计,即通过付费数据反映交通流运行状况,帮助华盛顿州运输部对道路使用者进行分类统计分析。如图 3-26、图 3-27 所示为年龄与收入群体统计结果。

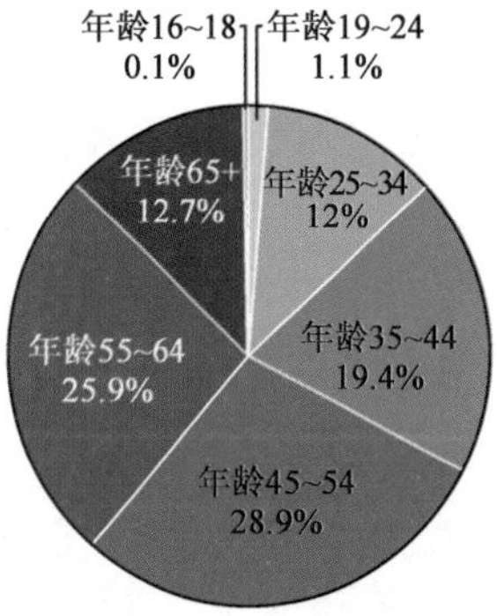

图 3-26 SR 167 道路使用者年龄统计

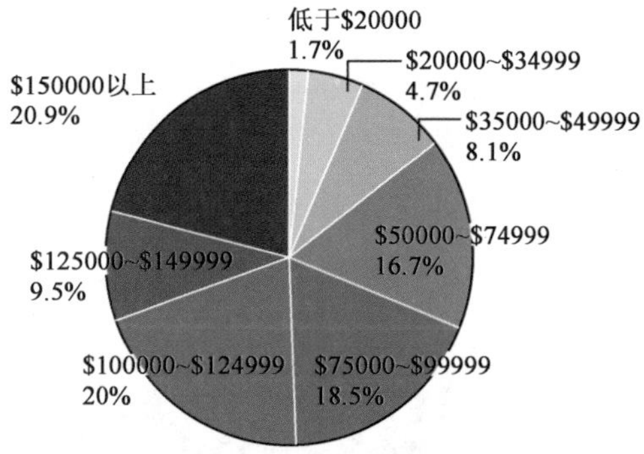

图 3-27 SR 167 道路使用者收入统计

如图 3-26 所示,在年龄群体划分中,道路使用者主要分布在 35 ~ 64 岁范围内,其中 45 ~ 54岁年龄群体占据比例最大;如图 3-27 所示,在收入群体划分中,高收入群体相比低收入群体占据比例较大。

如图 3-28 所示,由道路使用者人群地域分布统计可知,其中绝大多数 HOT 车道使用者分布在南部、东南部和东部部分地区。

(2)道路使用者满意度

由网络调查问卷数据显示,HOT 车道使用者选择 HOT 车道出行的原因主要集中于避免交通拥堵,节约出行时间。公众对 HOT 车道的设置给予了高度支持,在 2012 年进行的 SR 167 HOT 车道试点项目满意度调查中,显示了如下突出点:

①接近四分之三的受访者表示将会继续使用 HOT 车道。

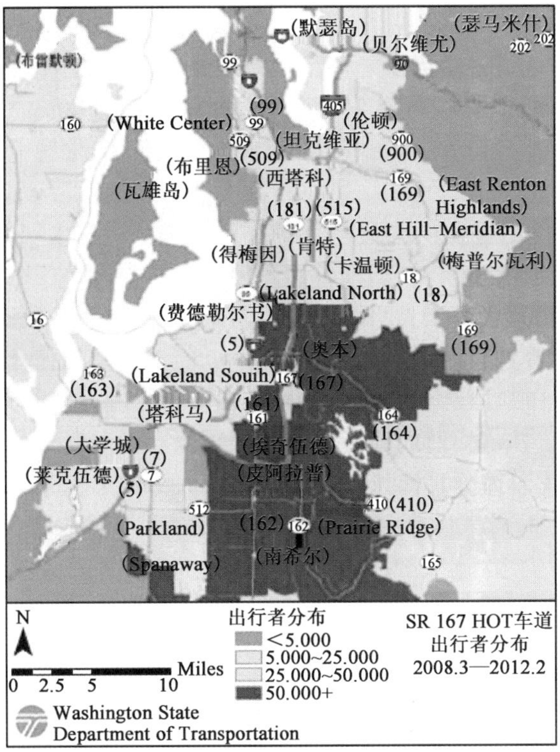

图 3-28　SR 167 道路使用者地域分布

②绝大多数每月使用一次的受访者表示，希望在其生活区域的其他道路实施 HOT 车道策略。

③大多数道路使用者选择 HOT 车道避开高峰拥堵，或在时间紧急时，HOT 车道带来了极大的便利。

④固定形式的 HOT 车道出入口受到了极大的争议，为道路使用者带来了不便，主要体现在信息标志不明显，即便华盛顿州交通运输部已将交通标志信息放大，如图 3-29 所示，但该项问题仍引发民众不满。

6）运营与管理

（1）交通管理中心

SR 167 HOT 车道道路使用状况主要由华盛顿州西北地区的交通管理中心负责，如图 3-30 所示，交通管理中心成员通过对可变收费费率与交通数据进行操作与监控，保障道路通畅运行。通过监测道路使用人数、收费费率和 HOT 车道的交通数据，创建了可对行车速度、交通流量、收费费率进行统计分析的运行算法。以 SR 167 道路全天候的交通状况监测数据为基础，确保收费系统能够正确地反映道路运行效率与交通运行状况。

SR 167 车道出现交通事故时，管理部门可通过 HOT 车道电子显示板发布道路通行信息，如“关闭车道”“仅开放 HOT 车道”“开放全部车道”等信息展示。若在操作过程中任一环节出错，管理部门人员可与私人收费中心协同合作，共同解决道路交通问题。

图 3-29 SR 167 HOT 车道出入口标志

图 3-30 华盛顿州交通管理中心

(2)维护

在 SR 167 HOT 车道项目四年试点操作期间,华盛顿州交通运输部与私人收费供应商密切合作,共同完成对 HOT 车道系统的监测、管理与运行效率保障。该项合作方式使得华盛顿州交通运输部建立可靠的管理系统的同时,培养了相应的技术人员与管理养护人员。在操作系统的帮助下,双方各自监测所管理系统的漏洞和警告消息。当监测到漏洞出现时,私人收费供应商和华盛顿州交通运输部工程师协力解决该问题。如果遇到无法解决的问题,华盛顿州交通运输部则派遣相应人员进行故障设备的更换。如图 3-31 所示。

图 3-31 华盛顿州交通管理中心人员进行设备监测

7)公众宣传

(1)市民反馈

在 HOT 车道实施第四年时,公众反馈投诉量逐年降低,投诉水平降低至 HOT 车道实施初期阶段的三分之一。通过对反馈信息的整理,最常见的问题主要体现在"Good To Go"电子收费系统标签的使用状况。顾客通过购买电子标签(图 3-32)获得 HOT 车道的道路使用权,但是无法对车辆承载人数进行有效的监测。因此制定了相应的电子转换标签(图 3-33),驾驶员能够根据车辆内部人员人数在高承载车辆与低承载车辆间进行转换,该种形式的标签类型对于经常使用 HOT 车道的用户而言,有效地解决了需要进行标签更换的问题。

图 3-32 电子通过标签

图 3-33 电子转换标签

(2)市民宣传

为引导道路使用者采用 HOT 车道出行,华盛顿州交通运输部开展了全面的公共宣传活动,在普吉特海湾地区举办媒体发布会,宣传 HOT 车道建设的优点及运行效果。自 2011 年 5 月以来,道路通行缴费用户(即"Good To Go"的账户注册者)人数增长了一倍。

随着对"Good To Go"电子收费系统宣传性的增加,HOT 车道使用者逐步增加。2011 年 2 月,华盛顿州交通运输部开始出售新型通行证时,仅 15% 的 HOT 车道用户替换了新型的道路通行证,如图 3-34 所示;实施一年之后,至 2012 年 4 月已有 60% 的 HOT 车道使用者采纳了新型的道路通行证,且用户数量在持续增长中。

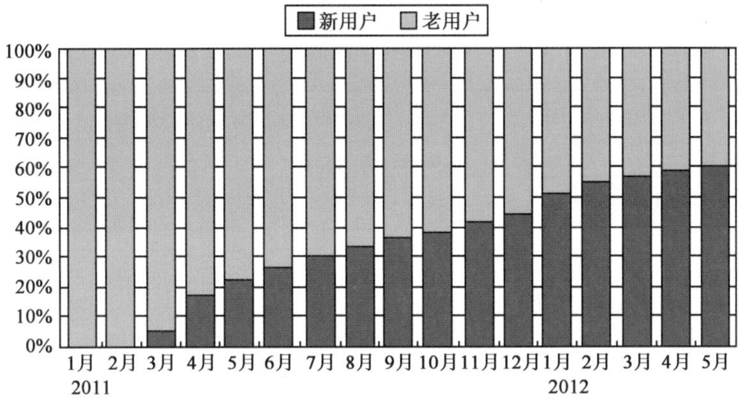

图 3-34　新型道路通行证用户比例

8)环境影响评估

(1)环境监测标准

对地区空气质量的监管主要有三个机构:美国环境保护署(EPA)、华盛顿生态部门、普吉特海湾清洁空气机构(PSCAA)。各机构在维护环境方面具有各自相应的作用及管理结构:PSCAA 监管地方区域,并对固定设施的污染排放进行监测;生态部门负责对生态环境质量进行测评;EPA 主要负责质量检测标准的制定,并对 PSCAA 与生态部门的职能进行监管。

美国环境保护署已经建立了国家环境空气质量标准(NAAQS),通过对六项环保指标的监测及评定,保证公众生活水平与福利,监管项目实施效果。主要监测以下六项指标:

①二氧化氮(NO_2)。

②一氧化碳(CO)。

③地面臭氧(O_3)。

④铅含量(Pb)。

⑤二氧化硫(SO_2)。

⑥总悬浮颗粒物与可吸入颗粒物(分别为直径小于 10 微米[PM10]和直径小于 2.5 微米[PM2.5])。

区域交通规划机构的主要任务是在相应的规范标准条件下,保障地区的空气质量。SR 167 HOT 车道扩展项目已被列入 2007 ~ 2010 年交通改善计划。除此之外,生态管理部门与

PSCAA 有权制定严格的环境质量监测标准。表 3-8 列举了联邦政府、州部门与当地部门建立的空气质量监测标准。

国家、州、当地部门空气质量监测标准　　表 3-8

污染物	国家标准		华盛顿州	普吉特海湾
	第一版	第二版		
二氧化氮(NO_2)				
平均水平(10^{-6})	0.05	0.05	0.05	0.05
一氧化碳(CO)				
8h 平均水平(10^{-6})	9	NS	9	9
1h 平均水平(10^{-6})	35	NS	35	35
地面臭氧(O_3)				
8h 平均水平(10^{-6})	0.12	0.12	0.12	0.12
1h 平均水平(10^{-6})	0.08	0.08	NS	NS
铅含量(Pb)				
各季度最大平均值($\mu g/m^3$)	1.5	1.5	NS	1.5
二氧化硫(SO_2)				
年度平均值(10^{-6})	0.03	NS	0.02	0.02
每天平均值(10^{-6})	0.14	NS	0.10	0.10
3h 平均水平(10^{-6})	NS	0.50	NS	NS
1h 平均水平(10^{-6})	NS	NS	0.40	0.40
悬浮颗粒				
PM10				
年平均值($\mu g/m^3$)	50	50	50	50
天平均值($\mu g/m^3$)	150	150	150	150
PM2.5				
年平均值($\mu g/m^3$)	15	15	NS	NS
天平均值($\mu g/m^3$)	65	65	NS	NS
总悬浮颗粒物(TSP)				
年平均值($\mu g/m^3$)	NS	NS	60	NS
天平均值($\mu g/m^3$)	NS	NS	150	NS

注:NS 表示为无标准。

(2)区域监测结果

据环境质量监测结果分析可知，存在两个区域超过了相应程度的污染水平，且污染源不同：

①奥本地区：涵盖整个项目区域。其主要污染物为一氧化碳(CO)与地面臭氧(O_3)，将其归类为“维护区域”。

②肯特地区：位于项目北部区域。其主要污染物为可吸入颗粒物，将其归类为“维护区域”。

其中维护区域定义为超过了上述联邦政府制定的空气质量监测标准，因此该地区需进行密切关注，以维持良好的空气质量。区域分布如图 3-35 所示。

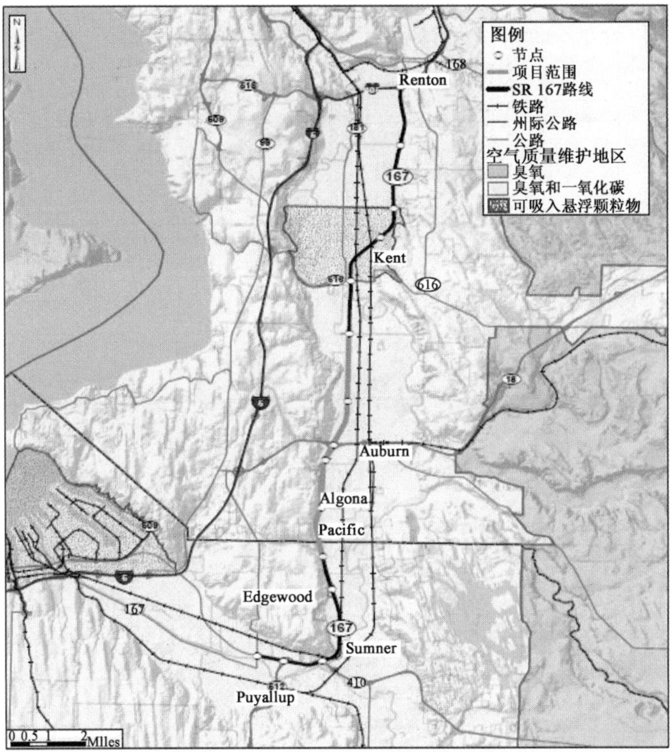

图 3-35　区域环境监测结果分布

如图 3-36 所示为金县一氧化碳(CO)含量的区域发展水平，包含了西雅图与贝尔维尤地区，含量水平的线性趋势呈下降状态。如图 3-37 所示，表示悬浮颗粒物水平在肯特市监测站、西雅图、贝尔维尤地区呈现下降趋势。因此，在区域和地方监测基础上，项目实施区域污染物浓度呈下降趋势。

(3)项目对环境影响及缓解措施

华盛顿州通过回顾现有资料、项目建设计划、施工方法等数据，识别项目的实施对环境造成的影响，主要包含直接影响、间接影响与累积效应。

①直接影响：与项目相关的积极与消极活动对项目产生直观的影响。

②间接影响：有时被界定为二次影响，通常发生在项目建设之后，包含了积极与消极影响两方面。

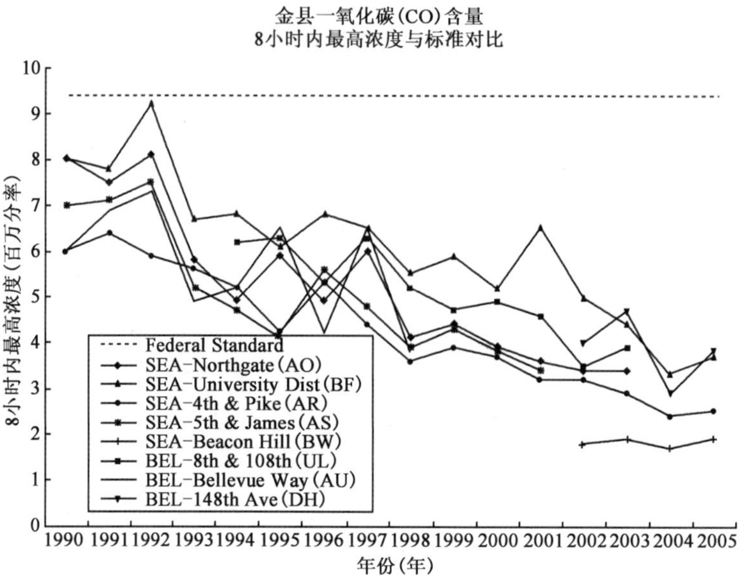

图3-36　金县CO水平发展趋势

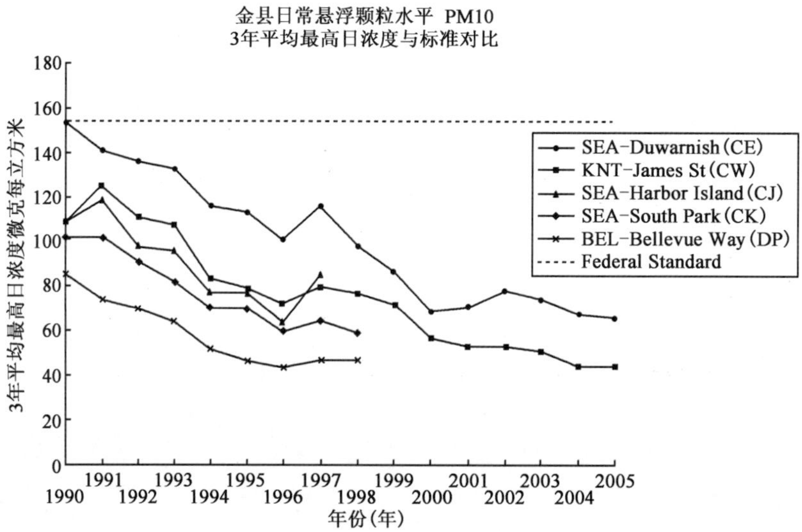

图3-37　金县微颗粒水平发展趋势

③累积效应:结果来自于已往信息的累计,通过分析所采取的各种操作与行为,将问题定量化,有效地反映实际状况。

为降低项目对环境造成的上述影响,在建设施工期间采取如下措施:

①采用水或其他抑制剂喷洒土壤,降低PM 10的排放与悬浮颗粒的产生。

②通过湿润或遮盖土壤,降低运输期间粉尘的产生。

③及时清理道路运输中溢出的材料。

④降低运输车辆与其他施工车辆对交通拥堵路段产生的干扰。

⑤对施工设备与卡车停留区进行定位设置，降低对其他资源的潜在影响。

⑥提供轮垫圈消除颗粒物。

⑦将产生的盖土、碎石及垃圾等废弃物及时处理，降低风吹造成的影响。

3.2　SR 91 快速收费车道

3.2.1　建设背景

SR 91 公路位于美国加利福尼亚州奥兰治县北部，该道路是本地区主要交通运输走廊之一，同时也是最为拥挤的通勤和商业走廊。作为连接里弗赛德县、河滨县、科罗娜、圣贝纳迪诺的重要连接通道，在过去的几年中经过投资建设，大大提高了与各地区的衔接能力，并扩大了道路影响范围。

据调查资料显示，每天通行机动车辆来往于工作地点、学校、家庭及其他目的地的客流量超过 300000 辆以上，主要集中于货车与通勤车辆，单向三车道行驶断面布置已不能满足现状交通需求。伴随着人口数量在 2030 年将达到 350 万人口，预计到 2035 年，SR 91 公路客流量将达到 425000 辆/d，因此线路交通压力将持续增加。

为提高 SR 91 公路穿越市中心区域通行效率及运行服务水平，奥兰治县交通管理局（OCTA）与加州交通运输部合作实施了一系列针对 SR 91 公路的改进计划，在各行驶方向设置 HOV 车道断面形式，以提高道路通行能力、运输效率，缓解 SR 91 公路在奥兰治县的交通拥堵问题。项目的实施期限及时间节点任务如图 3-38 所示。

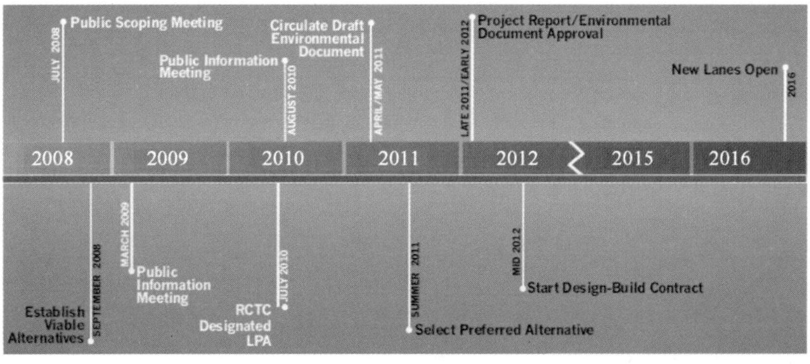

图 3-38　SR 91 公路建设实施进度流程

3.2.2　管控策略

SR 91 道路采取高承载车辆专用（HOV）车道管控策略，研究旨在确定 HOV 车道形式的管控策略下，能够保障安全稳定的行车条件，识别驾驶员的出行操作状态，降低任何不利出行影响。

SR 91 高速公路是穿越奥兰治县内部的主要交通走廊，线路里程范围内车道数控制在双向六车道至十二车道。洛杉矶县公路至 I-5 公路路段为双向八车道；I-5 至 SR 57 公路路段为双向六车道,外加辅道;在 SR 57 公路至 SR 55 公路路段于 1995 年建设了双向二车道的 HOV 车道,形成双向 6 车道与双向二车道的 HOV 车道的断面形式。在 SR 55 公路至里弗赛德县公路路段,加州私人运输公司(CPTC)在该路段开设了双向四车道的收费道路,亦称之为 SR 91 快速车道,使得该路段变为双向十二车道的断面形式。

自从 SR 91 公路演变为洛杉矶县南部与奥兰治县北部高速公路与干线公路网中的重要通达干线,建设相应的平行道路以辅助 SR 91 公路发挥其路网功能与效率。主要包含以下高速公路:穿越圣贝纳迪诺、里弗赛德县、洛杉矶县的 SR 60 高速公路路;位于洛杉矶县的 I-405 与 I-105 州际高速公路;位于奥兰治县中心的 SR 22 高速公路。其次还包含了一些干线性道路,主要包含:索普大街、拉帕尔马大街、林肯大街、圣安娜峡谷路和 SR 90 公路。这些高速公路与干线公路在早、晚高峰期间处于交通拥堵状态,因此这段干线道路在高峰时期不一定起到为 SR 91 公路分流的作用。

在圣安娜峡谷地区居于 SR 55 公路与里弗赛德县公路间的平行分流车道大多数受到了出行限制,难以发挥其功能。拉帕尔马大街与圣安娜峡谷路是该地区的干线分流道路,是该地区通勤者出行所熟知的道路。尤其在晚高峰时期,该道路主要用于缓解 SR 91 高速公路向东行驶方向的交通拥堵问题,通勤者主要借助该道路进行“绕路”行驶,以避免拥堵。然而该道路并不能充分缓解交通拥堵的状况,通过该道路的建设仅避免了一定程度的拥挤,当再次驶入 SR 91 高速公路时,驶入节点处仍存在重大交通拥堵问题。

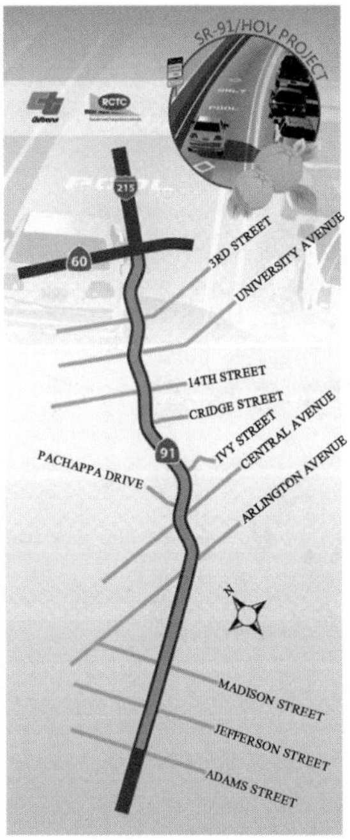

图 3-39　SR 91 全长线路状况

为提高 SR 91 高速公路运输效率,缓解交通拥堵问题,政府采取了一系列改造计划,充分发挥交通运输走廊的作用。SR 91 公路线路依次与洛杉矶县公路、I-5 州际高速公路、SR 57 公路、SR 55 公路、SR 241 公路、里弗赛德县公路相衔接,因此对该线路进行了战略规划设计(至 2020 年),在现有道路的基础上,在洛杉矶公路与 SR 57 公路之间增设两条 HOV 车道,在 I-5 州际高速公路与 SR 57 公路之间的双向交通流各增加一条普通行车道。SR 57 公路与 SR 55 公路之间路段,在 1995 年建成了双向六车道的普通行车道与双向二车道的 HOV 车道,线路战略设计预将其设计为双向八车道(其中包含双向二车道的 HOV 车道)。SR 91 公路中的末尾路段——SR 55 公路至里弗赛德县公路,早在 1995 年便完成了双向十二车道(其中包含双向四车道的快速收费车道),同时也将该路段称为“SR 91 快速车道”。线路概念的设计除去上述道路的扩建车道数外,将在 I-5 州际高速公路至 SR 55 公路路段设置辅助车道,完成普通行车道与 HOV 车道间的衔接,如图 3-39 和表 3-9 所示。

SR 91 公路线路形式　　表 3-9

路　段	1997 年管控形式(服务水平)	2020 年管控形式(服务水平)
洛杉矶县公路至 I-5 州际高速公路	普通双向八车道 + 辅路(F1)	普通双向八车道 + 双向二 HOV 车道 + 辅路(F0)

续上表

路　　段	1997 年管控形式(服务水平)	2020 年管控形式(服务水平)
I-5 州际高速公路至 SR 57 公路	普通双向六车道 + 辅路(F3)	普通双向八车道 + 双向二 HOV 车道 + 辅路(F1)
SR 57 公路至 SR 55 公路	普通双向六车道 + 双向二 HOV 车道 + 辅路(F0)	普通双向八车道 + 双向二 HOV 车道 + 辅路(F1)
SR 55 公路至 SR 241 公路	普通双向八车道 + 双向四收费车道(F2)	普通双向八车道 + 双向四收费车道(F3)
SR 241 公路至里弗赛德县公路	普通双向八车道 + 双向四收费车道(F3)	普通双向八车道 + 双向四收费车道(F3)

SR 91 快速车道中央路段为双向四车道的快速收费车道，采用物理隔离设施隔离普通行车道与快速收费车道，线路全长 16km，如图 3-40 所示。重型车辆不具有快速收费车道运行的通行权，道路收费策略采取 ETC 收费策略形式，根据交通流的时变特性，以道路拥堵程度为基础，制定了道路拥挤收费策略，保障交通流运行的通畅性，道路建设融资模式采取公私合营的建设融资模式(简称 PPP 模式)。

图 3-40　SR 91 公路线路形式

在 SR 241 公路至里弗赛德县公路之间，大约 14mile 范围内，SR 91 高速公路实施了车道扩展项目，线路全程如图 3-41 所示。主要包含两种类型方案：①保证现有 HOV 车道形式不变的情况下，在双向车道各增加一条普通行车道；②在双向车道各增加一条普通行车道，同时双向各增加一条快速收费车道，并实施承载人数三人以上免费通行的政策。实施方案断面如图 3-42所示。

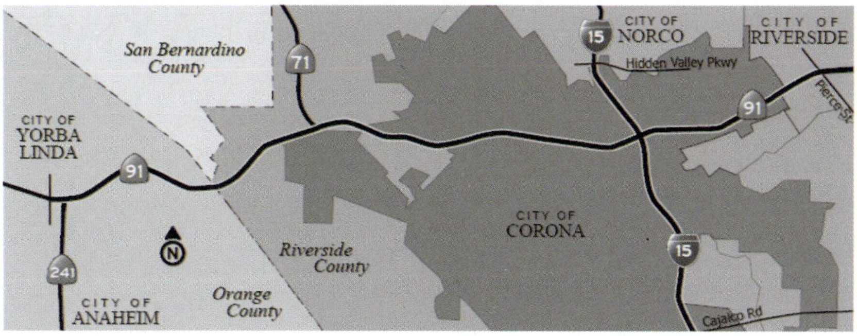

图 3-41　SR 241 公路至里弗赛德县公路路段 SR 91 线路全程

上述两种类型的改造方案包含了对匝道、桥梁以及主要道路连接点的改造，尤其是主要道路与 SR 91 公路的相交。在某些情况下，通过采取辅助车道的形式改善高速公路通行效率。

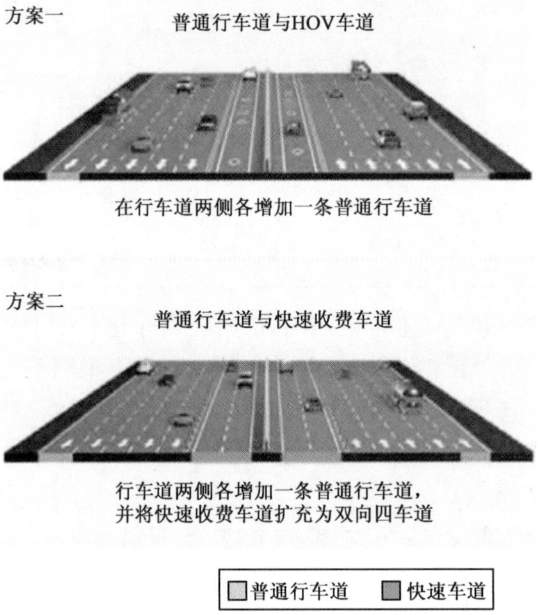

图 3-42　断面扩展方案示例

1）设计快速收费车道背景

快速收费车道中央断面设计，主要考虑以下四方面内容：

（1）收费收入用于缓解项目建设支出，降低河滨县交通部门投资费用。

（2）通过费率的变化调节高峰期间运行交通流量，平衡路网交通系统交通流。

（3）增加驾驶员行驶路径选择，通过支付一定程度的通行费用，保障高效率、通畅的通行条件。

（4）收费的收入不仅可缓解投资的支出，也可用于道路基础设施的建设，为交通走廊的建设提供经济基础。

2）建设目标

（1）为驾驶员提供良好的出行环境，提高交通系统流动性，缓解道路交通拥堵问题。

（2）增强当地居民以及商业进出高速公路的连通性，提高出入高速公路特性，消除“断头路”的道路形式。

（3）基于道路建设的需要增加就业机会。

（4）为紧急车辆（例如救护车、消防车等）提供快捷的运行通道。

（5）减少汽车尾气排放，降低对环境的污染。

3）环境影响评估

环境影响评估的法案结果主要包含以下几方面：

（1）商业以及住宅区搬迁影响。

（2）社会影响。

（3）施工影响。

（4）自然资源消耗以及储备能源的利用。

(5)交通运输影响。

(6)视觉。

(7)空气质量。

(8)噪声。

国家环境政策法案(NEPA)和加利福尼亚州环境质量法案(CEQA)进行环境影响测评的流程如图3-43所示。

图3-43　CEQA/NEPA环境测评流程

3.2.3　融资模式

20世纪90年代,随着公路建设投资成本和道路收费盈利间的差距进一步扩大,税收作为高速公路融资主力的影响程度的降低,美国正在寻求新型的建设资金来源。据资料统计分析,在美国半个世纪道路发展过程中,只有少数已经建设的高速公路是由私营企业与政府投资建设,即PPP建设融资模式。加利福尼亚州奥兰治县的91号公路(简称SR 91)是该方法应用的成熟案例。

PPP建设融资模式的起源来自于1989年州议员会议讨论的一项法案:允许有限数量的私营企业参与公路特许经营。然而该项法案的实施初期,甚至是支持者都怀疑它是否具备可实施性。

奥兰治县交通管理局(OCTA)曾计划在SR 91公路中间路段建立高承载车辆专用车道(HOV车道),衔接快速发展的郊区范围与奥兰治县区域中心。若项目投资资金全部来自于公共交通管理部门,不足以用于项目建设,因此奥兰治县交通管理局接受了由私营企业投资建设的融资模式。

加州私人运输公司(CPTC)由几个小型的子公司组建而成,参与了SR 91公路的建设,于1990年签订了为期35年的道路特许经营权的管理权限。经过5年的研究与建设,CPTC

图 3-44　SR 91 公路断面形式

将 SR 91 公路改建为全长 10km 的双向四车道的快速收费车道，两侧为双向四车道的普通行车道类型，同时载客量 3 人以上的行驶车辆能够免费使用该收费车道，道路建设模式的实施为缓解城际间的交通拥堵问题提供了良好的保障，缓解了严重的交通拥堵压力。SR 91 公路断面形式如图 3-44所示。

然而发展至 20 世纪 90 年代末期，市民对相关收费公路的态度发生了转变。因该项目中特许经营协议中包含一项“竞业禁止”的条款，即政府承诺在 2030 年之前不在该项目沿线一英里半的范围之内新建具有竞争性的道路，或者升级、拓宽具有竞争性的现有道路。私营方 CPTC 称这一项条款对保护项目的合理收益至关重要。

在 20 世纪 90 年代末期，为满足日益增长的交通需求，同时基于行驶安全性的原则，加利福尼亚州交通运输厅在 91 号公路新建车道并连接至附近的另一条公路，以缓解路网交通压力。加州交通运输部此做法的原因是为了降低交通事故率、提高行车安全。但根据签订的特许经营协议，该道路的建设与竞业禁止条款相冲突。然而，加州交通运输厅的安全要求和安全分析方案是具备争议性的，因此政府公共机构和私营企业间关于利益的竞争进行了激烈的辩论。

辩论的过程中，公众舆论严重反对快速收费车道的运营。曾经被视为有效的缓解交通拥堵问题的实施策略，现在被许多人视为导致了交通拥堵，甚至是引发了不安全因素。这项问题最终的解决方案为：OCTA 于 2003 年初以 2.075 亿美元将 SR 91 公路的管理权限从 CPTC 回收购买，即 SR 91 公路的收费权限由政府部门主导，仍然采取拥挤收费的策略，在今后的发展历程中，逐步采取了 PPP 的建设融资模式。

3.2.4　收费策略

SR 91 快速车道建设的创新点主要包含以下几方面：美国 50 年以来第一条利用私营资金建造的收费公路；实现了高峰与非高峰期间的道路拥挤收费策略；无须建立特定收费站，实行 ETC 电子收费形式，如图 3-45 所示。CPTC 并未将详细的收费金额向公众公布，但经专家的研究认为，道路收费的盈利可能已超过道路建设初期的投资预算。

图 3-45　SR 91 快速路动态收费电子板

在 SR 91 快速收费车道运营初期，车道建设被市民视为有利于城市发展，服务于出行的应用策略。据早期的民意调查数据显示，大多数市民赞成 SR 91 公路实施拥挤收费的政策。由美国加州州立理工大学的 Edward Sullivan 的研究显示，政策的实施减少了道路使用者高峰期间的行程时间，1995 ~ 1996 年，SR 91 公路向东行驶方向的机动车辆出行时间由 70min 降低至 30min。同时，普通行车道高峰期间车辆平均运行速度提高了一倍。收费策略的实施目的如下：

（1）为 SR 91 快速车道使用者提供安全、可靠、可预测、稳定的通勤交通流，通过转移高峰期间交通流,缓解交通拥堵问题。

(2)动态调整路网流量,保障车辆维持自由流行驶状态。

(3)将道路收费收入用于支付建设投资与日常养护管理费用。

(4)提高道路车辆使用率,降低行程时间。

(5)平衡路网交通流量,道路使用者可通过选择支付特定费用购买道路通行权,同时为高承载车辆(3+)提供免费通行权,在某种程度上降低道路出行交通量。

(6)偿还奥兰治县交通管理局内部借贷,为沿江高速公路、SR 91公路交通走廊的收入方式做出改进。

SR 91快速车道通过采取ETC收费技术,制定了如下交通拥堵收费策略:

(1)通过对每小时、每天及各方向、特定车道行驶交通流量实施连续性监控,将各天数据进行汇总,以此类推进行持续监控。

(2)将监测的每天、每小时、各方向、各车道行驶交通量位于3128辆时的时间、地点、流向节点记录下来,用于深入分析监测。

(3)若在高峰期间或者某段运行时间内,某道路行驶交通流量持续高于或低于某个流量界限时,则动态的调整收费标准,平衡路网流量。具体如下:

①若监测系统显示平均运行车流量达到3300辆以上时,增加1.00美元的通行费用。

②若监测系统显示平均运行车流量达到3200~3299辆时,增加0.75美元的通行费用。

③若监测系统显示平均运行车流量达到2700~3200时,对道路通行费用不做控制,仍维持原收费水平行驶。.

④若监测系统显示平均运行车流量低于2700时,降低0.50美元的通行费用。图3-46所示为拥挤收费策略实施技术路线。

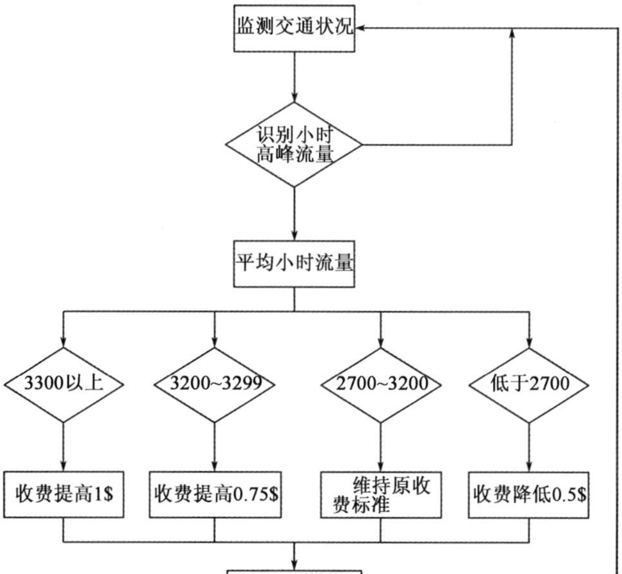

图3-46　拥挤收费策略实施技术路线

3.3 I-405 快速收费车道

3.3.1 建设背景

1999 年华盛顿州交通运输部在 I-405 州际高速公路开始了为期 20 年的交通走廊建设，实施主要对象为华盛顿东部环城公路高速公路。在 I-405 州际高速公路《环境影响评估报告》中表明采取收费管控策略能够有效缓解交通拥堵问题，I-405 州际高速公路规划进程将在普通行车道与高承载车辆专用(HOV)车道间建设 4 英尺的隔离设施，为未来增设双向管控车道提供了基础。

高承载车辆(HOV)专用车道建成后为缓解 I-405 州际高速公路交通拥堵问题起到了重大作用，有效地提高了路网服务水平，平衡道路运行交通量，充分发挥了系统通行效率。据华盛顿州交通运输部统计资料显示，高峰期间 HOV 车道占据了 15% 的运行交通量，华盛顿州交通运输部投资 15 亿美金用于建设 HOV 车道系统，其中核心区域建设长度高达 300mile。

在 I-405 州际高速公路 HOV 车道管控策略实施中，各 HOV 车道连续衔接达 30mile 长，高承载专用车道与普通行车道通过白色实线分离交通流，车辆能够在任何时间、任何地点进入 HOV 车道。车辆通行标准界定高承载专用车道处公交车辆、两人及两人以上的机动车辆具有 HOV 车道的通行权，限制大型货车与拖挂车在 HOV 车道的通行权。在工作日期间，I-405 高承载专用车道双向行车方向均运行 15000 辆以上的车流量。

在华盛顿州交通运输部的指引下，2003 年展开了新型的试点项目——建设单人行车道(SOV 车道)，该项目应用于华盛顿湖的东侧，开放时间段为下午 19 时至上午 5 时。根据中期调研报告数据显示，SOV 车道的实施对 HOV 车道在高峰期间的交通流量并未造成太大影响，非高峰期间 HOV 车道的平均运行速度变化不大。然而，公众对 HOV 车道的认知程度却发生了某种程度的变化，随着未来高峰期间交通流量的持续增加，HOV 车道的建设模式已不能满足交通需求的增长，逐渐产生了负面的影响。

当前，部分 HOV 车道均出现了交通拥堵的状况。随交通流量的继续增长，交通堵塞问题逐步恶化，并最终限制 HOV 车道的发展。华盛顿州交通运输部绩效监测规定，高承载车辆专用车道平均运行速度需保持在 45mile/h 以上，保障至少 90% 的车辆在高峰期间能够通畅运行。图 3-47 所示为出行区域内 HOV 车道在早高峰与晚高峰期间运行服务水平。“绿色”区域表示交通畅通；“黄色”表示中等拥挤程度的交通水平；“红色”表明交通处于拥挤状态；“黑色”区域显示出现交通堵塞。随交通量的持续增长，高承载车辆专用车道的交通拥堵情况持续恶化。

随交通拥堵状况的恶化，高承载车辆专用车道运行效率逐步降低，除非采取新型的管控措施或建设交通基础设施提高道路运输效率。华盛顿州交通运输部将 HOV 车道的承载标准由 2 + 车辆提升至 3 + 车辆，但交通拥堵情况并未得到好转。

3.3.2 管控策略

I-405 州际高速公路与其他类型道路相比，一天内的大多数时间均处于交通拥堵状态，随交通流量的增加，出现 HOV 车道运行效率低于普通行车道的现象，HOV 车道的设置随交通流量的增加并未有效地缓解道路拥堵状况，反而加重了交通拥堵问题。随着管控策略的发展，华盛顿州交通运输部逐步将 HOV 车道转变为快速收费车道，贝尔维尤与林伍德市在 2015 年之前实现快速收费车道的构建，如图 3-48 所示。通过采取动态收费的原则平衡路网交通流量，当车道处于交通拥堵状态时，通过提高收费标准将车流量进行削减；当管控车道通行能力充足时，降低收费标准，提高道路吸引力。

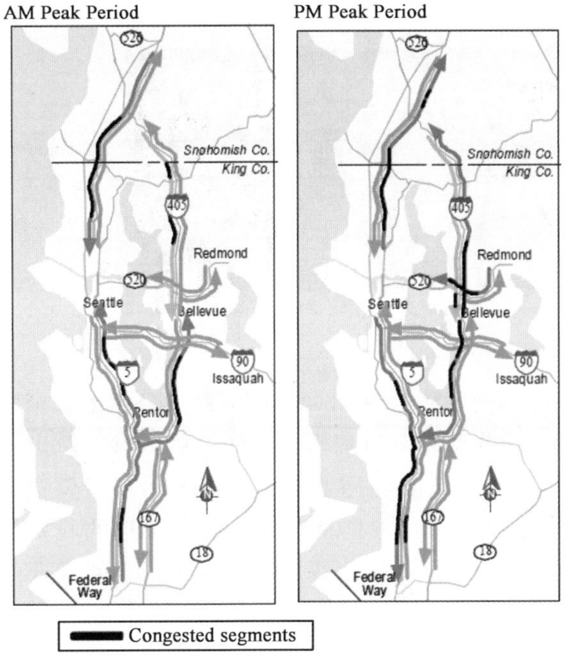

图 3-47　HOV 车道早晚高峰运行服务水平

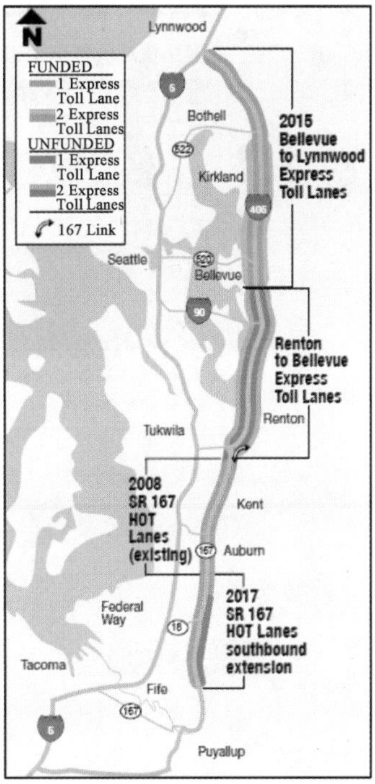

图 3-48　I-405 公路及相连公路管控形式

快速收费车道为道路使用者提供了更多的出行选择，即通过缴纳一定的费用购买道路通行权，避开交通拥堵地域，管控策略形式与 SR 167 HOT 车道类似。项目实施目标主要包含以下方面：

（1）提供快速通行的条件，保障道路运行车速保持在 45mile/h 以上。

（2）运行时间精确性，为道路使用者提供可预估的出行时间。

（3）可调节性，根据交通流量的大小动态调整收费费率。

（4）提供更多的出行选择，不满足高承载率条件的道路使用者可通过缴纳费用获取通行权。

（5）提高运行效率，增大道路运行交通量，缓解普通行车道交通压力。

在道路使用者决定进入快速收费车道前，电子信号装置将显示当前的收费价格。出行者可以决定是否采取缴纳通行费的方式获取道路通行权，或继续在普通行车道行驶。出行者可以通过固定式的匝道出入口与主线内部出入口进出快速收费车道，直接访问式的固定匝道出入口由互通式立交位置确定，主线内部出入口为固定式，只能由对应地点实现快速收费车道与普通行车道间的转换。如图 3-49 所示为 2ML/3GP 管控模式下主线内部出入口形式。

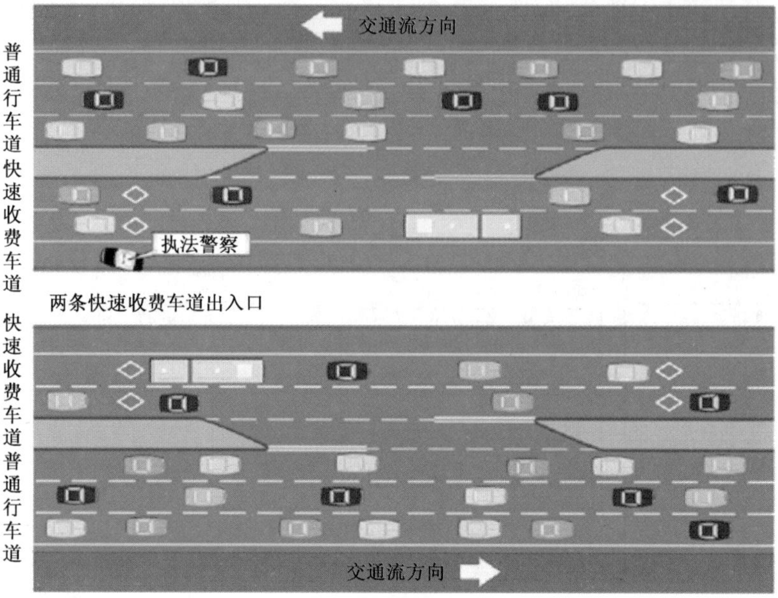

图 3-49　2ML/3GP 管控车道主线出入口形式

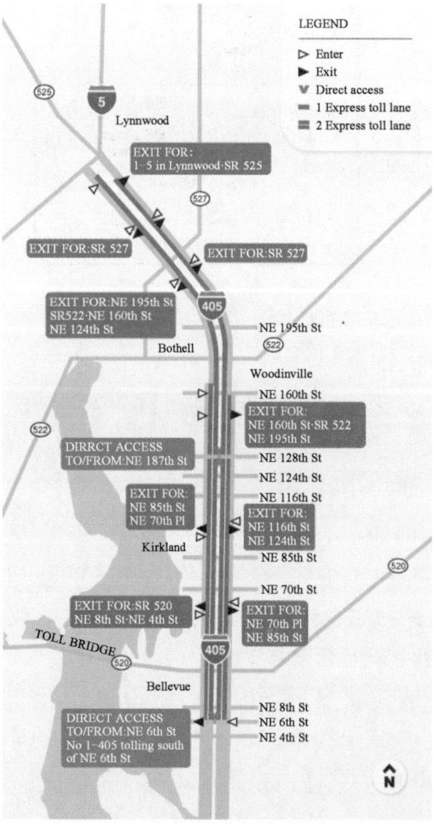

图 3-50　I-405 州际高速公路管控形式及出入点

如图 3-50 所示，I-405 州际高速公路由北至南采取快速收费车道与常规车道间的进出形式及出入口位置分布，道路使用者可通过固定出入口位置进出快速收费车道，根据初次进入收费车道的收费费率缴纳通行费用。快速收费车道通过对动态交通的实时调控平衡路网交通流量，缓解以往 HOV 车道出现的交通拥堵问题，提高了道路利用效率。

3.3.3　融资模式

I-405 州际高速公路快速收费车道是政府投资建设项目，通过各方提供的资金对项目进行建设，由美国华盛顿州交通运输部筹集资金建设，后期道路运营收费的用途用于道路的管理费用。通过对道路的养护管理质量与投入资金数据显示，快速收费车道运营模式相比高承载车辆收费模式更具有实践应用性，能够动态地调整路网交通流量。

3.3.4　收费策略

I-405 快速收费车道采取动态调整的形式进行收费，通过 ETC 电子信号设备发布基于目的地的收费费率，费率标注取决于交通拥堵状况。支付的费用取决于进入快速收费车道时显示的费率标准。随着越来越多的车辆进入或退出快速收费车道布设区域，动态调整收费利率，用以保障车辆平均行驶速度维持在 45mile/h 以上。

I-405 州际高速公路快速收费车道采用“Good To Go”电子账户收取通行费用，行驶车辆需办理电子标签，否则通过邮寄账单的形式缴纳通行费用，该方式将额外支付邮寄费用。根据各天收费费率信息的统计分析，收费标准维持在 74 美分至 4 美元间，随时间、通行距离、道路交通状况动态变化。在通勤时段内高峰时段为上午 5：00—9：00，下午 3：00—7：00。如图 3-51 所示，不同行驶方向的道路制定了不同的收费标准，为平衡路网交通流量起到了重大作用。公交车辆以及高承载车辆在快速收费车道具有免费通行权，高承载车辆通过转换“Good To Go”电子通行标签，实现快速收费车道免费通行，如图 3-52 所示，转变为红色时可免费通行，转变为白色时需缴纳通行费用。

图 3-51　I-405 州际高速公路收费电子板

图 3-52　I-405 州际高速公路电子收费标签

图 3-53　交通分析模型

华盛顿州交通运输部与华盛顿州交通委员协力制定高承载车辆承载率标准、收费费率,并通过制定相关法律政策引导交通流出行。2013 年,华盛顿州交通运输部开展了征求意见听证会议,经过各部门商讨与专家组意见,建议非高峰期间承载率要求界定为三人或三人以上,高峰期间承载率要求界定为两人或两人以上。

1)收费模型

通过建立相应的交通分析模型,实时监测道路运行状况并进行数据分析,制定相应的收费费率。如图 3-53 所示,通过对实际道路交通需求的监测,维持道路行驶速度与车流量,作为收费费率调整依据,控制快速收费车道交通量与行驶速度,实现对管控措施性能的研究。通过行驶速度与交通量的关系,建立相应的速度流量曲线,反映道路交通运行水平,并预测道路运行状况,实现收费费率、行驶速度、道路流量三者间的平衡,如图 3-54 所示。

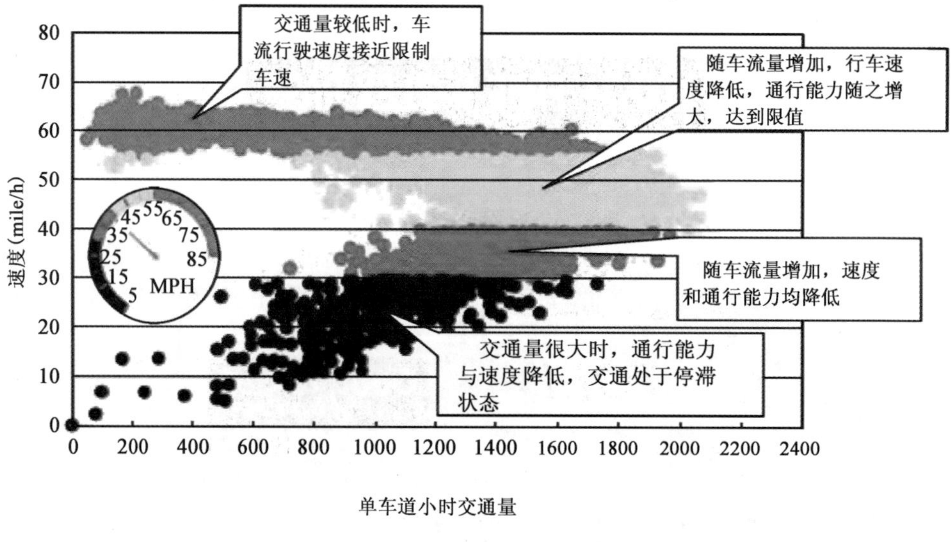

图 3-54　速度流量关系模型

2)收费区域

I-405 州际高速公路的收费概念仍在发展中,收费依据主要为收费区域内行驶距离。各收费区域在电子收费版上展示收费费率。收费区域分布在整个交通走廊,更好地满足其交通需求,收费区域分布如图 3-55 所示。

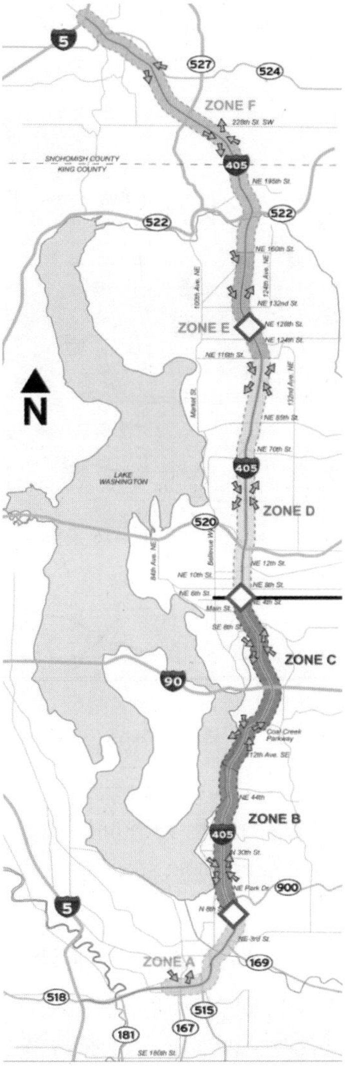

图3-55　收费区域分布

3.4　I-635 快速收费车道

3.4.1　管控策略

I-635 州际高速公路位于德克萨斯州达拉斯—沃斯堡大都会地区，由西至东分别与 I-190 公路、I-35E 州际高速公路、I-75 公路、I-30 州际高速公路、I-80 公路及 I-20 州际高速公路相交，包含 8 个相交路口，全长 60km。线路全线于 20 世纪末期完成：其中 1967 年完成 I-35E 州际高速公路与 I-75 公路路段公路通车；1968 年实现 I-75 公路至 I-30 州际高速公路路段通车，并建成 I-75 公路与 I-635 州际高速公路互通立交；1969 年实现 I-80 公路与 I-20 州际高速公路路段通车;1970 年实现 I-30 州际高速公路至 I-80 公路通车,并建成 I-80 公路与 I-635 州际高速公路互通立交;1972 年完成 I-75 公路与 I-635 州际高速公路的建设互通立交的建设;1989 年完成 I-20 州际高速公路与 I-635 州际高速公路互通立交建设;2005 年完成 I-190 公路与 I-635 州际高速公路的建设,建设过程如图 3-56 所示。

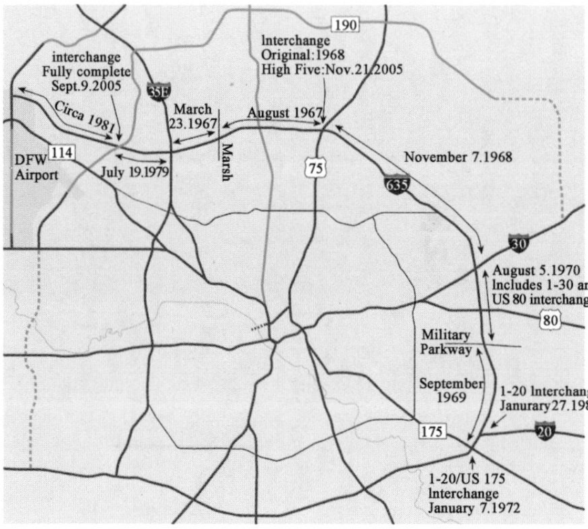

图 3-56　I-635 州际高速公路线路

I-635 州际高速公路于 2011 年对 I-35E 州际高速公路与 I-75 公路间路段实施管控车道策略,称之为 LBJ 快速路。位于达拉斯市的全长 13. 3mile 的快速通道连接 I-635 州际高速公路和 I-35E 州际高速公路,是一项新型的收费公路系统,旨在为出行者提供更快、更可靠的旅行,实现畅通出行。

该管控车道形式的建设为缓解达拉斯北部的交通拥堵状况起到了重要作用,同时对分流 I-35E 州际高速公路车分流具有重要作用。快速车道起始于西部的月神大道,终止于东部的格林威尔大道,在与 I-35E 州际高速公路相交路段通过互通立交相交,线路形式如图 3-57 所示。

快速车道的建设共分为三个阶段:第一阶段为希尔克雷斯特大街至格林威尔大道路段;第二阶段为 I-35E 州际高速公路与快速车道的相交道路;第三阶段为月神大道至希尔克雷斯特大街。目前第一、二阶段已完成建设,实现了通车运营。出行者可通过第一阶段实现培斯顿大道到达格林威尔大道的出行,通过第二阶段建设的 I-35E 州际高速公路与 I-635 州际高速公路相交的立交匝道可实现两者间的快速通行,各阶段建设状况如图 3-58、图 3-59 所示。第三阶段的建设至今仍在施工过程中。

I-635 州际高速公路道路管控策略采取双向六车道的快速收费车道,在 I-35E 州际高速公路建设双向四车道的快速收费车道,收费形式对高承载(HOV)专用车辆实施优惠通行措施。据调查资料显示,实施新的管控方式后,提高了普通行车道运行速度,减缓了 I-635 州际高速公路在该路段的交通拥堵状况。具体断面形式如图 3-60、图 3-61 所示。

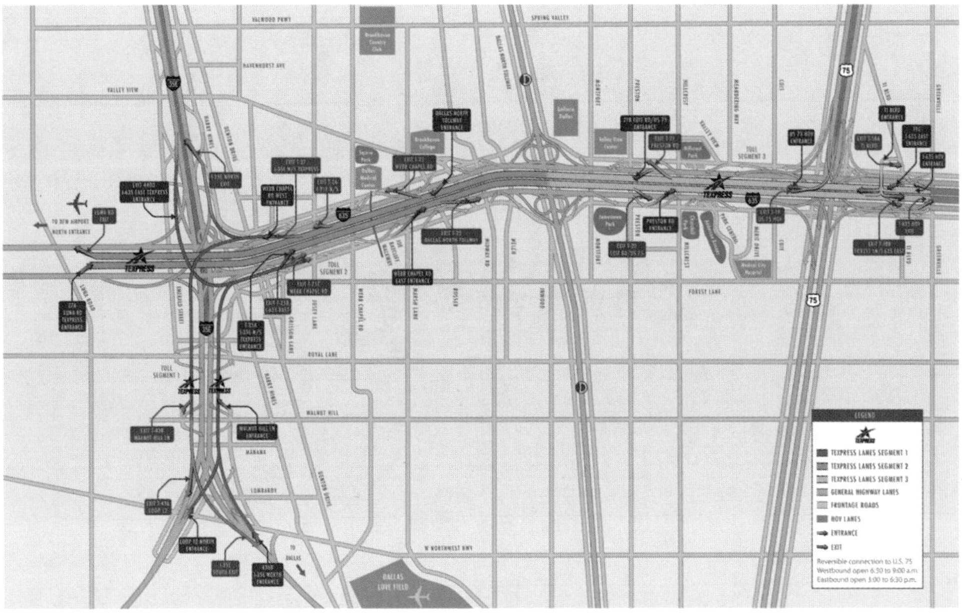

图 3-57 快速路线路图示

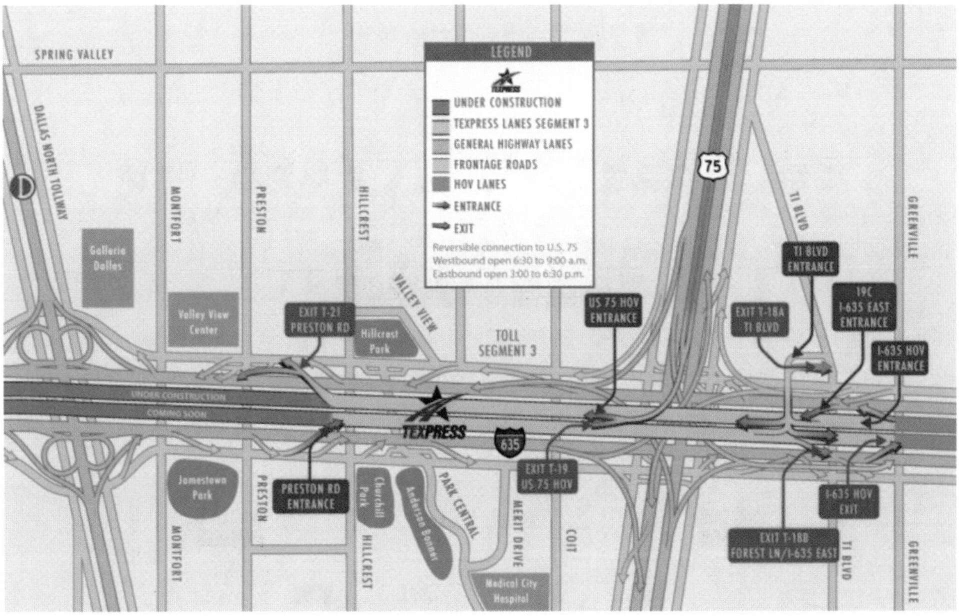

图 3-58 第一阶段建设路线

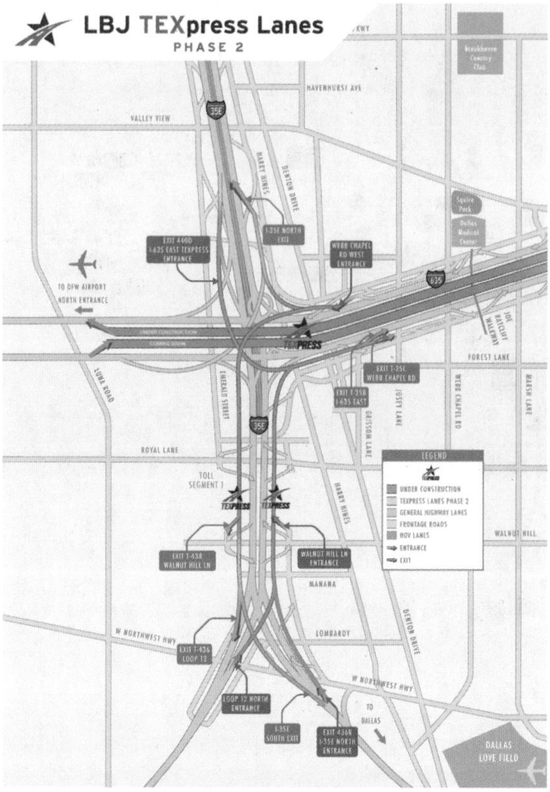

图 3-59　第二阶段建设路线

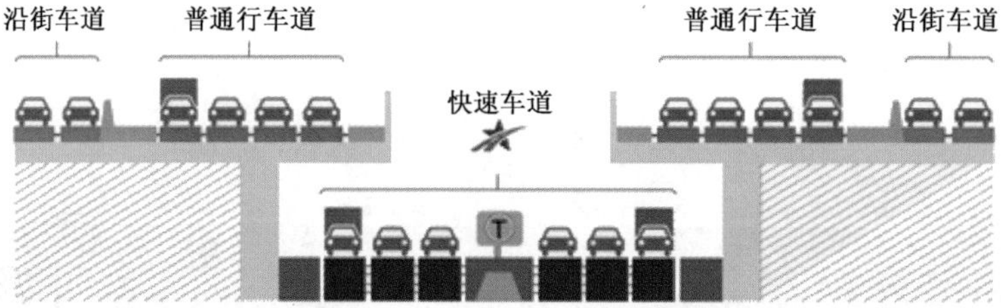

图 3-60　I-635 州际高速公路断面形式(一)

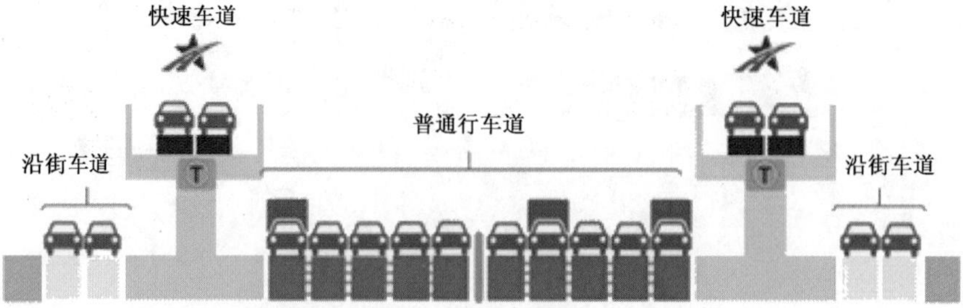

图 3-61　I-635E 州际高速公路断面形式(二)

3.4.2　收费策略

I-635州际高速公路采取动态ETC收费策略来平衡路网交通流量，为出行者提供更为快捷、舒适的行车环境。运营设备能够每隔5min实时监测道路运行交通状况，保证全天道路上行驶车辆运行车速达到50mile/h以上。因此基于实时交通流运行状态的时变特性，车道收费标准会出现周期性的波动，随着交通流量水平与交通需求的增加，动态调整收费费率，在高峰时期收费标准在45美分至75美分波动；当交通流量降低时，收费标准便会自动降低，通常保持在10～25美分。道路收费标准以进入I-635州际高速公路时电子收费版显示的收费提示为准，车辆运行过程中的显示板收费费率发生的变化并不会对道路内部运行车辆造成影响。

1）收费形式

I-635州际高速公路收费形式采取ETC电子收费，因此需建立电子收费账户与驾驶车辆相关联，若系统检测到运行车辆并未注册账户，道路系统中车辆检测设备会记录车辆车牌号，将车牌号需缴费情况邮寄给用户，同时用户需额外支付50%的费用。I-635州际高速公路收费政策对不同的车辆类型采取不同的收费标准，如表3-10所示。如高承载车辆实施收费优惠政策，在高峰期间降低50%的通行费用，如图3-62所示。

不同类型车辆收费标准　　表3-10

车辆图片示意	类　型	说　明	尺寸大小	收费标准
	高承载车辆与摩托	仅适用于周一至周五高峰时期（上午6:30～9:00；下午3:00～6:30）	—	基本收费标准×0.5
	单人行驶车辆：小客车；微型载货卡车；小货车；摩托车	其中包含了非高峰时段内行驶的HOV车辆与摩托车	车高<7英尺；车长<20英尺；车宽<8.5英尺	基本收费标准
	拖车	—	车高<14英尺；车长<73.5英尺；车宽<8.5英尺	基本收费标准×2
	大型车辆	客运车辆；旅游车辆	车高<12英尺；车长<46英尺；车宽<8.5英尺	基本收费标准×3
 >46ft	超大型车辆	—	车高<14英尺；车长<73.5英尺；车宽<8.5英尺	基本收费标准×4
	（超）大型车辆+拖车	—	车高<14英尺；车长<73.5英尺；车宽<8.5英尺	基本收费标准×4
	（超）大型车辆+1拖车以上	—	车高<14英尺；车长<73英尺；车宽<8.5英尺	基本收费标准×5

注：1英尺（ft）=0.3048m。

图 3-62　I-635 州际高速公路快速路电子收费板

制定收费费率后，德克萨斯州交通运输部门经实际调研数据研究，在不同的收费标准下，管控车道与普通行车道行车速度有明显不同，如图 3-63 及图 3-64 所示，I- 635 州际高速公路西行方向是主要通勤流量聚集地区，交通需求较大且高峰时刻相比东行方向较早。根据相应的交通流量、路网整体运行速度、交通需求等因素，建立具有针对性的收费标准，确定东、西行的收费策略。结果显示，西行收费标准相比东行收费标准较高，且在该收费标准下充分发挥了路网输送能力，提高了路网运行效率。

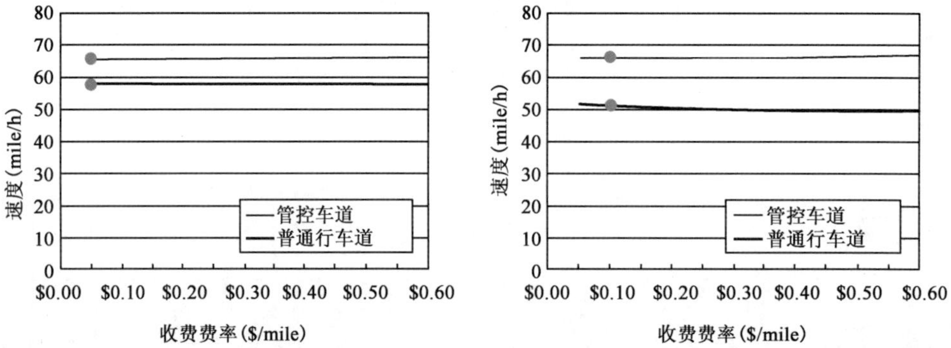

图 3-63　快速路东行方向 6:00 ~ 8:00 及 8:00 ~ 9:00 行车速度与费率变化

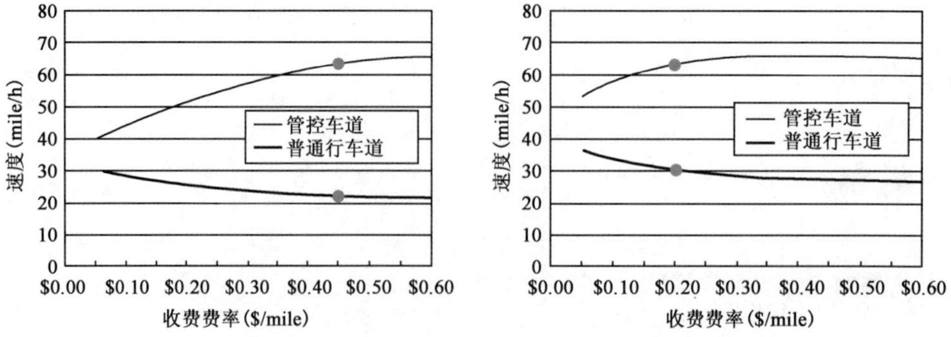

图 3-64　快速路西行方向 6:00 ~ 8:00 及 8:00 ~ 9:00 行车速度与费率变化

2)收费点段

管控车道收费点在多处分布,收费路段长度根据道路沿中心线的长度计算,其中车道入口和出口匝道的长度不计算在内。各收费路段分布如表3-11与图3-65所示。

收费点段分布　　表3-11

编　号	收费路段	长度(mile)
1	Loop 12 至 I-635 州际公路	3.60
2	Luna Road 至达拉斯北收费公路	5.02
3	达拉斯北收费公路至 US 75	4.63

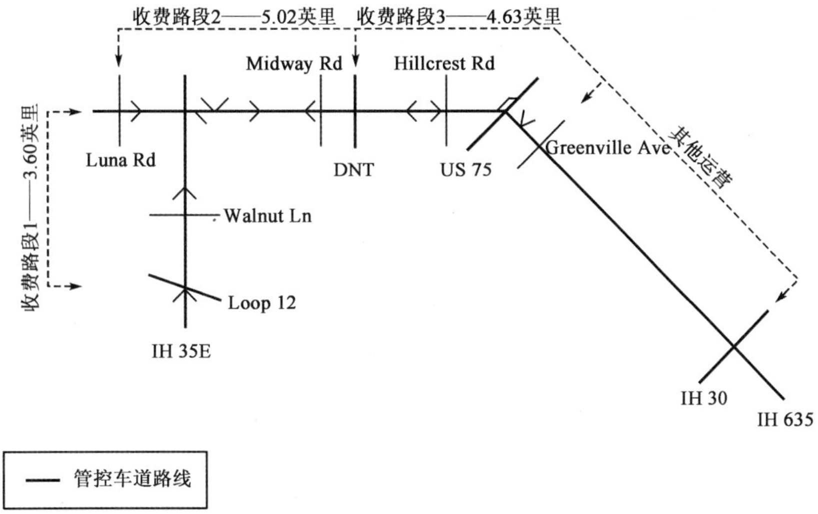

图3-65　收费点段分布

3.4.3　项目管理组织结构

I-635州际高速公路快速车道采取PPP融资建设模式,由美国得克萨斯州交通运输部与LBJ基础设施建设集团共同建设与运营管理,计划五年内建成通车,并拥有52年的运营管理与维修养护管理权限。在PPP融资建设模式下,政府部门与私营企业通过签订道路养护与运营管理协议,达成合作关系,协议中表明了各方需承担的风险,以及在运营管理和养护维修方面双方担任的职责,道路收费的用途用于偿还道路建设费用、建设道路基础设施。

通过对道路养护管理质量分析与投资数据显示,PPP融资模式极大地降低了政府部门投资费用,同时提高了项目养护质量。图3-66所示为I-635道路建设投资结构与项目主要利益相关者职责。图3-67所示为投资人员、设计建设人员以及收费管理系统的主要职责。

得克萨斯州与投资者之间以合同协议的形式达成合作关系,其中Cintra与Meridiam为主要投资公司(图3-68),在项目开发过程中投资公司参与融资、建设与运营的管理,以及收费道路管理系统的设计与建设。

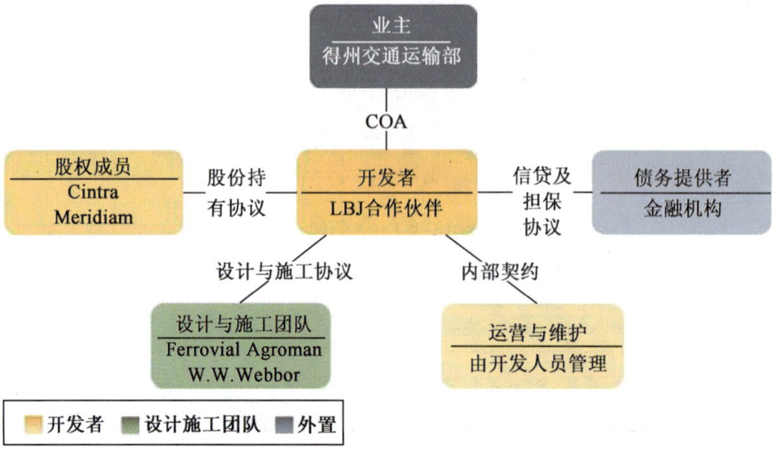

图 3-66　I-635E 州际高速公路合作伙伴结构

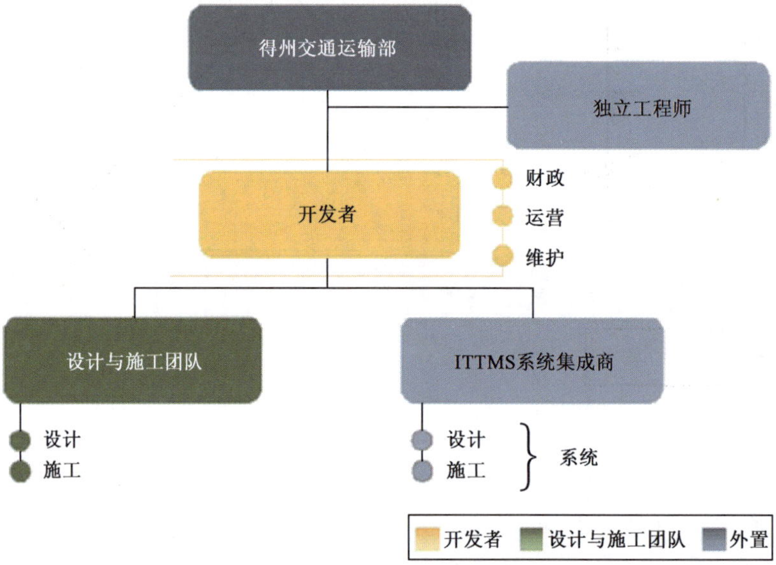

图 3-67　I-635 州际高速公路开发者职责

图 3-68　开发者主要投资公司

1）开发者组织结构

为确保项目实施，建立安全、快速、可靠的出行环境，开发人员建立了相应的监管组织，为市民的出行提供保障基础。为了实现上述目标，组织管理将从以下八个方面展开，如图 3-69 所示。

①质量控制。
②设计与施工(D&C)。
③运营与管理(O&M)。
④财政管理。
⑤信息系统。
⑥法律指导。
⑦人力资源管理。
⑧公众信息与交流。

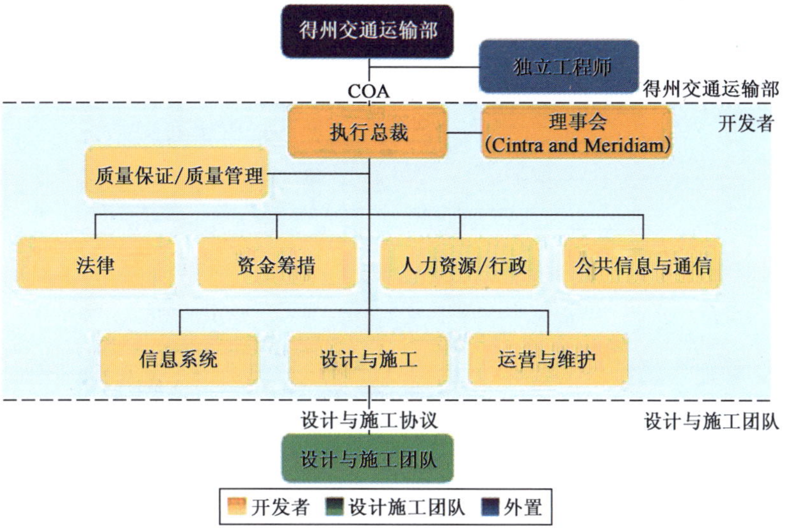

图3-69　项目管理组织结构

如图3-69所示,各个管理领域的负责人直接向开发结构的执行总裁报告,及时将项目进展、发现的问题向得州交通运输部反馈。项目管理者将负责保障道路具有高质量的运行效率,以符合收费公路管理实践与合同条款。此外,开发者将直接对项目运行状况进行调控、协调、评估。

(1)质量控制

在整个项目的建设及运营期间,组织结构用于项目的开发和实施过程、审计和纠正措施过程,确保所有工作符合建设质量标准、法律法规和合同协议。质量控制部门需对安全人员进行专门培训,以完成项目的安全审核与执行纠正措施。如图3-70所示,质量监管主要监管项目设计质量、施工质量和运营、维护质量。

(2)设计与施工(D&B)

设计与施工组织仅存在于项目建设初期,如图3-71所示,确保D&B团队能够按照项目施工程序与合同建设协议实施,达到建设质量的要求。该团队具有审核和授权支付相应工作进展的权利。最终,该团队在外部技术援助的基础上,确保D&B团队满足开发者建设目标与合同建设协议要求,同时,项目设计与施工相关的风险、义务和责任在合同协议中已有相关条例说明。技术援助组织成立的目的是对项目整个建设与运营阶段进行监督管理,如图3-71所示,现场监控及援助人员仅在项目建设期间参与项目,而技术管理人员及援助人员同时在项目运营与管理期间发挥作用,尤其是在项目运营期间。

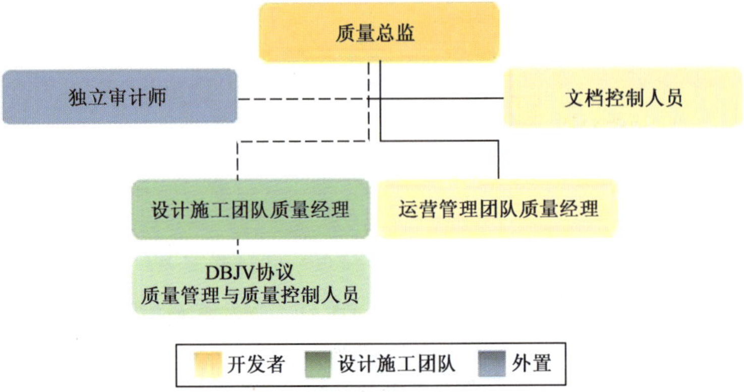

图 3-70　项目子组织结构——质量控制

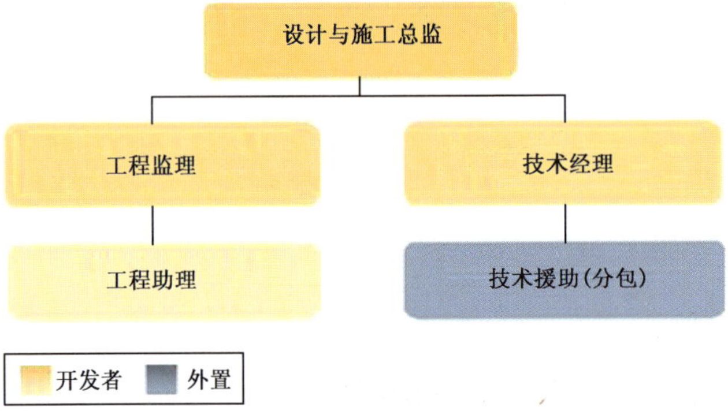

图 3-71　项目子组织结构——设计与施工

(3)运营与管理(O&M)

运营与管理组织结构负责项目在运营管理期间的安全性、道路设施维护、畅通运营和及时应对事故状况,同时遵守合同建设运营协议要求。各项子组织将定义与协调必要的工作完成上述任务,主要包含交通安全分析、技术管理以及运营服务操作等。如图 3-72 所示。

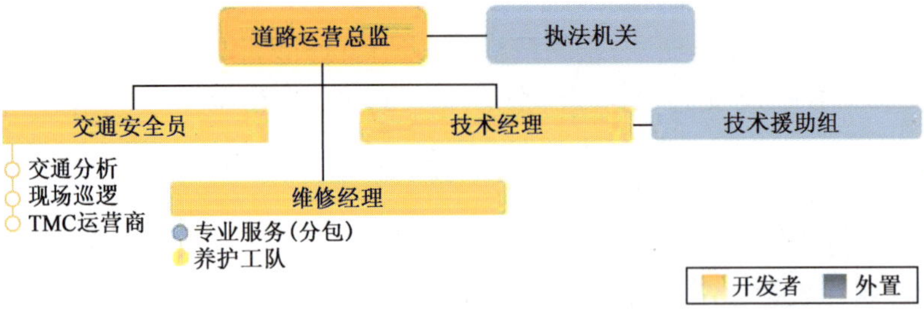

图 3-72　项目子组织结构——运营与管理

(4)财政管理

财政管理部门活跃在项目整个过程中,包含规划、建设、运营与管理。该子组织负责项目整体的财务管理和协调,包括财政特许权、管理预算和成本效益预测,优化营运资本和现金流量,如图 3-73 所示。

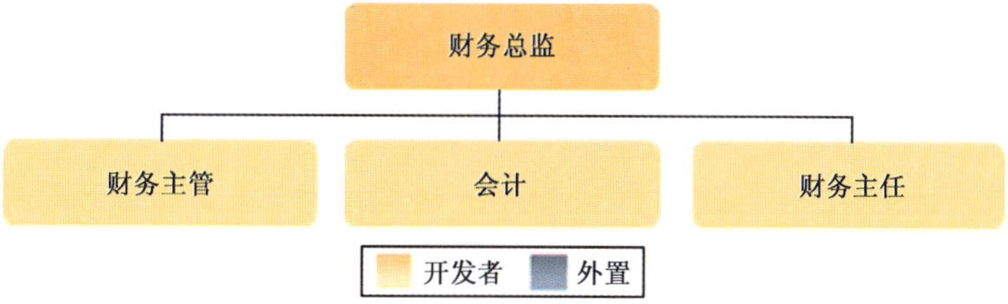

图3-73　项目子组织结构——财政管理

(5)信息系统

管控车道主要依靠先进的技术设备,因此建立强大的信息系统至关重要。信息系统子组织确保所有系统的操作能够可靠运行,包含收费系统管理、智能交通系统与通信系统、硬件管理系统,如图3-74所示。运营管理子系统为项目领导及技术主管提供支持,交通安全监测部门、管理部门和信息系统部门应进行时刻的互动,确保项目的日常操作和维护。

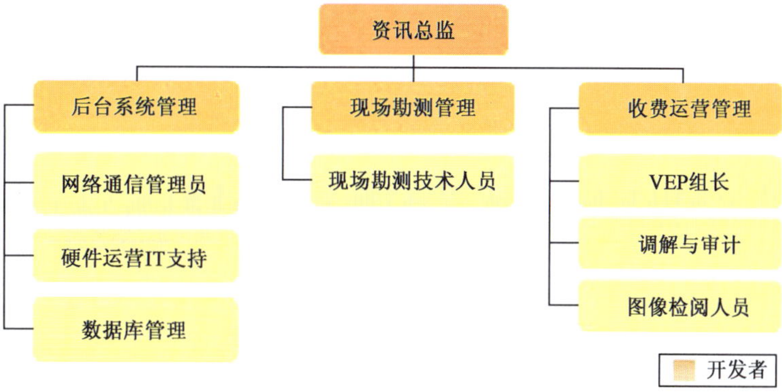

图3-74　项目子组织结构——信息系统

(6)法律指导

该项目子组织为开发人员对管理项目的操作提供相关法律服务。如图3-75所示,开发人员的法律顾问由分包法律顾问和其他所需的法律支持组成。

(7)人力资源管理

如图3-76所示,该项目子组织对项目各方面的建设提供人力资源管理,包括福利发放、人员招聘、专业培训和安全管理等。对项目建设进程进行审查,同时为项目其他子组织提供行政管理人员和文职人员。

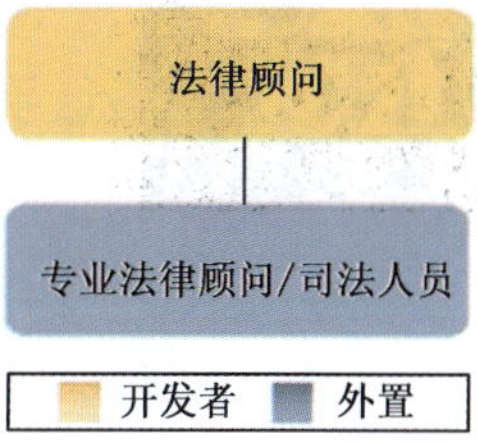

图3-75　项目子组织结构——法律指导

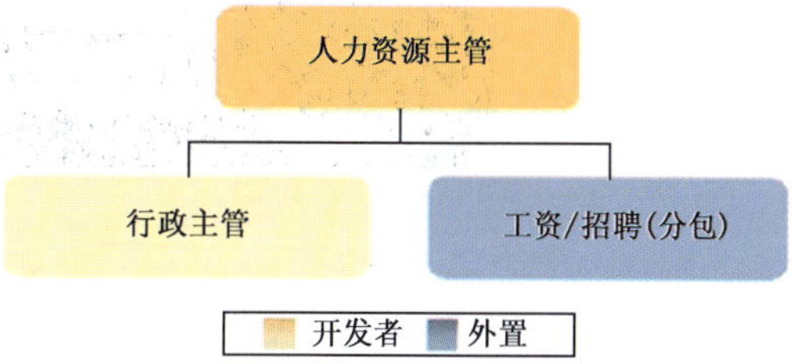

图3-76　项目子组织结构——人力资源管理

(8)公众信息与交流

该部门主要为实现项目的发展与公共信息的展示及沟通环节,建立公共信息展示平台,负责联络政府部门、各利益相关方与公众的宣传通信材料，例如网络宣传和信息手册发布。如图3-77所示，公共信息管理主管负责该项部门任务，且由第三方参与人员组成。

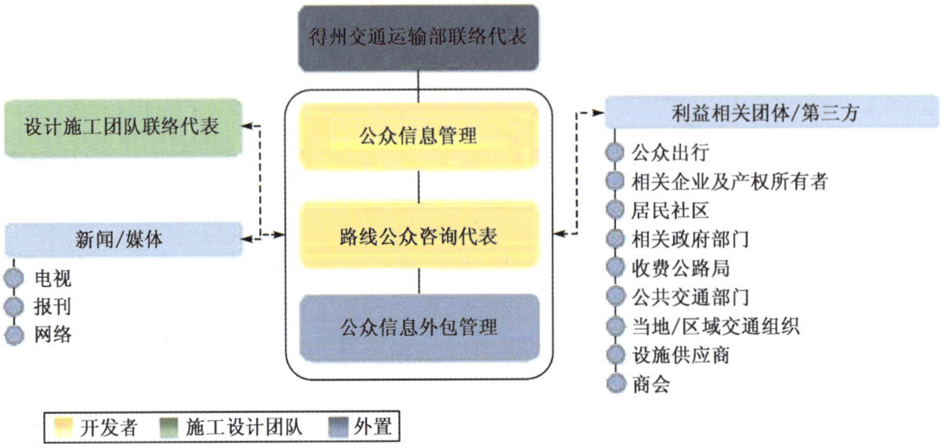

图3-77　项目子组织结构——公共信息与交流

2)设计施工组织管理

(1)设计施工团队(D&B Team)

通过合资企业法罗里奥集团(Ferrovial Agroman)、得克萨斯州的子公司(W. W. WEBBER INC.)、Bridgefarmer & Associates 作为总承包商，组成 D&B 团队，如图 3-78 所示，该团队进行项目全部的设计和施工作业，并签订相应的设计与施工协议(D&B 协议)。根据 D&B 协议，开发人员应承担的风险、责任和义务，在设计和施工阶段由相应的 D&B 团队承担。项目施工经理负责 D&B 团队的操控，并作为与开发人员的主要联系桥梁。D&B 团队的设计顾问(DCO)对设计顾问机构(CDA)界定了类似的要求，尤其是针对技术方面。

图3-78　D&B 团队各公司标识

针对得克萨斯州交通运输部项目，D&B 团队组合公司具有连续数十年的合作设计和建设经验，并且在 PPP 融资建设模式方面有较好的实践经验。Ferrovial Agroman 和 W. W. WEBBER INC. 一直努力构建具有凝聚力的 D&B 团队，以保证项目的成功实施。

如图 3-79、图 3-80 所示为 D&B 团队设计与施工阶段的组织结构框架。

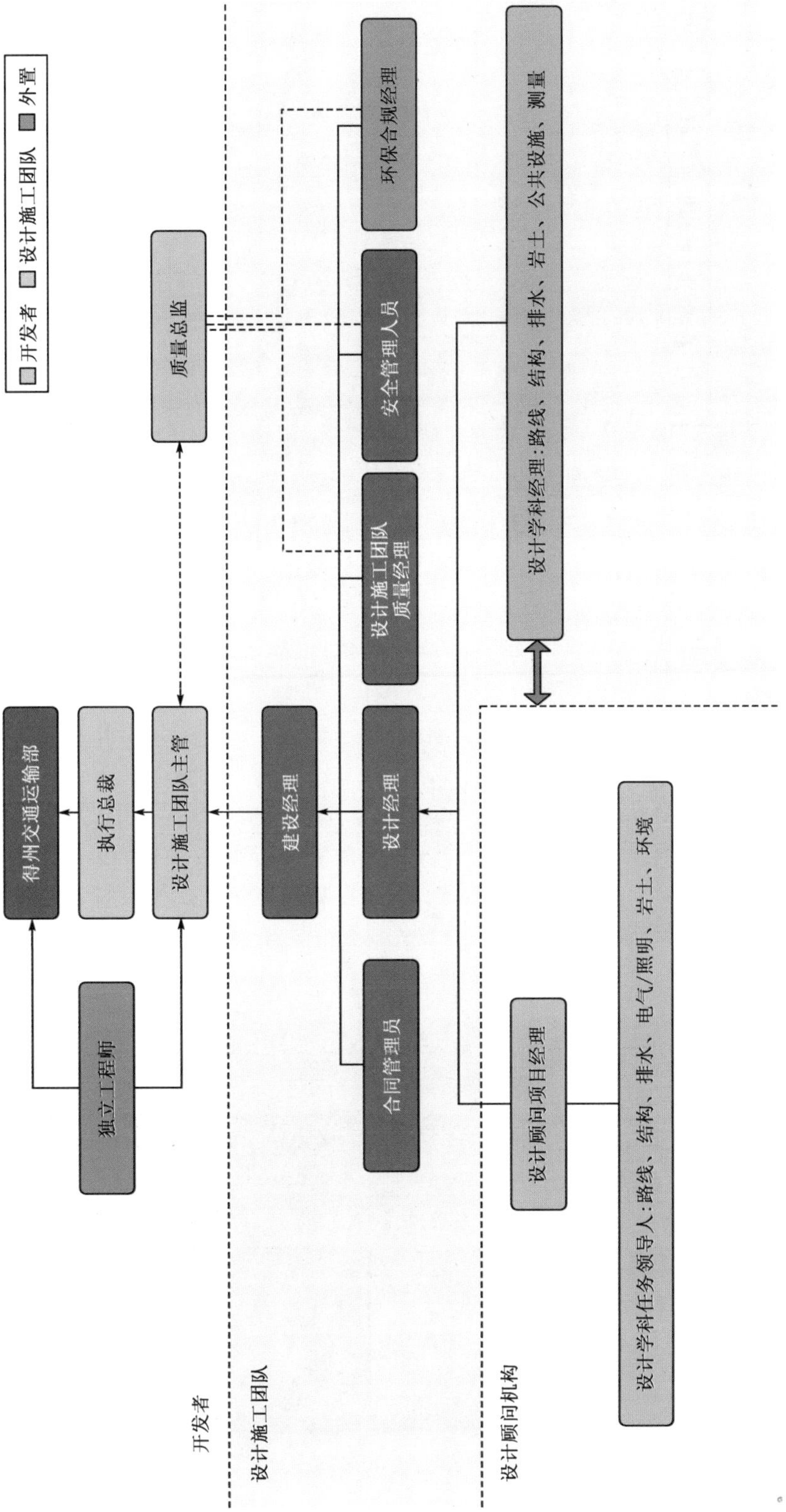

图 3-79　D&B 团队设计阶段组织结构

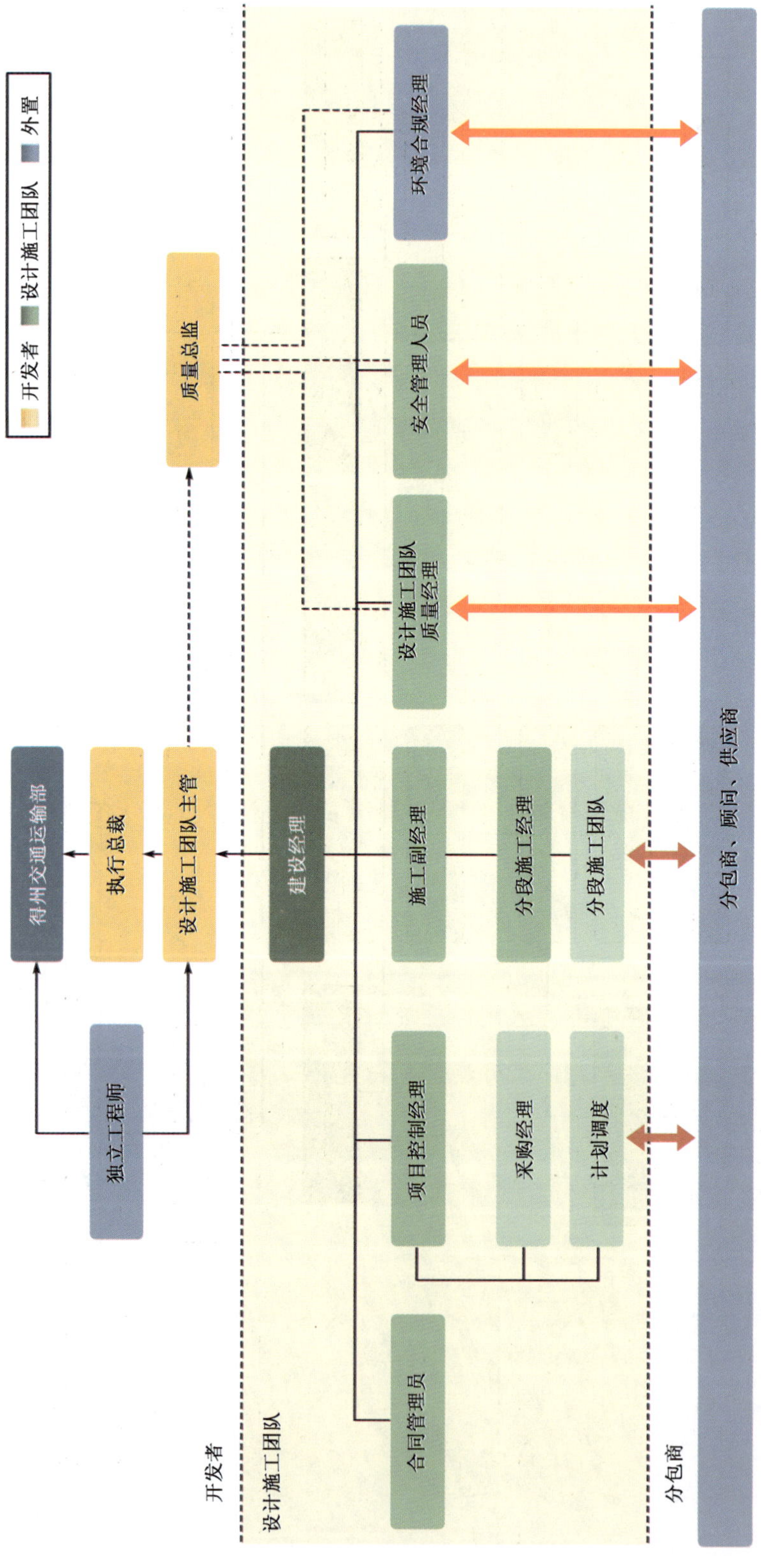

图 3-80　D&B 团队施工阶段组织结构

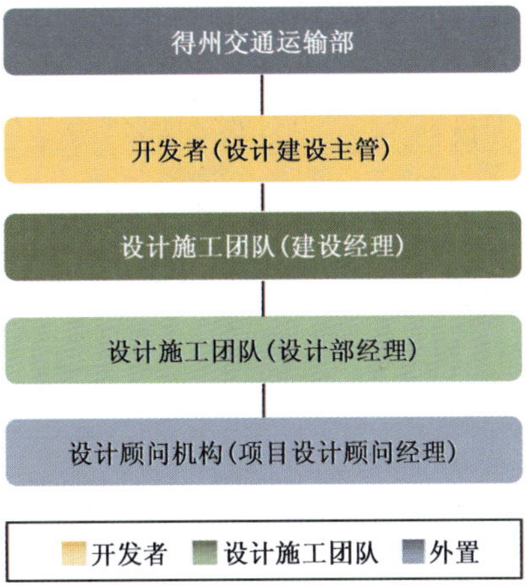

图3-81　D&B管理层次

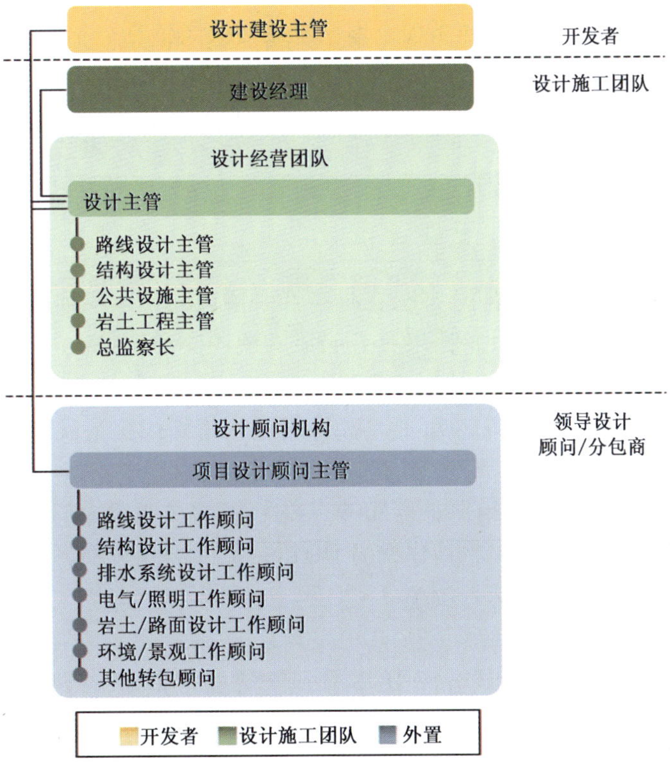

图3-82　设计团队管理结构

(2)设计施工管理

Ferrovial Agroman、W. W. WEBBER INC. 和 Bridgefarmer & Associates 进行项目的设计和建设工作。协议范围内的相关设计工作指派D&B团队执行,其中包含不可或缺的供应商和分包商团队。项目施工经理负责确保遵循合同文件进行项目设计和建设工作,建设程度在预算和时间表进程内,遵循当前的环境、健康和安全条例。

如图3-81所示,开发人员通过D&B协议,将加入到D&B团队(Ferrovial-Agroman、W. W. WEBBER INC. 和 Bridgefarmer & Associates)项目的设计工作,其中项目建设经理起到主导作用,在项目的设计期间沟通管理设计主管、设计咨询部门与分包商叙述以下三个方面的管理,如图3-82所示。

①设计管理团队(DMT):设计经理负责项目设计的部门,完成项目各方面的设计操作。

②设计顾问机构(DCO):包含Bridgefarmer & Associates公司指定的设计人员监督员,对设计各方面进行监测,继而向DMT反馈。

③其他设计进程。

3.5 本章小结

通过对美国管控车道的案例实践进行分析及研究,能够对美国管控车道的实践经验进行总结,在现阶段我国高速公路网逐步完善、城市化建设快速发展的背景下,形成可供国内借鉴的成套技术,为国内建立管控策略体系提供理论基础与决策依据。本章主要对美国管控车道的四个典型案例进行分析,主要包含SR167HOT车道、SR91快速收费车道、I-405快速收费车道、I- 635快速收费车道。

3.5.1 SR 167 HOT 车道

1)建设背景

SR 167 HOT车道位于美国华盛顿州,在早高峰时段内北行车辆远高于南行车辆,而晚高峰车辆主要发生在南行路段,因此该路段具有明显的潮汐交通流特性。通过对沿线道路主要交通节点的实际调研制定对应节点的服务水平分布、运行速度分布,高峰期间行车速度明显低于日平均运行速度,且在通勤工作日期间,早高峰交通拥堵路段主要发生在向北行驶路段,部分路段车辆行驶速度低于20mile/h,多数节点服务水平已处于F级,造成了严重的交通阻塞现象,增加了行程延误,运行速度显著降低。2009年华盛顿州交通运输部通过引入HOT车道设计理念,对SR 167道路进行改造,将其建设为HOT车道,主要用于缓解本地区的通行压力,充分发挥路网系统通行能力,提高运行效率。

2)管控策略

在实施初期采用双实线的方式分离HOT车道与普通行车道,车辆只能由固定地点出入HOT车道,且缓冲区与开口长度至少在1500ft以上。

双线隔离方式在提升道路运行速度的同时也出现了一些问题,固定出入口进出HOT车道的形式,造成在出入节点处行车速度降低,尤其在高峰时段内,增加了行车延误,降低了路网运输效率。同时基于2012年华盛顿州民意调查数据,高达40%的民众希望能够将固定式出入点改为连续式。因此,将双线隔离改为单线隔离,使得车辆随时随地地出入HOT车道。连续式出入口加强了HOT车道的开放性,保证运行车辆能够随意进出,避免对后驶车辆造成交通延误。

3)融资模式

SR 167 HOT 车道为政府投资建设项目,通过收集各方的投入资金实施项目建设,由美国华盛顿州交通运输部筹集资金建设,后期道路运营的收费将用于道路的管理运营方面。通过对道路的养护管理质量与投入资金数据分析显示,HOT 车道运营模式的研究为管控车道策略的深入组合提供了实践指导。

4)收费策略

SR 167 HOT 车道中运行车辆的设置仍遵循共乘车道的设置标准,摩托车、公交车、中型客运车辆以及共乘车辆(2 +)拥有免费通行权,同时限制货车或超过 10000 磅的车辆占用 HOT 车道。除此之外,其他类型车辆可通过缴费的形式获取该道路的通行权。

由华盛顿州交通委员会、华盛顿州交通运输部与公众意见共同制定相应的收费标准,华盛顿州交通委员会根据一年内交通流量的变化、收入水平、运营管理费用的消耗等方面,调整道路收费费率,满足道路运营管理的要求,收费收入将全部用于 HOT 车道的运营管理与维修养护。

SR 167 HOT 车道采取 ETC 收费策略,实施收费管理时间段为上午 5:00 至下午 19:00,此时间段外,HOT 车道对所有车辆免费开放,根据路网交通拥堵状况,实时动态调整收费标准,收费费率随拥挤程度的加据而提高,平衡路网交通流量,保证路网内 90% 运行车辆行驶速度控制在 45mile/h 以上,最大效率地利用道路通行能力。

5)实施效果

SR 167 HOT 车道于 2008 年 5 月通车,经过 7 年的实施操作,HOT 车道目标实现状况统计如表 3-12 所示。

SR 167 HOT 车道目标实现状况　　表 3-12

目　标	是否实现?	效　　果
自由行驶交通流	是	• HOT 车道行车速度 >45km/h; • 出行时间更可靠,有效节约行程时间
缓解拥堵	是	• 日收费水平提高; • 走廊交通输送量提高
安全性提高	是	• 平均事故率有效降低(2%); • 事故反应时间降低(1%)
财政水平缓解	是	• 2011 年(第三年)收费收入超过运营管理支出
设备合理应用	是	• 高收入群体与低收入群体均在使用 HOT 车道; • 用户满意度达 90%,使用人数逐步提高; • 环境侦测显示污染度浓度呈下降趋势

3.5.2　SR 91 快速收费车道

1)建设背景

SR 91 公路位于美国加利福尼亚州奥兰治县北部,该道路是本地区主要交通运输走廊之一,同时也是最为拥挤的通勤和商业走廊。据调查资料显示,每天通行机动车辆来往于工作地点、学校、家庭及其他目的地的客流量超过300000辆，主要集中于货车与通勤车辆，单向三车道行驶断面布置已不能满足现状交通需求。伴随着人口数量在2030年达到350万人口，预计到2035年，SR 91公路客流量将达到425000辆/d，因此线路交通压力将持续增加。

为提高SR 91公路穿越市中心区域通行效率及运行服务水平，奥兰治县交通管理局（OCTA）与加州交通运输部合作实施了一系列针对SR 91公路的改进计划，实施HOV车道与快速收费车道相结合的管控模式，提高道路通行能力、运输效率，缓解SR 91公路在奥兰治县的交通拥堵问题。

2）管控策略

SR 91道路采取HOV车道管控策略，研究旨在确定HOV车道形式的管控策略下，能够保障安全稳定的行车条件，识别驾驶员的出行操作状态，降低任何不利出行影响，SR91公路路线形式如表3-13所示。

SR 91公路线路形式　　表3-13

路　段	1997年管控形式	2020年管控形式
洛杉矶县公路至I-5州际高速公路	普通双向八车道+辅路	普通双向八车道+双向两HOV车道+辅路
I-5州际高速公路至SR 57公路	普通双向六车道+辅路	普通双向八车道+双向两HOV车道+辅路
SR 57公路至SR 55公路	普通双向六车道+双向两HOV车道+辅路	普通双向八车道+双向两HOV车道+辅路
SR 55公路至SR 241公路	普通双向八车道+双向四收费车道	普通双向八车道+双向四收费车道
SR 241公路至里弗赛德县公路	普通双向八车道+双向四收费车道	普通双向八车道+双向四收费车道

SR 91快速车道中央路段为双向四车道的快速收费车道，采用物理隔离设施隔离普通行车道与快速收费车道，在双向车道各增加一条普通行车道，同时双向各增加一条快速收费车道，重型车辆不具有快速收费车道运行的通行权。道路收费策略采取ETC收费策略形式，根据交通流的时变特性，以道路拥堵程度为基础，制定了道路拥挤收费策略，保障交通流运行的通畅性，道路建设融资模式采取公私合营的建设融资模式（简称PPP模式）。

快速收费车道中央断面设计主要考虑以下四方面：

（1）收费收入用于缓解项目建设支出，降低河滨县交通部门投资费用。

（2）通过费率的变化调节高峰期间运行交通流量，平衡路网交通系统交通流。

（3）增加驾驶员行驶路径选择，通过支付一定程度的通行费用，保障高效率、通畅的通行条件。

（4）收费的收入不仅可缓解投资的支出，也可用于道路基础设施的建设，为交通走廊的建设提供经济基础。

3）融资模式

奥兰治县交通管理局（OCTA）曾计划在SR 91公路中间路段建立HOV车道，衔接快速发展的郊区范围与奥兰治县区域中心。因项目资金有限，因此OCTA采取PPP融资管理模式。

由加州私人运输公司(CPTC)于1990年签订了为期35年的道路特许经营权的管理权限,将SR 91公路改建为全长10km的双向四车道的快速收费车道+两侧双向四车道的普通行车道类型。

然而发展至20世纪90年代末期,市民对相关收费公路的态度发生了转变。因该项目中特许经营协议中包含一项“竞业禁止”的条款,即政府承诺在2030年之前不在该项目沿线1.5mile的范围之内新建具有竞争性的道路,或者升级、拓宽具有竞争性的现有道路。

在20世纪90年代末期,为满足日益增长的交通需求,同时基于行驶安全性的原则,加利福尼亚州交通运输厅在SR 91公路新建车道并连接至附近的另一条公路,以缓解路网交通压力。但根据签订的特许经营协议,该道路的建设与竞业禁止条款相冲突。因此政府公共机构和私人企业间关于利益的竞争进行了激烈的辩论。

辩论的过程中,公众舆论严重反对快速收费车道的运营。曾经被视为有效的缓解交通拥堵问题的实施策略,现在被许多人视为导致了交通拥堵,甚至引发了不安全因素。这项问题最终的解决方案为:OCTA于2003年初以2.075亿美元将SR 91公路的管理权限从CPTC回收购买,即SR 91公路的收费权限由政府部门主导,仍然采取拥挤收费的策略。

4)收费策略

SR 91快速车道建设的创新点主要包含以下几方面:美国50年以来第一条利用私营资金建造的收费公路;实现了高峰与非高峰期间的道路拥挤收费策略;无需建立特定收费站,实行ETC电子收费形式。

在SR 91快速收费车道运营初期,车道建设被市民视为有利于城市发展,服务于出行的应用策略。据早期的民意调查数据显示,大多数市民赞成SR 91公路实施拥挤收费的政策。美国加州州立理工大学的Edward Sullivan的研究显示,政策的实施减少了道路使用者高峰期间的行程时间,由70min降低至30min。同时,普通行车道高峰期间车辆平均运行速度提高了一倍。

3.5.3　I-405快速收费车道

1)建设背景

I-405快速收费车道位于华盛顿州,该管控策略由HOV车道转变而来,起初HOV车道的应用为缓解交通拥堵问题起到了良好的作用。随交通量的持续增长,交通堵塞问题逐步恶化,并最终限制HOV车道的发展,引发了严重的交通拥堵问题,在高峰期间运行服务水平甚至低于普通行车道。华盛顿州交通运输部将HOV车道的承载标准由2+车辆提升至3+车辆,但交通拥堵情况并未发生好转,因此引入收费车道运营理念,通过利用经济杠杆的调节优势平衡路网交通流量。

2)管控策略

随着交通流量的增加,出现HOV车道运行效率低于普通行车道的现象,HOV车道的设置随交通流量的增加并未有效地缓解道路拥堵状况,反而加重了交通拥堵问题。随着管控策略的发展,华盛顿州交通运输部逐步将HOV车道转变为快速收费车道,通过采取动态收费的原则平衡路网交通流量,当车道处于交通拥堵状态时,通过提高收费标准将车流量进行削减;当管控车道通行能力充足时,降低收费标准,提高道路吸引力。

在道路使用者决定进入快速收费车道前,电子信号装置将显示当前的收费价格。出行者可以决定是否采取缴纳通行费的方式获取道路通行权,或继续在普通行车道行驶。出行者可以通过固定式的匝道出入口与主线内部出入口进出快速收费车道,直接访问式的固定匝道出入口由互通式立交位置确定,主线内部出入口为固定式,只能由对应地点实现快速收费车道与普通行车道间的转换,利用物理隔离设施彼此分隔为2ML/3GP管控模式下主线内部出入口形式。

3)融资模式

I-405快速收费车道是政府投资建设项目,通过各方提供的资金对项目进行建设,由美国华盛顿州交通运输部筹集资金建设,后期道路运营收费的用途用于道路的管理费用。

4)收费策略

I-405快速收费车道采取动态调整的形式进行收费,用以保障车辆平均行驶速度维持在45mile/h以上。通过ETC电子信号设备发布基于目的地的收费费率,费率标注取决于交通拥堵状况。支付的费用取决于进入快速收费车道时显示的费率标准。

在通勤时段内高峰时段为上午5:00~9:00,下午3:00~7:00,不同行驶方向的道路制定了不同的收费标准,为平衡路网交通流量起到了重大作用。公交车辆以及共乘车辆在快速收费车道具有免费通行权,共乘车辆通过转换"Good To Go!"电子通行标签,实现快速收费车道免费通行。华盛顿州交通运输部与华盛顿州交通委员会协力制定共乘车辆承载率标准、收费费率,并通过制定相关法律政策引导交通流出行。2013年,华盛顿州交通运输部开展了征求意见听证会议,经过各部门商讨与专家组意见,建议非高峰期间承载率要求界定为三人或三人以上,高峰期间承载率要求界定为两人或两人以上。

3.5.4 I-635快速收费车道

1)管控策略

I-635州际高速公路位于得克萨斯州,由西至东分别与190号公路、35E州际高速公路、75号公路、30号州际高速公路、80号公路及20号州际高速公路相交,于2011年对35E州际高速公路与75号公路间路段实施管控车道策略,称之为LBJ快速路。

位于达拉斯市的全长13.3mile的快速通道连接I-635州际高速公路和35E州际高速公路,是一项新型的收费公路系统,采取双向六车道的快速收费车道,在35E州际高速公路建设双向四车道的快速收费车道,采取两种形式的道路断面形式,对共乘车辆实施收费优惠措施。据调查资料显示,实施新的管控方式后,提高了普通行车道运行速度,减缓了I-635州际高速公路在该路段的交通拥堵状况。该管控车道形式的建设为缓解达拉斯北部的交通拥堵状况、分流35E州际高速公路车流量具有重要作用。

2)收费策略

I-635州际高速公路采用动态ETC收费策略平衡路网交通流量,为出行者提供更快捷、舒适的行车环境。运营设备能够每隔5min实时监测道路运行交通状况,保证全天道路上行驶车辆运行车速达到50mile/h以上。

因此基于实时交通流运行状态的时变特性,车道收费标准会出现周期性的波动,随着交通流量水平与交通需求的增加,动态调整收费费率,在高峰时期收费标准在45~75美分波动;当交通流量降低时，收费标准便会自动降低，通常保持在10～25美分。同时小汽车执行基本收费标准，其他类型车辆折算收费，例如：拖车、大型车辆、大型车辆等，针对共乘车辆实施收费优惠政策，在高峰期间降低50%的通行费用道路收费标准。以进入I-635州际高速公路时电子收费版显示的收费提示为准，车辆运行过程中的显示板收费费率发生的变化并不会对道路内部运行车辆造成影响。

第4章　美国管控车道法律法规

4.1　管控车道政策

设置管控车道的最基本的目的是在拥挤道路上提高道路输送客流量,同时节约行程时间,提高通达性。管控车道对运行车辆要求较高,要求在拥挤的时段内输送相对较高的客流量。通过使用管控车道的经验可以发现拼车、上下班共用车和换乘群体是管控车道的直接受益者,管控车道在美国许多的大都市中被证明是具备高效率的解决拥堵的手段。从现行使用情况分析,随着大都市地区拥堵程度的加剧,合乘车辆、公共交通使用人群逐步增加。

设置管控车道通常有以下几个步骤:

①确定管控车道车辆承载标准,包含行驶车辆类型、载客人数、公交车是否包括在内等。

②管控车道设置规划:利用出行方式选择模型或其他方法预测管控车道设置的可行性,设置形式是将原有车道改造为管控车道,或新增管控车道等。

③管控车道出入口设计:管控车道内运行速度高于普通车道,合理分隔两种车道对管控车道安全性和舒适性均有极其重要的作用,特别是出入管控车道匝道处需处理好交织车辆间关系。

④管控车道管理形式:有效的管理是提高管控车道使用效率的方法,包括管控车道开放方式、全天管控、高峰期间专用管控、管控单向控制,以及管控收费和交通信号控制等。

⑤市民决策参考:为将来交通改造预留建设空间,并广泛听取反馈意见,确定设置及管理方案。

在其实施过程中,为保证管控车道有效运行的前提,制定管控车道相关政策,旨在提高道路通行效率。管控车道政策主要有:

(1)免费通行政策

在 HOT 道路上允许部分车辆可以不缴费拥有道路通行权,大致分为以下三类:

①公交车辆。

②高承载车辆。

③低排放和节约能源的车辆。

(2)收费车辆界定政策

低承载率车辆使用 HOT 道路设施时需缴纳通行费用。若允许部分车辆在一些情况下免费使用 HOT 道路,则必须进行以下三方面的工作:

①建立一个供 HOT 车辆注册和参与的收费系统。

②自行维护和管理的自动收费系统。

③完善车辆管理的设备和执行收费的政策和程序。

另外对于低排放及节能车辆增加了新的规定,至 2017 年 9 月 30 号,美国部分州县可能实现允许原有的低排放车辆及节能车辆,免费拥有 HOT 车道通行权或采取缴费优惠政策。

(3)公共交通管控政策

公共交通车辆是为公共交通运输系统提供使用的。公共交通车辆必须由一个公共交通系统中心管理和运营。在实施 HOT 车道运行管理过程中,界定公共交通车辆符合高承载车辆限定标准,即免费拥有道路通行权。

(4)电动车及自行车管控政策

在联邦法律中,电动车和自行车允许使用 HOT 车道。然而在一些州中,考虑到行车安全性,限制电动车和自行车进入 HOT 车道。若不允许电动车和自行车进入 HOT 车道,则必须提交相应的关于安全、权利、保障等相关方面的报告至美国联邦公路管理局,由联邦公路管理局进行审核,以确定电动车和自行车是否具有 HOT 车道通行权。

(5)管控车道设施管理政策

总体来说,部分州政府允许高承载车辆、低排放车辆等使用 HOT 车道,如加州、华盛顿州。但是车辆的低排放、节约能源标准需经过相关专业机构认证。同时,相关政府部门需完成对相关文件的纸质记录,制定相应的远期规划标准。

HOT 车道管理分为以下几种情况:

①提高管控车道平均时速。

②根据交通流运行水平进行梯段收费。

③加强道路通行权的监管,保障出行公平性。

④提高 HOT 车道道路通行能力。

(6)收费协议

针对收费标准的制定,应与 FHWA 进行协商,共同界定收费标准,并对收费程序进行严格检查,保障收费程序运行的可靠性,避免出现错收、漏收现象。严格执行收费协议时,国家运输部门应签署 2 份以上收费协议原件。若另一公共管理机构或私人实体对该设施具有管辖权,需达成相关条款协议。一旦所有的原始协议签署完毕,国家应将纸质签署正本文件呈交给 FHWA 办公室,作为档案记录。

4.2　管控车道法规

管控车道的执行需要受相关强制性法律的支持,来约束驾驶员的行为,保证管控车道公正、公平实施。

4.2.1　管理法规标准及规章要素

州属公路系统为人员和物质的安全有效流动提供主要和次要的动脉路线,州政府具有维护责任,在州属系统中对每一条公路进行有效的管理和维护,以保证管控车道建设的功能完整性,并维护当代人民和后代子孙的公众利益。

管控车道行车安全和通行效率在很大程度上取决于路侧干扰的数量与性质。许多干扰是由于沿线公路的连通街道、商业区、居住区和其他建筑物,车辆的驶入、驶出造成的。

因此,为了保障车辆在管控车道处的有效运行,获得管控策略的最佳实施效果,建立健全相关法律规章制度是非常必要的。尽管土地所有者对于管控车道策略的实施具有相应的反馈权利，且道路所有权在安全有效运行方面，也具有特定的权利。在相关法律规章制度中考虑相关群体间相互竞争的利益，与宪法、成文法和判例法保持一致。

造成交通事故的主要原因有：由于公路交通系统缺乏足够的管控车道策略管理；在州属公路系统中对策略形式建立相应的标准法规；监管力度不够。建立健全的管控车道管理规章能够有效地促进运输系统的开发，并提高州属公路系统的交通承载能力，而且可减少交通事故、个人伤害、财产损失和公路维护费用，延长运输设施的有效寿命。

机动性是经济利益的关键，较差的管控策略降低了相关道路的通行能力，继而导致交通拥堵和事故的发生。要确保机动性，需实行有效的管控车道管理标准，并作为州或地区经济增长规划中的一个重要因素。

为了维护公众的健康、安全与福利，保证公众道路功能完整性，促进公众人民和物质安全有效地流动，建立管控车道策略的相关法律法规是很必要的。

为了保障实施效果的有效性，若仅需要暂时的法律规章制度，可将裁决与权威相结合。这部分的设置取决于立法部门想要展示多少立法的意向和给予行政部门多大范围内的权利。

授权州属交通厅和当地政府，在告知与公共公路相毗邻的财产的管辖范围内，管理车辆出入管控车道，以此保证交通流的平顺、安全运行，完善道路功能的完整性。

4.2.2 授权建立统一的规章

建立管控车道管理规章制度的要求来自州属立法机关的法定权限，这种法定权限对于项目的成功是至关重要的，如下为建立上述权限的应用案例。

州属交通厅应当在两年内通过一部州属公路的管控车道法规规程，通过法规和规章执行上述条款，出入口法规应与所批准的内容相一致，还需基于以下考虑：现有及预期交通量；道路运行功能用途的界定；已采用的交通规划和交通需求；当地和区域的排水需求；与公路相连接的土地使用性质；已采用的土地使用分区规划；管控车道运行交通流量及运营车辆类型；来自城区街道而不是来自州属公路车辆的适用性分析；州属公路系统为州内人员和物资的流动，提供安全有效的方式的能力。

管控车道法规的设定可考虑以下方面：管控车道应用类型分析；安全因素；设计与构建标准；相关的交通控制标准；应用需求；管理的程序；道路运营管理法规。

4.2.3 许可要求

在相关法律法规实施前，任何个人或社会团体不得建造相关平衡车道，或改造原有道路类型，以吸引管控车道运行交通量。根据交通厅相关法规，不允许以上的事情发生。按照许可中的条款和先行条件，要想建造平衡道路类型，其附属设施便破坏了许可中的规定。只有与管控车道法规相一致的时候，才能够获得道路建设许可。

在法规实施初期至有效日期内签发的相关许可证，许可证的签发应与现行道路建设许可程序和适用的标准相符合。在这项法令生效后，没有最先获得交通厅批准的管控车道实施许可证,任何个人或实体不得建造或修改任何的平衡道路。根据这项法规的规定,交通厅有权限制或拒绝出入州属公路系统。

4.2.4　许可与申请费用

一些州是根据评审和检查的程度,还有部门所花费的时间来使用申请费用、许可费用和进度表的费用。对具体费用的管理权限建立如下:

为了交通厅制作的许可申请,委员会应建立等级收费表,并且可以用来补偿管控车道运营管理过程中许可评审过程产生的费用,以及执行法令规定产生的相关费用。在任何情况下,许可费比制定货币限额要多。

当地管控车道建设许可证签发管理局可以建立一个合理的管控车道建设申请费用表,用于签发许可证及道路交通状况调查,这些费用不能超过管控车道许可证的管理费用。

4.2.5　适时的决策

交通厅关于申请的决策应当是适时的,这一项条款应包含在立法中,法规中应包括这样一项规定,提供一定时期的时间用于更新、发行、修正和否认这些许可证。对于主要的管控车道建设许可,从收到完整的申请算起,不得超过100d;对于次要的管控车道许可,从收到完整的申请算起,不得超过50d。对于管控车道许可,当完整的申请提交上去之后,若许可证管理局在规定的时间内没有给予回复,可以认为许可证已经发行了。许可证还取决于交通厅的工程、设计和安全标准。

4.2.6　授权签发许可证

根据地方当局提出的书面请求,交通厅可以全部委托或部分委托州属公路管理局发放许可证,由地方当局签发许可证。许可证的签发应当符合州属公路道路建设法规。所签发的许可证,每一张均需获得交通厅的书面许可。

4.2.7　许可证的有效期

若建设许可证发行一年后,管控车道项目并未实施,根据该项条款,所有许可证的签发均会自动期满并且无效,除非是部门提前截止,并且以书面的形式延长到期时间,但不得超过1年。所有路权的构建过程应当以一种便捷途径完成并且不应该超过45d。交通厅在建造实践标准的基础上,可能会将允许建造的时间期限作为许可证中的一个条目,限定必要的建造期限与程序保证公众安全和维护公路的运行。

4.3　管控车道设置管理

管控车道管理按照不同的实施策略,管理方式不同,本节按照不同的管控车道实施策略讲述其管理方式。

4.3.1 HOT 车道

1)HOT 车道设置目的

(1)向多数群体提供较高质量的运行服务水平,提高道路承载能力。

(2)节约出行时间,提高出行可靠性。

(3)缓解高峰期间交通拥堵问题,达到"削峰填谷"的效果。

2)出行效益保障

(1)道路服务水平的提高保障了 HOT 道路出行时间效益,提高了道路运营额外收入。

(2)在增加道路交通流量的同时,缓解了高峰期间交通拥堵程度,降低了交通密度,保障了出行可靠性,道路通行能力有所提高。

3)HOV 车道转变为 HOT 车道状况

将现有 HOV 车道转变为 HOT 车道,对道路收费角度进行拓展,采用有诱导的形式,平衡普通行车道与 HOT 车道的交通服务水平。从 HOV 车道转变为 HOT 车道并不意味着增加或保持现状道路服务水平,而是将道路上的运行交通量进行合理分配,平衡路网流量,最大限度地发挥路网通行能力。图 4-1 所示为 HOV 车道转变为 HOT 车道的效益。

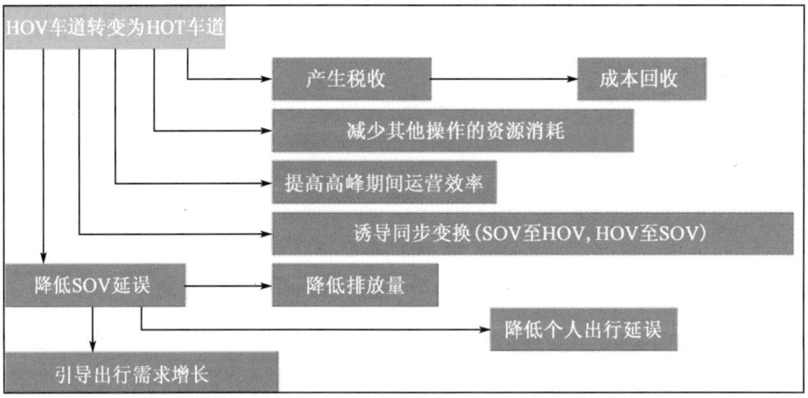

图 4-1　HOV 车道转变为 HOT 车道的效益

道路运行形式由 HOV 车道转变为 HOT 车道,出行时间可靠性的保障主要体现在以下两方面:

(1)增加了出行选择性,即可通过缴纳通行费的形式,选择快速出行线路,以降低出行时间。

(2)削峰效应,降低高峰时期交通流量,缓解拥堵水平,降低出行时间。

4)关键原则及重要问题

HOV 车道的设置随着高峰期间内交通流量的提高,正逐步通过收费诱导的形式转变为 HOT 车道。根据实际应用案例分析,对提高 HOT 道路的运行服务水平的关键原则进行总结:

(1)降低周边道路运行对 HOT 车道的干扰,提高 HOT 车道利用效率。

(2)采用收费策略动态调整道路收费标准,避免了对车辆承载率识别困难的烦扰。

HOV 车道处于慢性高峰拥挤状态反映了现有的出行需求和车道供给能力之间的矛盾,以及一些效益型政策处理重复操作的缺点。然而,并不是所有 HOV 车道适合转变为 HOT 车道。在车道潜在通行能力富余的情况下,改造为 HOT 车道能够实现最佳的道路运行效率。

在设置 HOV 车道时需考虑以下问题:

(1)是否有足够的道路交通流量,使得在满足低承载率通行要求的前提下,能够充分发挥 HOV 车道利用效率?

(2)若现状道路交通流量不足以利用 HOV 车道道路资源,是否可将其他道路交通流诱导至 HOV 车道?

(3)若 HOV 车道车辆承载率标准由 2 + 增加到 3 + 或者更高,是否有剩余的高峰容量满足道路通行需求?

5)法律和体制制约

随着 HOT 道路在各地的开展,与现行的法律的矛盾逐渐凸显,在联邦和各州的交通管理机构中,需要对现行的法律进行一定的修改,例如《国家安全法》、《高效运输权益法》等。

6)扶持 HOT 道路政策

HOT 车道的实施有效提高了道路服务水平,对缓解高峰期间拥堵状况具有重要作用,因此,需制定相应的保障政策完成道路建设。

HOT 车道建设难点主要体现在公众意愿的倾斜。通过美国管控车道实践经验分析,HOT 车道的实施是道路管理实践的改革,随着 HOT 车道的逐步开展,公众参与度逐步提高,对 HOT 道路的了解越发深入。HOT 车道运用收费策略对道路进行管理,需要对道路的使用者采取收费政策,这无疑会带来公众的反对。同时 HOT 车道的管理需具备较高的技术要求,如收费技术、监管形式等,保障出行公平性。可通过以下方式保障 HOT 车道可实施性:

(1)建立健全相关法律、法规,加强对 HOT 车道政策保障。美国各州在 HOT 车道的建设、收费、运营以及管理均开始制定相关政策。

(2)加大公众宣传力度,进一步让公众了解道路的实际有利效益。

7)公共宣传策略

(1)提前预判公众反馈的问题。

(2)安排行动小组,实际调查当地居民出行意愿。

(3)制订计划目标,缓解出行公平性问题,并落实至实处。

(4)得到影响力度较高的市民或社区团体支持。

(5)完善项目建设、管理方案,通过切实可行的方案得到市民认可。

(6)按时、按预算完成项目建设。

8)HOT 车道的开发流程

HOT 车道的开发流程如图 4-2 所示。

4.3.2　公交专用车道

HOV 车道的概念首先起于公交专用车道,首条 HOV 车道的应用是在 1969 年,为缓解高峰期间交通拥堵水平起到了重要作用。

1)使用条件

公交专用车道使用条件需根据城市公共交通服务水平状况确定,定性的评判标准如下:

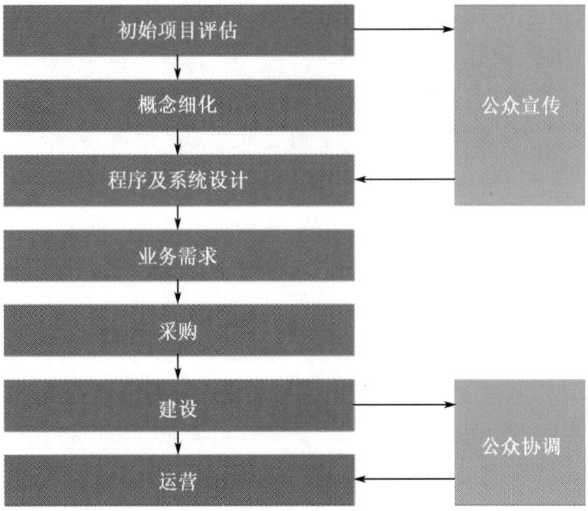

图 4-2　HOT 车道的开发流程

(1)城市拥有大量的公共交通客流量，即选择公共交通出行的比例较高，建立公交专用车道的具体的比例需根据各城市的实际发展水平确定。

(2)交通走廊的建设完善性，收费设施齐备，并且拥有完备的公交系统。

(3)专用路权设计完善，拥有为公交专用车道服务的系统和团体。

2)车道行驶情况

公交专用车道的实施在很大程度上包含在 HOV 道路类型中，因公交专用车道仅限定公交车辆通行，且公交车辆单位时间内承载较大客流量，即高承载车辆，符合 HOV 车道行驶界定标准。

3)公交专用车道设置条件

(1)路段单向行车道三车道以上，或机动车车道路幅总宽不小于 11m。

(2)单向公交客运量大于 6000 人次/高峰小时，或公交车流量大于 150 辆/高峰小时。

(3)路段平均每车道断面流量大于 500 辆/高峰小时。

4)专用车道的设置方法

(1)路段设置方法

①“外侧式”设置方法。

公交专用车道设置在机动车道行驶方向最右侧时，称为“外侧式”，如图 4-3、图 4-4 所示。

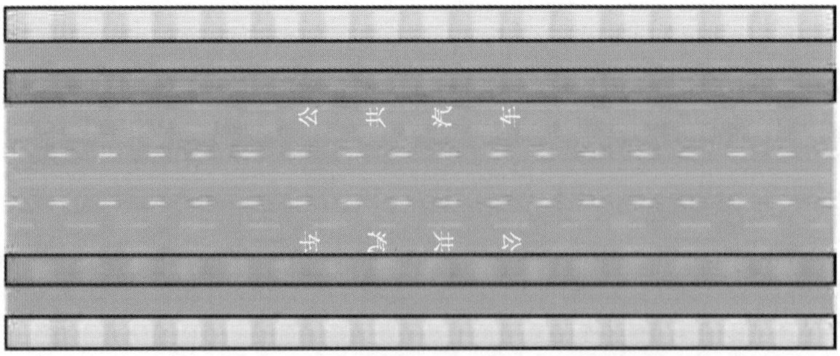

图 4-3　“外侧式”公交专用车道(有机非隔离带)

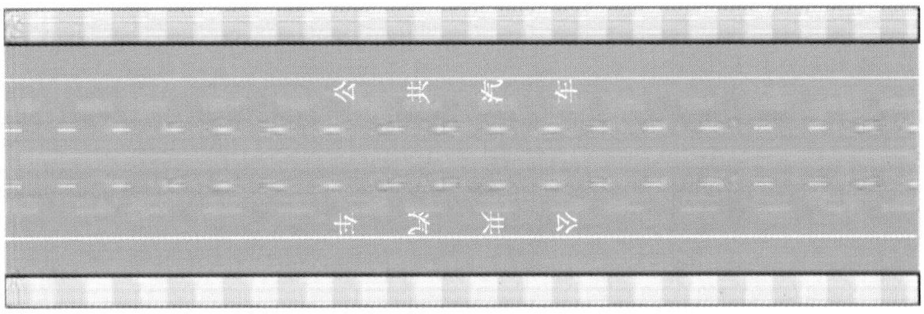

图 4-4　“外侧式”公交专用车道（无机非隔离带）

②“内侧式”设置方法。

公交专用车道设置在机动车道行驶方向最左侧时，称为“内侧式”，如图 4-5、图 4-6 所示。

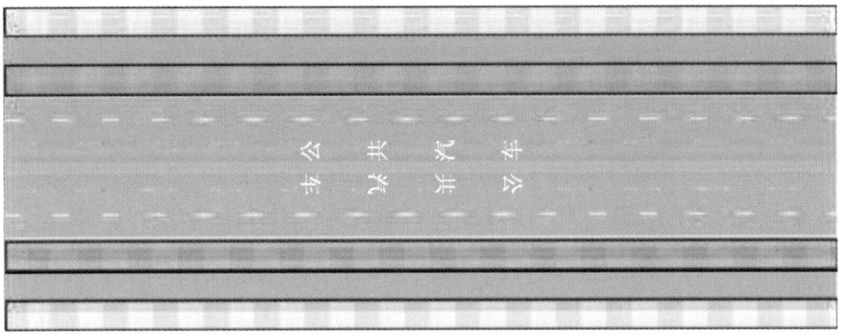

图 4-5　“内侧式”公交专用车道（有机非隔离带）

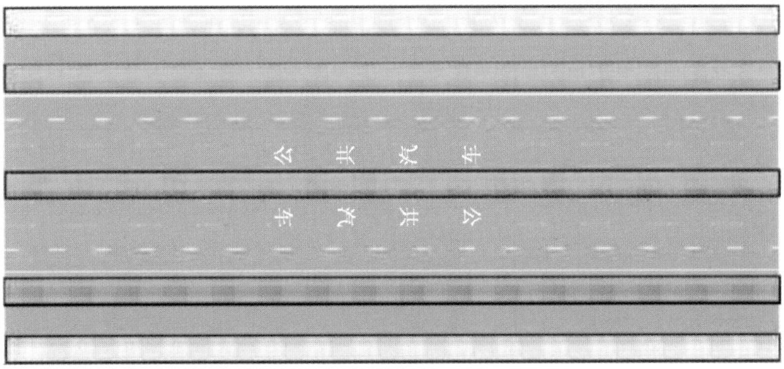

图 4-6　“内侧式”公交专用车道（无机非隔离带）

（2）交叉口处设置方法

①公交专用车道直接设置至停车线（公交专用车道线终止于导向车道线），如图 4-7、图 4-8 所示。

②公交专用车道应终止于行驶方向第一组导向预示箭头处，如图 4-9、图 4-10 所示。

5）出口道设置形式

公交专用车道起点距对向车道停车线的距离应大于相交道路转向车变换车道的距离，且不小于 30m。若两路口间路段长度较短（不足 150m），可不设公交专用车道。

6）长度要求

公交专用车道宽度应不大于 3.75m，不小于 3.25m，交叉口处专用车道宽度应不小于

3.0m。

7)标线设置

公交专用车道的标志与标线设置应符合《道路交通标志和标线》(GB 5768—2009)的相关规定。

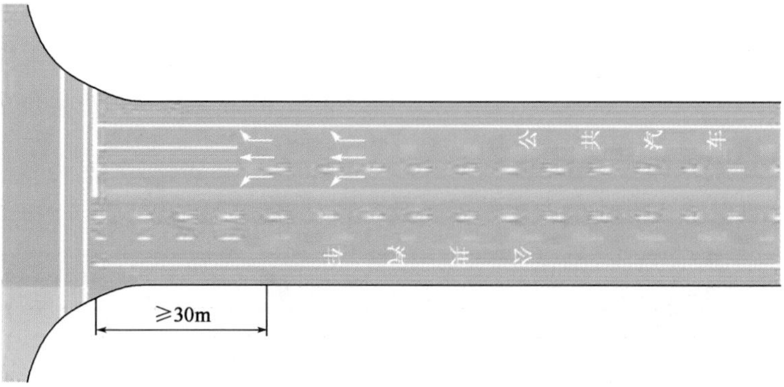

图4-7 公交专用车道直接设置到停车线(外侧式)

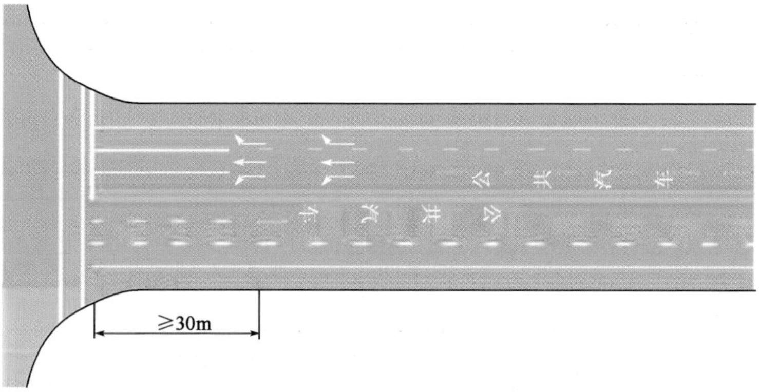

图4-8 公交专用车道直接设置到停车线(内侧式)

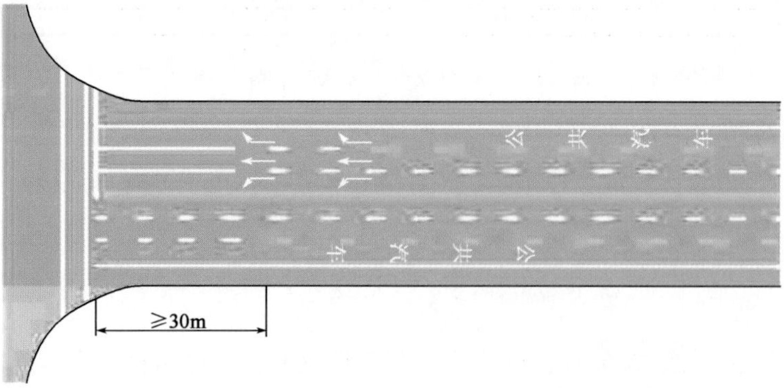

图4-9 公交专用车道终止于行驶方向第一组导向预示箭头(外侧式)

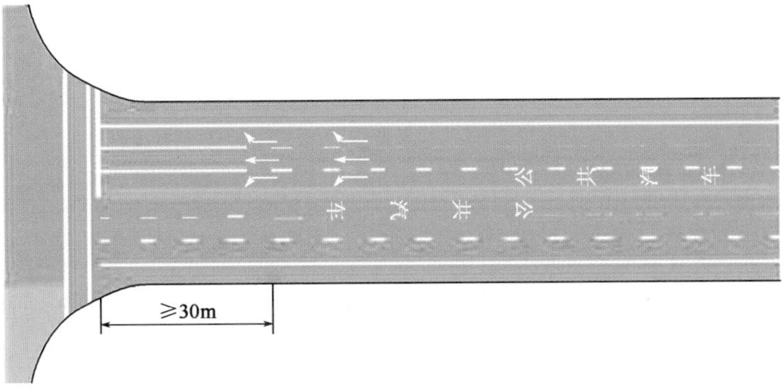

图4-10　公交专用车道终止于行驶方向第一组导向预示箭头(内侧式)

4.3.3　货车车道管理

货车车道管理是管控车道的一项重要形式,货车车道管理的目的是实现客货分流行驶,提高运行安全性、货物运行效率。美国货车类型主要为长头型,而中国和欧洲等地车辆类型基本为平头货车。美国相关技术法规集中于对车厢长度的限制,而中国和欧洲的相关法规侧重于货车总长。在车头长度不影响载货数量的前提下,长头型货车省油和安全的优势更为明显。因此,在限制车厢长度的法规体系下,美国货车用户更倾向于使用长头车类型。可将来自不同地方和去往不同目的地的货物,精确计算并搭载,充分发挥车辆装载能力。

1)货车车道分类

建设各种形式的货车车道的目标是改善交通运营状况,提高安全性和方便货物的流动。货车车道分为以下几类:

(1)限制性车道。

(2)分离式车道。

(3)专用型车道。

(4)交互式车道。

(5)爬坡车道。

2)货车车道管理目标

限制性行车道通常禁止货车使用左侧行车道,单向三车道以下时通常需实行车道限制。此外,为了避免路面破损严重,货车出行时段会受到限制。货车车道管理具有下述目标:

(1)提高车道管理运营效率。

(2)降低事故率。

(3)完善路面结构情况,例如提供均匀的路面磨损。

(4)施工区限制。

3)货车车道限制时段管理

考虑货车占用道路行驶空间较大,速度低于交通流平均运行车速,且对路面的磨损较大等因素。可针对实际通行水平,对车道的限制情况实施相应的时段管理措施,具体情况分为以下几类:

(1)7/24 模式,即每周 7d,每天 24h 进行管理。

(2)5/12 模式,即每周 5d(工作日),每天 6:00 ~ 18:00 时段管理。

(3)根据交通情况实时管理。

4)分离式车道

分离式车道一般不常用,在美国的新泽西收费公路上对货车和一般商业车进行了车道分离,分离式车道的设置按照车辆的行驶类型分类即可。

5)专用型车道、交互式车道、爬坡车道

这三种车道比分离式车道使用情况更少,一般是在特殊的具有矿藏、重要的山区以及政治经济国防需要时,根据具体的情况进行设置。

4.3.4 出入口管理

1)出入口布置

AASTTO 指出理想化的出入口不应处于交叉口功能区内。应首先确定出入口布局,与相应的土地利用形式相结合,寻找最佳地理位置,确定出口位置可按照如下步骤:

(1)确定临近交叉口的位置。

(2)按照重要性降序排列上述交叉口,例如,干道和干道交叉最为重要,干道和次路交叉次要,以此类推。

(3)确定上游每一个交叉口功能区,注明各个交叉口最长排队长度。

(4)确定下游每一个交叉口功能区域。

(5)完成出入口线形设计。出入口长度越大,地块布局灵活性越大,包括建筑位置、循环设计和接入道的设计。因上游功能性区域对交通流、交叉口处交通控制的变化较为敏感,需结合考虑车辆排队长度。

2)出入口设置考虑因素

(1)道路功能

若道路功能定位于快速通达干线,且道路等级较高,为保证该道路快速通达性,需限制出入口数量,提高出入口间距。

(2)行驶速度

在不同的行车速度条件下,完成相应的驾驶操作所需的行车距离不同,比如变换车道或者刹车,将随着速度的增加而增加。因此,需结合道路行车速度完成出入口间距设置。

(3)道路使用者特性

出入口的位置和设计形式会直接影响驾驶员对驾驶环境变化所作出的反应,因此需考虑各种不同的道路使用者的特性,道路使用者主要包括以下特性:

①驾驶操作越复杂,驾驶员的反应时间越长。可以通过加大出入口间距,限制出入口数量、完善出入口几何线型简化驾驶操作。

②不熟悉道路状况的驾驶员,反应时间会延长。尤其是在立交附近、娱乐区域、陌生人众多的地区。

③年龄大的驾驶员相比年轻的驾驶员的反应时间要长,这一点在选择出入口位置和设计时尤为重要,需满足老年驾驶群体的出行需求。

④降低高速公路和主干道交界处行驶速度差。

(4)交通流

主要干线道路承担着城市与郊区区域较高的交通流量，通过采用信号控制的方式，能够有序组织混乱交通流。然而左转车辆会严重干扰稳定交通流，当交通流运行处于不连续行驶状态，伴随着车与车之间无规则间隔，车流量较低时，左弯车辆未与直行车辆产生严重干扰，随着转弯流量和直行车流量的增加，干扰程度将逐步加大。

(5)冲突点数量

过多的冲突点会将驾驶员操作行为复杂化，增大了发生交通事故的概率。

(6)冲突区域分离

将冲突区域分离能够使得驾驶员从容处理各个冲突点，而不是面对复杂的冲突局面，简化驾驶操作并降低因驾驶员操作失误导致事故的可能性。理想的冲突区域的分离可使驾驶员对冲突点逐个分辨，而分辨冲突点所需距离所需的反应时间随运行速度的增加而增大。

(7)视距

在出入口处满足相应的视距要求，确保驾驶员安全进入或穿过某道路。同时，足够的视距能够帮助驾驶员在到达出入口时辨清前方道路运行状况，在必要时采取躲避措施。视距可分为以下几种类型：

①停车视距。

驾驶员发现前方障碍物后，能够及时采取相应的反应，并最终安全停在障碍物之前的车辆所行驶的距离。

②交叉口视距。

驾驶员在出入口安全地完成左右转、横穿马路时所需要的视觉距离。

③决策视距。

驾驶员在遇到突发事件时作出驾驶决策，并能安全地完成相关驾驶操作所需的距离。尤其是不熟悉道路的驾驶员，特别需要具有足够的决策视距。

在地块布局和实地调研中，标示视距三角形的位置和方向能够帮助评审部门判断是否具有足够的交叉口视距，并判断垂直定线位置是否有障碍物遮挡行车视距。

3)无信号控制出入口间距设置原则

在出入口间距标准的选择和应用上应考虑下述原则：

(1)高等级道路出入口间距应设置较大距离。

(2)高等级道路与低等级道路相比，行车速度、交通量均较大。

(3)随交通量的增长，转弯车辆与直行车辆间的干扰程度将变大。在较高行车速度与流量较高道路上，尤其是在高峰时段内，即便存在少量的转弯车辆，仍会对运行交通流造成较大干扰。

(4)出入口间距随路段行车速度的提高而扩大。

4)出入口设计目标

完善出入口设计标准，并应用至出入口设计时，主要为实现如下目标：

(1)出入口建设需与道路基本功能等级相匹配。

(2)降低左转车辆与直行车辆速度差，创造安全的交通行驶环境。

(3)减少左转车辆对临近车道资源的侵占。

(4)利用出入口宽度与转弯半径满足车辆进出要求。

(5)为道路出行者提供足够的行车视距。

(6)在出入口处提供足够的行车空间,以保证较高车流量经过该地段时,能够提供足够的排队等候区。

(7)减少出入口与毗邻道路在车流交织处的冲突点数量。

(8)为转弯车辆提供足够的行驶空间,适应高峰期内出行交通需求。

5)排队等候区设置

转弯车道需具有足够的等候区长度,以供运行车辆顺畅行驶。对于高等级道路处转弯车道设置,出入口排队等候区设置应确保大多数时间内满足车辆候车行驶。对于较低等级道路,并不要求所有车辆均必须在此候车。

在信号灯控制交叉口处,左转车辆排队长度受以下因素影响:

(1)左转车辆设计小时交通流率。

(2)信号配时长度,包含周期长度(每小时内的周期数)、左转相位的持续时间、左转车道数相位。

(3)在主干道交叉口处,候车长度应当足够长,以满足所有左转车辆都能进入等候区内。

(4)大型车辆的百分比。

4.4 本章小结

设置管控车道的最基本目的是在拥挤道路上提高道路输送客流量,同时节约行程时间,提高通达性。管控车道对运行车辆要求较高,要求在拥挤的时段内输送相对较高的客流量,现行使用情况分析,随着大都市地区拥堵程度的加剧,合乘车辆、公共交通使用人群逐步增加。在管控车道实施过程中,为保证管控车道有效运行,应制定管控车道相关政策,提高道路通行效率。管控车道政策主要有:①免费通行政策;②收费车辆界定政策;③公共交通管控政策;④电动车及自行车管控政策;⑤管控车道设施管理政策;⑥收费协议。

管控车道的执行需要受相关强制性法律的支持,来约束驾驶员的行为,保证管控车道公正、公平实施。主要涉及:①管理法规标准及规章要素;②授权建立统一的规章;③许可要求;④许可与申请费用;⑤适时的决策;⑥授权签发许可证;⑦许可证的有效期。

管控车道管理的实施策略,管理方式不同,本节按照不同的管控车道实施策略讲述其管理方式,主要涉及了 HOT 车道、公交专用道、货车专用道以及出入口管理。

第 5 章　启示与展望

5.1　美国管控车道发展经验与启示

5.1.1　管控策略经验

1）发展概述

上述案例所采用的管控策略形式均为复合型管控车道策略，如快速收费车道管控策略为“出入口形式”与“收费标准”的结合策略；HOT 车道管控策略为“车辆合格性”与“出入口形式”的结合策略。众多应用案例表明，现存管控策略的应用已不满足于单一的管控形式，如公交专用车道、高承载车辆（HOV）专用车道等，在交通需求日益增长的状况下需不断探索新型的管控策略。

针对管控车道与普通行车道分离形式，物理式隔离方法优于交通标线式隔离，且连续式隔离方法优于非连续式隔离策略。I-635 州际高速公路将 HOV 车道转变为快速收费车道形式，车流分离由标线分离转变为物理式隔离；I-405 州际高速公路快速收费车道由 HOV 车道转变而来，分离交通流形式由交通标线隔离转变为物理方式隔离手段。通过管控策略的应用，车辆运行速度有效提高，降低了普通行车道对管控车道的干扰，提高了路网运行效率。同时，在 SR 167 高承载专用收费（HOT）车道应用策略过程中，将非连续式的交通标线隔离转变为连续式交通标线隔离，有效减缓了车辆聚集于某个固定地点出入管控车道，因车辆在驶入（出）过程中存在减速行驶现象，同时对后驶车辆造成延误，降低了路网整体运行速度。

复合型管控策略形式比单一型管控策略应用性高，且基于收费形式的管控策略慢慢居于主导地位。以 I-405 州际高速公路快速收费车道管控形式为例，随着交通量日益增长，管控车道策略应用形式先后经历了高承载车辆（HOV）专用车道、快速收费车道，因交通量增长，单一的车辆类型的划分已不能充分地发挥路网剩余通行能力，在相应的收费策略的动态调整基础上，实时监测路网交通运行状况，为提高整体运行速度、缓解交通拥堵起到了良好的调节作用，对于整体交通系统具有宏观的掌控作用。

2）经验启示

通过对美国管控策略形式的发展状况分析，管控策略形式由最初的单一策略逐步演化成为多种形式复合的策略，例如最初的 HOV 车道的建设仅是限定车辆通行权类型，随后逐步演变为 HOV 车道向 HOT 车道发展，即加入了收费对道路的影响，而针对收费形式将由初期的定价收费转变为动态收费，动态实时地对路网交通流量进行调配，下文便对美国管控车道策略实施方式及发展形势进行总结。

2014 年美国联邦公路管理局在美国管控车道应用效果的调查中显示，管控策略实施的主要关注点分布如图 5-1 所示，社会对项目运营期间的收费用途关注度最高，即当其收费用途使得民众感受到对其有利时,获得了较大的支持程度,能够有效地保障项目的实施效果。其次,管控策略的实施及保障状况也是主要的目标,若管控策略不能有效地保证道路使用者的出行权益,缺乏相应的监管措施,则会逐步地丧失公众信誉。同时,项目的融资建设方式也是关注度比较高的方面。

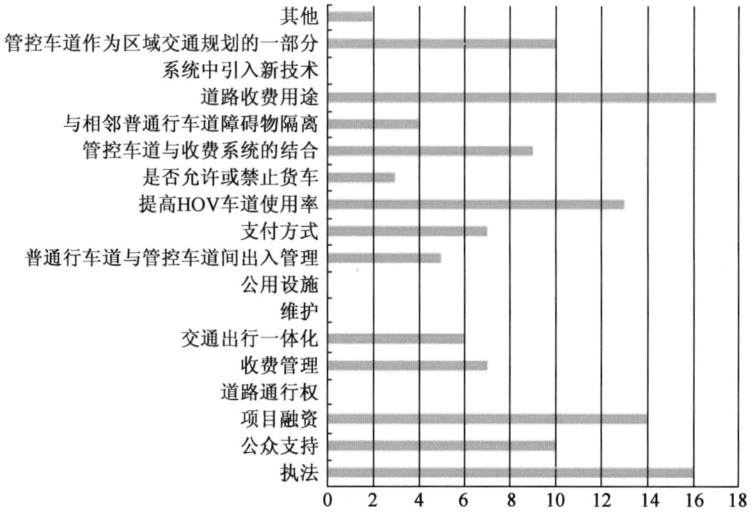

图 5-1　美国管控车道收费策略关注点

如图 5-2 所示,美国管控车道策略未来年发展趋势主要定位于收费策略角度,即采取收费的形式,配合相应的技术手段,动态的调整路网系统交通流量。其次,针对相应的管控形式另一个发展角度,为保障交通出行的可靠性,制定更加完善的监控与管理手段,保障道路使用者的权益,使得道路的建设能够为缓解路网系统交通拥堵状况发挥作用。同时针对乘车人数的收费界定,亦将采取相应的改革方式。针对 HOT 收费车道,根据路网系统交通流量与道路服务水平的发展程度,制定承载率标准。

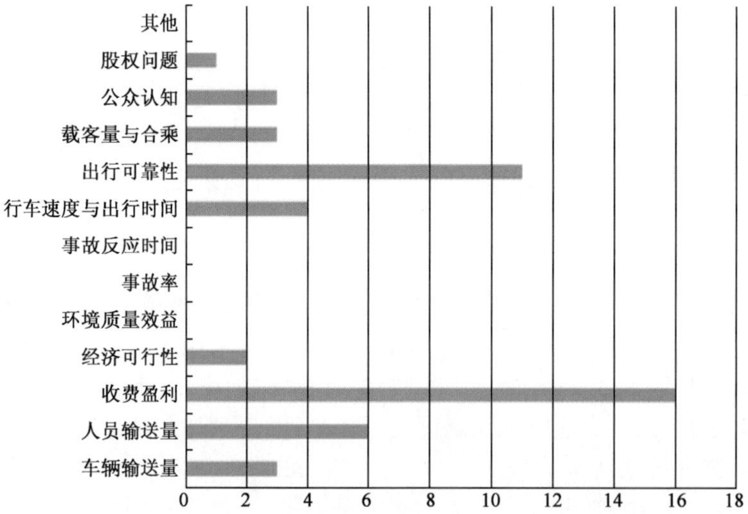

图 5-2　美国管控车道未来年发展趋势

经美国历年来对管控车道应用策略的研究，下一步重要突破点将体现在对收费技术的改革，如图 5-3 所示，采用更为方便快捷的技术将收费形式与车辆监测相衔接，尽量减少对路网系统的延误。

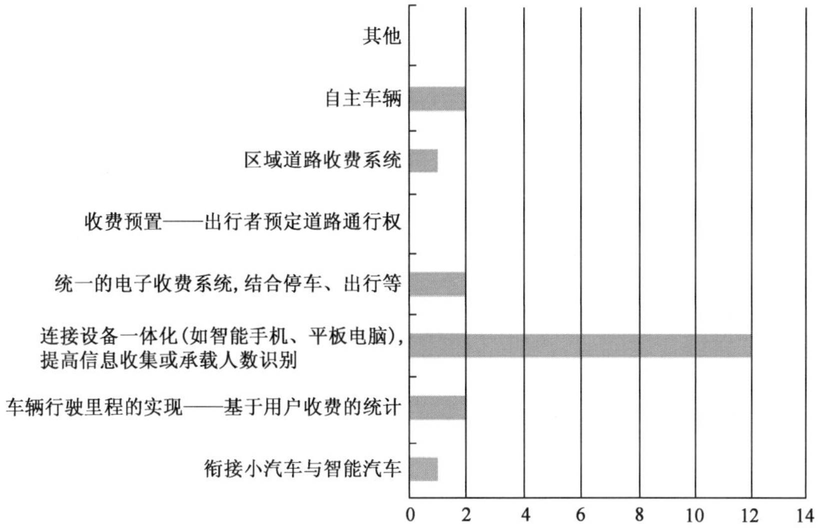

图 5-3　美国管控车道策略未来年重大突破

在美国现状管控车道策略实施的基础上，联邦公路调查局对未来五年管控策略发展形势调查数据进行分析，如图 5-4 所示。民众希望在收费群体上进行改革，该角度占据了较大比例，将现状的统一收费逐层划分，对各个适应群体进行分类，各自采取不同的收费标准。同时，对收费设备及技术的可操作性提出了新的要求，因此对收费的方便性及快速性需进行相应的改革，以适应民众需求，提高出行吸引力，在保障道路运行效率的基础上，提高管控策略的实施效果，对缓解交通系统的出行压力具有重要作用。

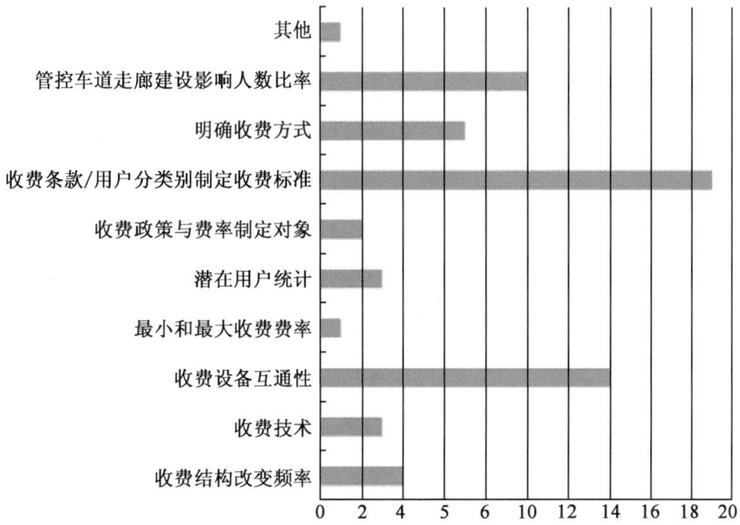

图 5-4　美国管控车道收费策略期望角度

5.1.2 融资模式经验

1)发展概述

在美国管控车道的实践研究中,广泛应用 PPP 融资建设模式,即政府部门与私营企业间建立合作关系,在道路的建设、运营、管理、养护等方面进行合作。PPP 模式与传统的投融资体制相比,起到了将私营部门带入公共服务领域的杠杆作用,通过政府部门与私营企业将项目风险合理分担的体制,避免了以往的建设过程中单一部门或单位建设造成投入资金过大,且风险较高的现象。

与此同时,PPP 融资建设模式开辟了新型的资金建设来源,提高公共服务供给的数量和效率,与传统政府部门进行管理的状况相比,降低了政府资金投入。私人运营部门对项目管理的方面,服务水平也更高,具有增加公私部门的收入等方面的特点和优势。

通过采取 PPP 融资建设模式,政府部门能够更加主动、灵活地运用私营企业领域的各种优势,同时又能保持对项目建设质量和水平的管理和控制。但这种控制权的保持是在一定程度的标准上建立起来的,即以"付费机制"为基础。典型的 PPP 融资建设模式中,项目的提供者不会为购买其资本资产而一次性地付清款项,而是通过建立由私营企业投资并运营、独立的商业实体进行运作。在合同约定的框架内部,长期为市民提供高质量的运营服务。只有当所提供的服务质量达到合同规定的标准时,私营企业单位所组成的商业实体才能够获得相应的回报。

政府部门与私营企业间通过合同达成稳定的契约关系。在这种关系的建立中,公共部门通过合同规定了私营机构应提供的服务类型与标准,合同各方在规定时间内必须完成各自约定的义务,包括在预算范围内完成服务的项目。因此实施效率大大提高,项目建设的风险随之降低,有效地控制了以往在政府负责的项目中普遍存在的超工期、超规模、超概算等项目建设的问题,同时服务质量和服务水平得到有效保证。

PPP 融资建设模式是在公益设施私有化的背景下出现的,但它与私有化有本质的区别,私有化的项目建设与运营管理完全通过市场调节决定,由私营企业资本主导,政府在其中所发挥的作用有限。而 PPP 融资建设模式强调政府和私营企业间的合作关系,公私部门的合作是建立在联合投入资源、共担责任、共担风险、共享利益的基础上,通过合作,达到共同或者一致的目标,即提供更好的公益设施和服务质量。

(1)SR 91 快速收费车道

SR 91 快速收费车道是美国较早实施的管控车道策略实践,发展于 1995 年,道路全长 10mile。该项目在不同行车方向分别扩建两个车道。加州私营交通公司通过为该项目投资建设,从加州运输部门租赁了 SR 91 的道路管理权。该项目的建设创新模式起初获得了好评,缓解了路段的交通拥堵现象。然而,随着时间的推移,因为附近免费车道交通拥堵情况的增加,该项目又受到了来自公众以及某些地方官员的严厉批评。公司协议中的"竞业禁止"条款的界定,禁止加州运输部门对 SR 91 附近的道路进行任何改善工作,公众也对该公司提出了反抗。2002 年 4 月,奥兰治县交通署与加州私营交通公司签署了一份协议,奥兰治县交通署同意为该道路及特许协议向加州私营交通公司支付 2.075 亿美元,回收道路管理权。

自 SR 91 实施以来,通过建立新的立法使得公私合作更加容易,很多新的计划使得这些合作所牵涉的各方均能获得利益，提高了公众对项目建设的接受度。联邦政府也推出了很多支持公私合作发展的举措，如：提供信用额度、信贷援助、TIFIA 计划等，如今公私合作的可行性和可操作性已变得越来越高。

（2）I-15 快速收费车道

I-15 快速收费车道建设项目起初作为 FHWA 拥堵收费改造计划的试点项目，由两条可逆车道组成，长 8mile。该计划根据专用车道的交通情况实施动态收费技术，通行费用介于 0.50 ~ 4.00美元之间。

在 I-15 车道建设过程中两条车道的最初建设费用为 3150 万美元。这两条车道建造的初衷是为高承载率车辆服务，建设费用是通过传统融资过程得到的。自该计划开始实施以来，I-15 由圣地亚哥政府协会（SANDAG）经营，每年收取约 1200 万美元的通行费，道路运营费用约为 43 万美元/年，此外，SANDAG 会额外花 6 万美元在道路维护上，其余的净收入用于该地区的过境交通及 HOV 改造工作的建设资金。

2）经验启示

PPP 建设融资模式与传统投融资体制相比，能够将私营企业引入公共服务领域，发挥杠杆作用与风险分担的机制，具有开辟新型资金来源、提高公共服务供给的数量与效率、增加公私部门的收入等方面的特点与优势。在寻找替代高速公路融资的来源方面，从美国应用案例角度分析，PPP 建设融资模式的应用为交通部门提供了以下五点可吸取的经验。

（1）项目经营权价值的高低影响融资效果

私营企业参与项目的投资建设、运营管理过程是希望“有利可图”的，因此，政府部门采取 PPP 建设融资模式的目的是实现“双赢”或“多赢”的局面。基于项目建设投资额巨大、回收期长等特点，以政府的支持作保障，私营企业投资的风险相对较小。私营企业最关心的问题是能否在特许经营期内，回收投资成本，并取得合理的回报，至少希望在收回初始投资成本的基础上弥补机会成本。可见，特许经营权的价值直接影响 PPP 模式能够实施成功。

（2）私营企业投资可能会起作用，但只能作为融资结构关系的一部分

SR 91 公路起初采取私人拥有道路特许经营权的方式，交通走廊贯穿圣安娜山脉峡谷，周边几乎没有更为恰当的路线连接河畔和奥兰治县，因此交通需求流量较大，造成严重的交通拥堵问题。快速收费车道建立在公众行车道的中间地带，OCTA 具备道路的拥有权，只是将道路的运营管理权限“出租”给 CPTC。这种新式的融资管理模式受到未来道路交通需求发展的不确定性、公共资源与私人管理企业的矛盾等方面的限制。

因此，不能仅仅考虑将私人融资方式用以替代公共资金的投入，管理部门应该将私人参与投资作为投资的补充来源。即在相应的情况下，政府部门和私营企业投资相结合。两者共同对项目进行投资与管理，彼此承担项目设计建设、经营项目的风险。

首先，在建设方面的投资，两者的结合相比政府部门单一的投资，实施效果要好，且承担风险降低；其次，彼此共同管理使得政府和私营企业之间共享风险和回报，相比单一经营权的方式，更加容易盈利。经国外学者分析，美国私人参与高速公路融资的方式，未来几乎可以肯定将在公私合营的背景下，而不是在完全私人具备公路特许经营权的情况下。

（3）平衡政府与私营企业利益，合理分担风险

由 SR 91 公路管理权限的变更历程分析显示，根本矛盾点在于政府与私营企业间的利

益。这种冲突是不可避免的。因此,交通部门人员必须善于平衡彼此间的利益,然而这种冲突很难预测,需提前制订保障措施。

1990 年,SR 91 公路由私营企业获得 35 年管理权限。然而,在这段时期内很难预测城市发展模式,以及不断变化的交通需求、政治风向、技术变化等方面的影响。因此,竞业禁止条款的设置对政府部门与私营企业间的利益平衡起到了限制作用。

在 PPP 融资建设模式下,优势是能够合理地分配项目设计、建设、运营管理等各阶段的风险,私营企业不必承担项目建设及运营阶段的全部风险,这样,私营企业不会因需要承担过多的风险而对投资项目望而却步。同时,对于某些不可抵抗力因素造成的风险可由政府部门和私营企业共同承担,私营企业可不必担心因承担过多风险而影响投资收益的回收。

因此采用 PPP 建设融资模式的优点之一就是能够合理分配风险。由于各项目基础设施项目不同、投资的环境不同,在项目整个运作过程中存在的风险也不尽相同。如何合理地分配风险,成为研究 PPP 建设融资模式的难题之一,也是 PPP 建设融资模式成功运行的关键因素之一。

(4)弥补政府财政预算不足问题

城市交通基础设施建设项目往往投资额巨大,若全部由政府部门财政支出承担,政府将不堪重负。采取 PPP 融资建设模式,能够吸引更多的私营企业参与到交通基础设施建设项目中,有利于政府职能的转换,既可减轻财政负担,又可从繁重的事务中解脱出来,由过去的公共服务设施提供者转变成监管者的角色。

同时,通过运用 PPP 融资模式,交通基础设施项目的间接收益相比传统的融资模式能够更好地完成利益还原。基础设施项目建设的盈利产出可分为直接与间接两个部分:直接产出是道路建设投入运营后的经营收入;间接产出主要表现为土地利用价值的整体提高,特别是针对周边土地资源的大幅增值,同时有利于城市经济发展,增加城市税收。两者相比之下,间接产出是产出的主体部分,比直接产出大得多。因此政府可制定相关政策,确定还原策略。

通常,城市交通设施的建设不仅为道路使用者节约行程时间、节约出行费用等形式带来直接利益,而且为道路交通设施利用者以外的第三者带来各种间接利益。例如道路交通设施的建设将间接地提高沿线土地不动产资源的价值,促进沿线一定范围内的住宅、商业开发及企业的集聚,引发土地及房屋价格的上涨。若从受益和市场经济的角度分析交通设施建设费用的投入与支出,会发现下述两者之间的不平衡:

一方面是沿线土地所有者及住宅开发者等状况无须付出任何代价便可以得到道路交通的运行带来的利益。

另一方面道路交通的使用者需负担高额的通行费用,同时运营管理部门往往也会因此负担高额的建设费用与运营成本,导致管理者亏本经营。

经上述分析显示,土地所有者、住宅开发者与道路交通利用者间存在着明显的负担比率不平衡。为了缓解上述对象间存在的不平衡现象,有必要通过某种形式将道路交通建设开发者利益的一部分作为建设费用与运营成本予以还原,以减轻管理部门的经营管理负担和道路利用者的出行费用负担,实现交通发展的良性循环。

(5)提高公众的社会福利

PPP 融资模式框架下，为保持持续性的拥有基础设施服务的管理权限，实现投资建设的最大收益。同时为提高自身商誉，私营企业必须具有满足道路使用者需要、提升道路运行服务水平的内在动力。私营企业所具有的商业头脑和管理经验、专有技术和专业人员、类似项目的经历和经验为服务水平的提升提供了客观的支持。在另一方面，政府部门可通过设置更高的服务质量标准，并确保这些标准的实施，来获得公众的支持。

5.1.3　收费策略经验

1）发展概述

美国管控车道发展历程显示，管控形式主要集中于动态管理车辆实施收费，实时调整路网交通流量，充分发挥路网系统通行能力。同时收费政策的实施为市民出行提供了新型选择，更好地把握道路出行条件。2014 年，美国联邦公路管理局对美国 20 年来管控车道收费策略的实施，进行了各方面调查分析，主要包含市民意见、管理部门态度及社会反响等方面，主要结果如图 5-5 所示。

如图 5-5 所示，收费管控策略实施过程中，接近 50% 的比例为“HOT 车道管控形式”，即 HOT 收费策略的实施收到了良好的社会反响，达到了相应的成效，因此对道路进行收费政策的管理能够较好地适应现状道路系统的需求。美国在众多道路对 HOT 车道收费策略的实施进行了改革，如图 5-6 为美国 2013 年 HOT 车道分布状况，管控车道形式的实施有效地缓解了交通拥堵的压力。

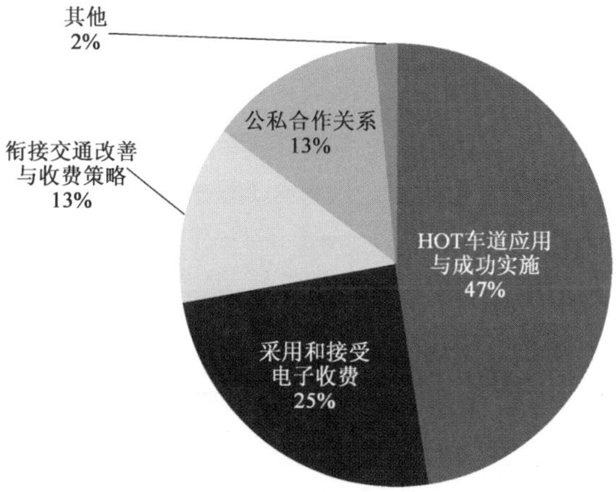

图 5-5　美国管控车道收费策略成功方面调查结果

其次，ETC 收费技术以及公众对 ETC 收费方式的接受程度占据了 25% 的比例，道路收费策略制定后，收费方式逐步演变为电子收费，逐步地取代人工收费形式。随后收费策略对交通状况的改善取得了相当好的评估。PPP 融资建设模式取到了重大突破，据案例资料分析，美国 PPP 融资建设模式的引用减少了政府的费用支出，道路运行服务水平有了相应的提高。

如图 5-7 所示，据社会群体及管理部门反映，“联邦政府拥挤收费试点项目”的实施对 HOT 车道收费策略具有重要作用，项目的试点实施能够更好地保障项目的实施效果。其次，实施 ETC 电子收费形式是保证 HOT 车道得到顺利实施的重要技术手段，避免了传统的收费策略因收费造成的交通延误,从而影响整体路网运行效率。另外一项影响因素是管理部门的政策指导及资金约束,政府需建立完善的车道监控及管控制度,避免不具备行驶要求的车辆占用 HOT 车道。同时,相应的资金支持也是收费管控策略实施的保障。

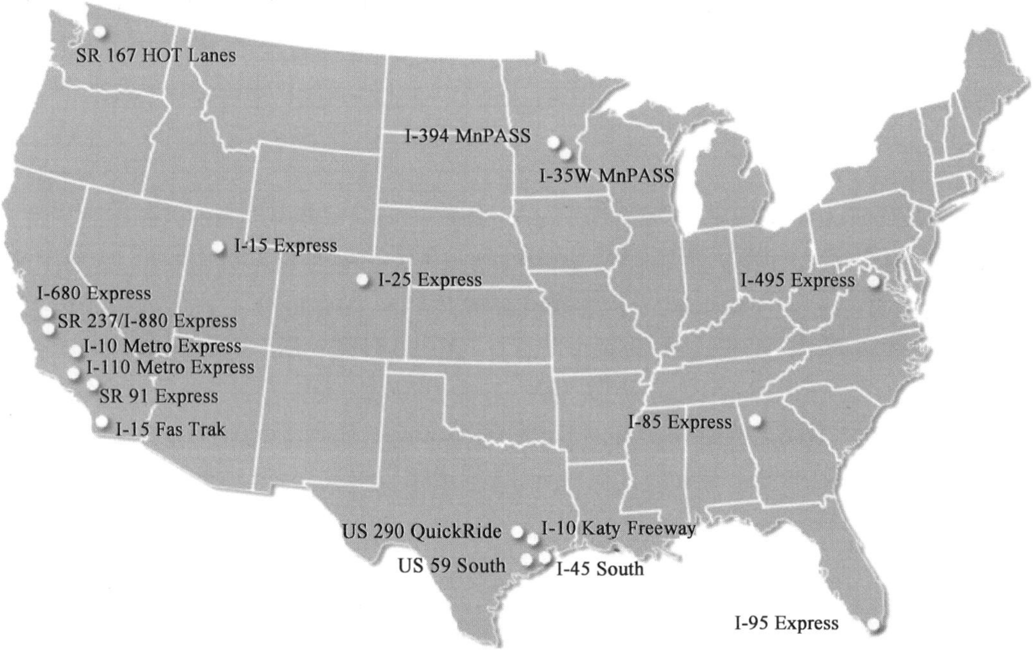

图 5-6 美国 2013 年 HOT 车道分布

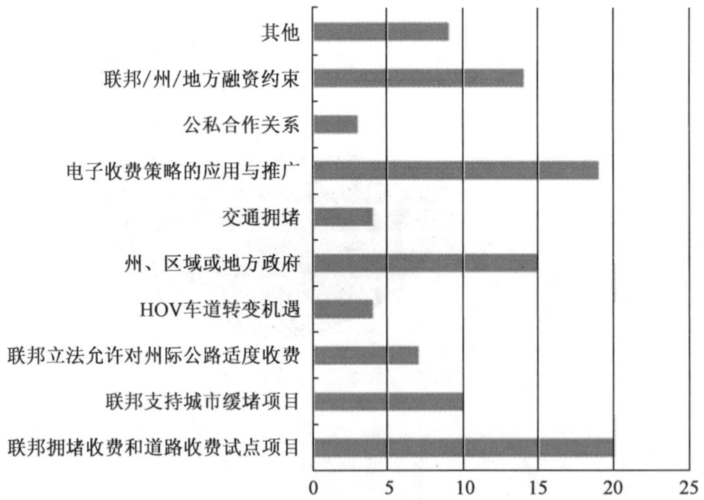

图 5-7 美国管控车道收费策略实施影响因素

通过美国 20 年 HOT 车道收费策略实施过程中面临的挑战分析,如图 5-8 所示,获得政策支持是顺利实施的关键保障,因此需充分论证项目可行性,并获取政府支持。其次,选取建设合作伙伴,即投资人员,是一项重要影响因素,尤其是对于 PPP 融资建设模式,优质的合作伙伴能够极大程度地辅助政府部门，提高项目建设效率，缓解政府财政压力。同时，HOT 管控车道形式引发的道路通行权公平性问题，收费策略的制定形式、收费群体以及如何保障收费群体的利益，即对违章使用道路通行权群体的监控以及惩罚措施，需维持相应的监管力度。

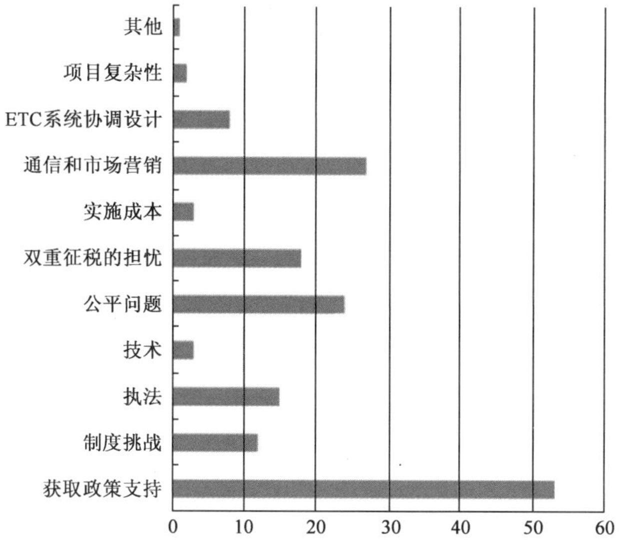

图 5-8　美国管控车道收费策略实施面临挑战

通过美国 20 年来 HOT 车道管控形式总结发现（图 5-9），必须拥有政府对该策略的领导与支持，才能有效地保障项目实施，并达到良好的效果，也为公众信服度及资金投融资等方面提供了支持。

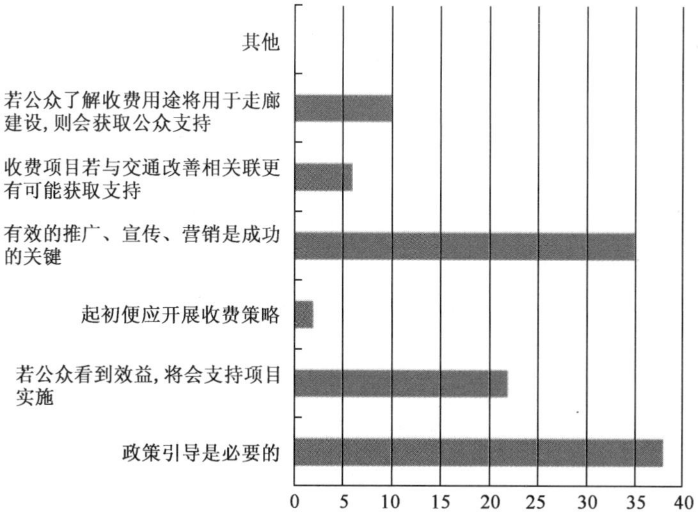

图 5-9　美国管控车道收费策略实施经验

其次，对 HOT 车道管控形式的有效宣传与引导也是重要影响因素，需加大公众对管控策略的接受程度，维持有效且稳定的交通流量。让民众较早地了解 HOT 车道收费管控策略的实施带来的好处，如出行快捷、方便等因素，能够有效地为项目的顺利实施提供帮助。

2)经验启示

美国管控车道的应用研究的发展方向逐步聚焦在采取收费策略调控路网系统的交通流量上,在收费策略方面的创新之处主要包含两方面:ETC收费系统与交通拥挤收费。

(1)ETC收费系统

电子不停车收费系统(Electronic Toll Collection,简称ETC)是一种利用车辆识别技术完成对车辆的识别以及收费数据的交换,实现不停车即能自动收费的全电子收费系统。与传统的人工收费系统相比,ETC收费系统的最大特点是车辆不用停车即可完成对车辆通行费用的扣除。

首先,ETC收费方式不仅提高了道路通行能力,充分发挥道路"路上航道"的优势,将道路的运输效益、服务水平与便捷性发展到至新的高度;同时"无须停车交易、快速通行"的车辆交易处理方式避免了车辆排队现象,防止交通阻塞问题的出现,降低了行车延误。

其次,该方式减少了基础设施建设的投入,降低了日常运营管理的成本,同时可促使公路收费走向无纸化、无现金化管理方式,解决了公路收费中的财务管理混乱问题。

第三,ETC的实施有利于减少通行费错收、漏收、误收现象,简化收费管理,降低了运营管理成本,提高车辆营运效益。同时,道路通行能力的大幅度提高,使得路网收费系统的建设趋向完善、合理,有效地提高了公路交通设施的资金回收能力。

ETC技术在国内的应用需考虑以下几方面因素:

①数据编码整合。

对整个收费地区、全省乃至全国的收费站与收费车道的收费数据进行适当的编码,将为ETC收费系统的推广带来极大的便利。由于采用了统一的数据编码形式,该编码才能表征不同的地区特征与不同的收费站和收费车道,实现对完整的道路交通网络的收费管理。对于封闭式收费而言,该项工作将显得极为重要,通过采取统一的编码形式,对收费道路网络实行统一的收费制式,也有利于对整个区域的运营车辆进行统一的辨识和管理。因此,编码的工作在ETC系统的应用中具有重要作用。

②MTC与ETC数据合成。

国内的收费站大多采用半自动手工收费系统(MTC),虽然半自动手工收费站存在种种弊端,但在没有新型的收费系统投入大量应用时,手工收费将长期存在。沪宁高速公路的道路收费方式采用手工收费与ETC系统收费混合的形式,于是对数据的组织流向而言,存在两种不同的数据流,若对两种形式的数据流采用独立的系统进行传输,将造成设备资源在某种程度上的浪费。

将MTC和ETC数据合成的方法能够比较有效地解决上述问题,在收费站系统添加专门的数据合成计算机完成两种形式数据流的合成,是一个较为可行的方法。国内许多的收费路、桥、隧也存在着数据流合成处理问题,例如广州地区的路、桥、隧道的ETC收费系统。由于ETC系统是在已有的收费系统上添加而成,需要解决的问题是如何使一项收费数据流在网络中传输。

③系统扩展考虑。

对于使用ETC收费设备的车辆,对车辆辨识的唯一标志是检测电子标签。但是车辆电子标签均具有一定的存储内存,也就是说标签内存的储存容量是一定的。就目前使用的电子标签应用状况分析,系统的存储字节数都大于使用的字节数,例如:行驶车辆车型、车牌、余额、卡号等数据的储存。对数据的存储形式和数据结构中的位置应当进行适当的组织,使得今后与ETC系统相关的收费应用能够进行方便的扩展,同时在某种程度上适应了系统将来的升级和扩展。

④开放式收费站与封闭式收费站的衔接。

尽管目前高等级公路较多地采用封闭式的收费形式,但依旧存在大量的开放式收费站,因此开放式收费和封闭式收费两者之间存在大量重复建设的收费设施,造成资源的浪费,同时也可能会加重道路使用者的出行负担。若在ETC系统中可以实现开放式收费和封闭式收费的"一卡通"收费统一,即采用应答器完成不同方式的收费,将为ETC系统吸引大量用户,对于ETC系统的应用与发展也将起到相应的促进作用。如何在软件与硬件层面实现开放式收费和封闭式收费的有效衔接,是一项值得考虑的问题。

(2)交通拥挤收费

①交通拥挤收费作用。

实行交通拥挤收费的目的,是在一定的交通供给设施规模下,控制交通需求的总量,削减不合理的交通需求。通过对拥挤区域或拥挤路段征收一定程度拥挤费用的手段,在时间和空间上重分配交通需求,实现交通供给与交通需求在一定时间内的均衡,保证道路交通系统的有效运行,实现客、货车出行迅速、安全行驶,缓解城市交通拥挤问题。通过对美国案例研究发现采取道路收费政策,能够有效平衡道路交通需求与交通供给,主要体现在以下几个方面:

a.减少交通源的产生。

在交通产生的源头对交通需求进行全程的主动控制是交通拥挤收费的一项重要目标。从交通需求特性角度出发,可发现交通需求在每次出行前进行出行选择过程,这一过程实际上也是一次个人出行的成本效益分析过程。若对某些交通拥挤路段或区域实行拥挤收费,则提高了交通出行者进入区域或路段的出行成本,道路使用者选择进入该路段或区域时,需重新考虑是否进行本次出行。拥挤收费对于弹性交通需求来讲更为有效,因弹性需求在出行效益上明显小于刚性需求。

b.改变交通出行时间结构。

城市交通出行在时间分布上呈现"马鞍"形状,即由早高峰和晚高峰出行组成。通常,早高峰出现在职工上班和学生上学期间;晚高峰则出现在职工下班和学生放学期间。通过对高峰时段采取收费措施,促使弹性交通需求避开出行高峰时间段,合理利用平峰时间出行,从而达到"削峰填谷"的目的,实现交通需求在时间上的平衡。

c.改变交通出行空间结构。

城市交通网络纵横交错,从出发点到达目的地的路线往往有很多出行选择,路线有长有短,人们在出行选择时往往会基于"最短路径"原则,选择近路出行,降低出行成本。但该种出行选择模式导致了"交通热线"的产生,即出现了交通热线经常性的交通拥挤和堵塞现象,有可能会出现近路往往"欲速则不达"的效果,于是存在着进行交通空间调控的可能性。通过对交通热线征收交通拥挤费用,引导出行者选择交通冷线,能够有效利用有限的道路资源,平衡系统交通流量。

②拥挤收费影响因素。

a. 交通量。

路网交通量超过其道路通行能力时便会产生拥挤。拥挤收费并不能彻底地消除拥挤现象,但是能够将拥挤程度控制在最经济、有效的水平上。实施道路拥挤收费措施,通过收费的杠杆调节作用,调节路网交通量的大小,将交通量的运行水平控制在比较合理的范围之内。使部分道路出行者错开高峰时段出行,或者选择其他交通方式出行。

当路网交通量不是太大时,需要转移的交通量也不是很大,若道路收费费率设置过高,会有过多的交通量转移,造成收费道路的交通量达不到其通行能力,造成行驶资源的浪费。相反,当交通量很大时,需要转移的交通量较大,此时收费费率若设置得较低,转移的交通量较少,使得收费道路的拥挤情况未得到较好的缓解,拥挤排队现象仍然会保持较长时间。使道路出行者感觉多交了这部分道路费用,却没有得到应有的效果。

总体而言,拥挤收费费率一般是与交通量成正比的,交通量越大,拥挤收费费率越高。

b. 交通拥挤时间。

通常而言,道路拥挤现象基本发生在高峰小时时段,其余时间道路通行能力大多能够满足交通需求,并且交通资源闲置。道路拥挤收费的主要目的并不是减少道路使用者的出行次数,而是对出行者的出行时间产生影响,使一部分原本在高峰小时出行的道路使用者选择在平峰出行,既有效地利用了路网系统资源,又缓解了交通拥挤的现象。而当道路拥挤持续时间较长时,原本在高峰时段出行的道路使用者,若选择在平峰时段出行,便会有更高的计划延误费用。

因此,道路拥挤持续时间较长时,需制定相对较高的收费费率,以促使道路使用者选择在平峰出行,或者选取其他道路出行,以缓解道路拥挤程度。相反,拥挤现象持续时间较短时,收费费率需制定得相对较低,平衡整体路网系统交通流量。

c. 交通出行者特性。

交通出行者,即道路使用者,它的个人特性主要包含出行目的、个人收入、职业等方面,是影响拥挤收费费率的最基本的因素。

道路使用者的个人收入水平、消费心理以及对收费标准的可接受程度是影响收费费率标准制定的一项较为重要的因素,具体表现为道路使用者的出行意愿,或能够支付何种水平的拥挤费。道路拥挤收费标准的制定使得道路商品化,商品化的道路系统与其他商品一样必然受到价格弹性的相互作用。因此,不能忽略道路使用者对拥挤收费费率标准的设置的承受能力,以及收费对道路使用者的消费心理的影响。

道路使用者的职业构成同样也会影响道路拥挤收费费率。因交通拥挤现象一般发生在高峰时段,其余的时间内大多具有闲置的路网系统资源。相对来说,自由职业者、个体劳动者以及操持家务人员的出行时间具有一定的灵活性,高峰时期内道路使用者的职业构成中,这部分人员或者高收入群体若在出行中占据一定的比例,较低的拥挤收费就会使该部分群体改变出行时间,从而顺利地转移高峰时期内出行交通量。

出行目的对拥挤收费费率主要对公务出行或紧急出行等群体具有较大影响,在该目的下的出行主要是为了获得出行的时间价值、舒适性与安全性,基本上对经济因素有较少的顾虑。

d. 车型因素。

道路拥挤收费标准制定的主要目的是限制小运量的客运交通方式，以支持大运量的客运方式为主。因此，对于运载量较大的公共客运交通方式可采取不收或少收拥挤费的方式；对于小运量的小汽车交通出行方式，尤其是低载客率的小汽车应提高道路拥挤费用。在拥挤时期对货运交通也应该多征收拥挤费，使其将出行时间及路径选择在平峰时段，更为有效地利用道路资源。

e. 相关平行道路特性。

与收费道路有平行相关的道路，平行道路的交通条件与出行交通量的大小同样影响着道路拥挤收费费率的变化情况。

出行者选择使用收费道路出行的原因是收费道路的出行整体效益超过了使用平行道路的效益。这些效益主要包含了公路晋级的效益、节约在途时间的效益、缩短出行里程的效益、减少交通事故效益等方面。当道路交通系统产生拥挤现象时，这几种效益均受到了相应的影响。

当道路系统实行拥挤收费政策时，部分出行者群体会考虑使用收费道路的平行道路。促使出行者决定使用平行道路的因素主要包括以下几方面：

- 平行道路的出行时间与收费道路运行时间的比较。
- 平行道路与收费道路的运行里程的比较。相关平行道路一般直线系数较收费公路大。直线系数越大，出行者选择使用平行道路的可能性就小；反之，可能性就越大。
- 平行道路交通量大小情况。交通量较小时，行驶车辆基本上处于自由流行驶状态，行车速度较高，安全性系数较大，出行者选择使用平行道路的可能性越大；当行驶交通量较大时，行驶速度较低，安全系数也低，选择使用平行道路的可能性越小。
- 平行道路的路面状况。

总的来说，若存在与收费道路平行的其他通行线路，则收费道路行驶交通量对拥挤收费的费率制定有较大的弹性变化，当收费费率的制定标准较高时，则转移至平行线路上的交通量便会增加。若不存在与收费道路平行的其他线路，即出行交通需求的弹性较小，则无论采取拥挤收费的政策与否，出行者只可使用收费道路，即使制定较高的拥挤收费费率的标准，也不会发生交通需求的转移。

另一方面，若平行道路的交通运行质量有所改善，通行能力增强，平行道路便会对出行者产生较高的吸引力，实行拥挤收费的收费道路向平行道路转移的交通量也会随之增加；反之，转移的交通量会减少。

(3)制定收费标准应考虑因素

根据美国管控车道收费策略采用的收费形式及措施，制定相应的收费标准应从以下几点考虑：

①提升公众的意识水平与接受程度。

针对城市交通拥挤问题及相关的环境污染状况，受影响的群体不仅规模广泛，而且包含了社会各阶层，这为道路收费策略的实施提供了广泛的民意基础，但公务对收费道路缓解交通拥堵问题的认识还不普遍。因此需加强项目的宣传工作，阐述当前交通拥堵问题的严重性，展示收费措施实施的好处，解释如何用好收费的收入，让公众理解交通需求管理的必要性。

②收费用途公共化。

通过合理的收费策略解决道路收费中的公平问题。根据时间、地域、路线以及车型的不同制定不同的收费策略标准,尽可能体现为社会群体服务的原则。为降低道路收费策略对低收入家庭的影响,可将收取的通行费用作为公共交通的发展资金,加大公共交通基础设施的建设,为低收入民众的公共出行提供方便。经美国实践研究发现,若将收费收入投入公共交通建设,低收入群体能够从道路收费策略中获取更大的效益。因低收入群体相比高收入群体利用公共交通工具频率较大,继而使拥挤收费产生的收入获得更大的好处。

公众对城市道路采取收费政策的支持与管理部门如何使用收费收入有着密切的关系。经研究发现,道路收费产生的收益以各种形式(如减少车辆注册费用、燃油税、改善公共交通状况等),将费用直接或间接地返还给城市道路的使用者,取得了较高的支持。通过美国实际问卷调研发现,将城市道路使用收费用于单独的交通需求管理措施时,仅获得43%的支持率;若将城市道路使用收费作为改善交通系统状况的综合措施中的组成部分,所获取的收入用于改善公共交通问题、投入社会发展建设,公众的支持率上升至63%。

对道路拥堵收费收入的使用问题,部分学者提出了简单的三分法原则:1/3用于政府的财政收入;1/3用于修建城市道路;1/3用于改善公共交通系统环境。其他学者对拥挤收费收入提出了更为详细的分配方案:a. 改善道路运行环境,保障选择支付拥挤费用的出行者利益;b. 大力发展公共交通系统,使选择其他交通工具或时间的道路使用者,保障非高峰期间或公共交通出行者利益;c. 改善城市发展环境,使在拥挤收费政策中受损的其他人群受益。

③收费技术。

实施道路收费策略时,可同时结合人工作业和先进的自动化电子技术手段,最大效用地增强收费策略实施地灵活性和适用性,提高道路运行效率,有助于道路收费标准的实施和推广。采用ETC电子收费技术能够较好地克服现状收费站收费造成的交通延误,但实施ETC收费时应注意以下几方面因素:

a. 技术兼容性,即建立区域乃至全国的各交通方式的收费兼容系统。

b. 法律支持,建立相应的车辆所有者收费体制,而并非对应车辆驾驶员,验证车主身份时,尽量降低对交通状况监测的影响。

c. 保密机制,因ETC技术能够实现对车辆行驶跟踪,因此需严格保障行驶路径数据的保密性。

d. 费率确定,应综合考虑交通状况、社会经济发展水平及公众意愿等方面。

华盛顿州交通运输部建立了各类型收费方式用于支付道路通行费用,如图5-10、图5-11所示,大多数电子收费政策通过建立相应的预付费电子信息账户缴纳道路通行费用,主要为"Good To Go"账户。在美国收费策略应用过程中,越来越多的收费道路运营商以建立电子收费账户作为主要的道路通行费收集方法。

④公众态度。

当收费策略实施的好处逐渐体现出来,人们对道路收费的接受程度逐步提高,这意味着,或许人们最初对道路收费的实施接受度不高,但随着时间的推移,实施技术与效果逐步成熟时,公共态度会向着好的方面转变。

经美国收费策略实施效果调研显示,可将公众态度归纳为以下几点:

a. 出行者倾向于为了得到什么而缴费,而不是避免什么缴费。

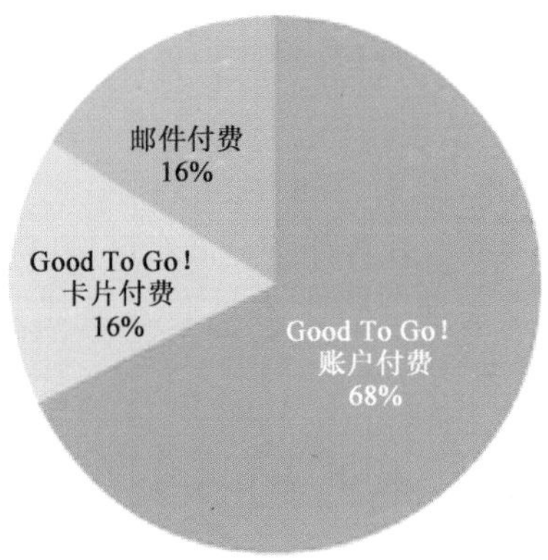

图5-10 SR 52道路收费形式

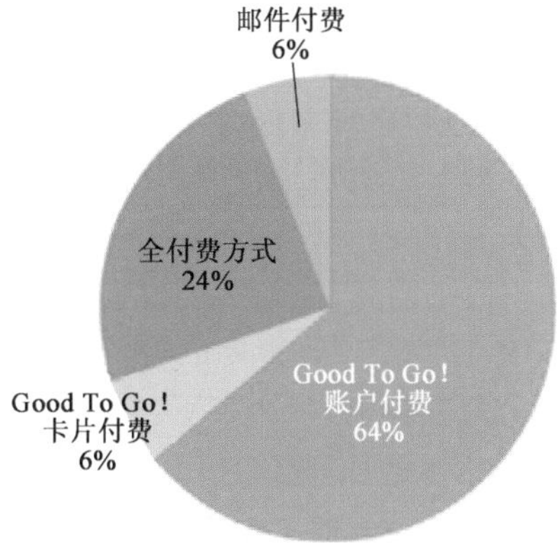

图5-11 塔科马海峡大桥收费形式

b. 出行者仅意识到自身是交通拥挤的受害者,而没有意识到本身也是交通拥堵的"贡献者"。

c. 出行者集中认为交通拥堵是道路系统通行能力不足造成的。

d. 出行者认为当前的拥挤程度还没有发展至采取收费的方法,控制路网系统交通流量水平。

e. 出行者担心收费措施会增加违章行驶的状况。

f. 电子收费系统技术的不成熟造成错误收费的现象。

g. 电子收费系统对车辆行驶轨迹的记录,有可能会侵犯出行隐私权。

h. 道路收费策略的制定是否降低私家车的出行。

i. 如何缓解相应的收费政策产生的周边效应,即为避免缴纳通行费,收费道路周边道路聚集大量的车辆,若收费标准制定过低,则周边效应不会明显,收费政策对交通流的调节作用相应减小。

j. 通过缴费继续使用拥挤道路通行权的人是否是必须使用这条路的人,高收入群体是否一定能够占用稀缺的道路行驶权利,而不论其出行的必要性。

从上述公众态度的研究中可发现,市民对项目的关注程度与赞成度直接影响着项目实施效果,因此应加大对本方面的投入,保障项目的顺利实施。

5.1.4 公众参与经验

公众接受水平对于项目实施的成功具有至关重要的作用,在管控策略实施初期,公众对管控车道的接受程度与认识是项目面临的首要挑战。一项成功的公众宣传方案及策略,需将管控策略实施的目的与民众利益相关联。加强管控策略的实施,能够有效地提高出行者的利益的公共宣传十分重要。将项目建设目标和民众自身相关联,从出行观念上进行改变。公众宣传区域及群体可仅涉及部分,也可对全体进行宣传,根据项目建设目的、影响范围,甚至是不同的施工阶段改变公众态度。

经美国管控车道应用实践分析发现,项目实施达到良好效果的一项有利措施是向公众宣传项目的建设目标与规划效果。对于新型且复杂的交通需求管理策略,了解公众期望程度与公众接受程度是至关重要的。公众宣传教育需涉及项目建设及实施的全部过程,例如目标、设施建设、操作及收益等方面。经市民调查结果发现,市民对收费管理策略存在一定的接受程度,然而对政府在管控车道策略实施的过程中承担的职责不熟悉。

在管控车道实施过程中,公众教育是项目实施的第一步,在项目的宣传、实施过程中结合利益相关者,充分了解公众需求。通过实践研究表明,公众宣传教育能够降低市民对项目建设引发的不公平问题,当收费项目初步实施时,对低收入群体可能会产生不公平,继而造成市民反感情绪。因此,项目适度的宣传能够有效解决实施公平性问题。

1)公众参与规划

公众参与规划需要对项目的各个工作程序,开展适当等级和程度的公众参与性活动。最好是能够由项目经理主要负责拟定和实施公众参与计划,有助于保证公众参与的连续性,并指定一个具备专业知识的人为公众讲解,可为整个决策过程的评论提供帮助。

(1)公众参与规划内容

规划内容的确定可能只有一页或几页篇幅,应重视规划的性质与复杂性确定。建立公众参与规划涉及审议下列事项:

①政府参与人员。

②是否邀请相关专家协助公众参与活动。

③决策过程中所解决的主要问题。

④必须通知参与的人员。

⑤所采用的技术。

一般情况下,规划通常需确定在决策各个关键阶段的公众咨询活动是如何开展的,被咨询群体的设计范围。为了确保项目的连续性和公众的信任感,最好是将公众参与活动与技术决策的时间相互配合,且活动启动的时间越早越好。

(2)公众参与程度

公众参与的程度需根据项目的性质以及公众的利益和关注程度确定,对于大型的、争议性较高的项目,例如高承载率车辆管控形式实施时,公众出行观念的改变,以及收费管控策略的制定,要求最广泛的公众参与,并将公众参与谨慎的纳入决策过程中。若项目实施决策所影响的仅是少数群体,则可能需要较少的公众参与,或通过个别约谈完成。

(3)公众参与方式

涉及多个群体参与形式的处理办法取决于各自群体所感兴趣的程度。项目主要的股东是直接受到项目影响的,是对该项目具有重大意义的人群。因此,对部分群体而言,希望公众参与活动能够尽早地开始,也期待达成共识或商议活动能够同时开展。代表其他方面利益的主题,如社区的主管领导通常乐意参加已安排好的会议、邮寄方式或与相关股东进行面谈咨询。需询问他们如何参与以及希望以何种方式获得资讯。公众将从参与活动中获益,这些活动形式包括新闻发布会、广播、宣传册、短信和网站等。

为了选择适当的公众参与形式,必须深入理解公众反映的问题以及与行动相关的方面。政府部门应该明确通过公众参与想要获得什么,必须向公众提供哪些信息,需要向公众了解哪些信息,应当接触什么类型的群体以及如何更好地征求其参与意愿。

另外,寻求各类有用的资源作为杠杆,与其他政府部门结成合作关系,利用现有网络系统获得需求信息。若地方政府能够积极参与,并协助公众参与管控车道项目的活动,将会产生最佳的效果。

2)公众参与开展

(1)背景评估

公众参与过程实施的第一步是了解管控车道策略实施的基本背景条件。例如,是否第一次实施管控策略项目?以往项目的实施有过任何向公众拓展的努力吗?是否曾经发生过反对管控车道策略实施的举动?若有,各利益群体的反应程度?什么是首要关注的利益?政府官员和社区主管对项目或规划的意见谁赞成,谁反对,为什么?

背景评估方面包括以下5个步骤:

①审查间接信息的来源。

较好的间接信息获取方式包括听证会会议纪要、媒体报道、政府报告、已出版的地方性日志,以及其他与地方相关的资源。

②同相关人员进行交谈。

与熟悉地方性质,且与在地方从事过管控车道管理的人员进行交谈,当地的规划行政长官、区县行政领导、规划委员会的执行主任均是谈话的对象。

③进行社区访问。

对于正在制定管控车道策略项目或规划的相关部门而言,应在项目起初时去访问受影响地区,获取到第一手资料。了解的内容主要包括:商业的类型、互动模式以及对该项目的接受度等。

④与相关利益群体讨论。

在项目中任何有"利害关系"的群体,大体包括两大类型:一类是直接受到政策或项目影响的群体,如邻近的业主;第二类是间接受到项目影响的人或对项目感兴趣的群体,如地方官员、其他社区领导或利益群体。群体间进行的私人访谈可以提供丰富的有关社区的资料、对项目的态度和管控车道项目实施潜在的影响等方面的资料。该形式是搜集资料信息的机会,不仅包括各利益群体所关心的事宜和想法,而且包括群体或个人将要如何介入到项目的决策中去。

⑤建立核心小组。

核心小组是一个与专业调解员同时进行讨论的小型集体,议程是集中回答某几个关键性问题,确定协议要点,反馈不同的意见。讨论方式通常是自由与自发的,不受任何形式的限制。核心小组在了解公众的情绪反应、问题以及有关管控车道实施方面的信息中具有重要作用。这一信息可以用于寻求有效的解决办法,或是学会如何较好地与公众进行沟通。

(2)满足公众需求

在是否需要采取管控车道项目实施的问题上,提出争议的群体通常不那么容易接受别人的建议,也不太愿意做出相应的妥协。因此,必须花大力气向公众解释采取管控车道策略的原因。明确表达为什么该决策是重要的,以及必须完成哪些事宜。应避免仅依赖标准证明制定的决策是合理的,或仅凭经验证明"这是标准的",这种形式的做法根本不足以了解公众对关注问题的焦点。需要对公众进行广泛且深入的教育,该环节的重要性如同管控车道策略实施本身。

需利用各种类型的数据说服相对应的反对声音，如事故率、出行时间、出行速度等指标的变化，同时需要用道路容量的提升、运行效率的提高证明项目实施的好处。提出管控车道项目或交通走廊改善提案前，做初步的交通工程分析，通过分析展示交通流的变化形态，表征交通走廊状况的改善迫在眉睫，借此说明为何需要实施该策略。通过这一做法向公众解释推荐方案的逻辑基础以及其他方案未被采纳的原因。也可以通过其他类似交通走廊项目的前后对比研究展示项目的成果。

(3)向政府管理部门通报

公众可通过向政府和管理部门上诉，阻止项目的进行或对决策的改变。因此，若一项行动显然引起了较大的争议，可取的做法是在过程中向上层领导及早说明，不仅包含项目本身，而且包括回应公众所关切的整个过程。这可能涉及有关项目的信息，如邮件、电话、一对一咨询或更为正式的会议和介绍。需随时通告他们在整个过程中有无任何新的进展，以及在关键决策中所做出的任何新进程。

(4)意愿调查

在公众决策中有一项难题是反对者声音比支持者更加活跃。尽管政府可能在观念上表示对项目或策略的支持，但是当反对者的声音变强，同时缺乏公众对项目实施的支持时，政府对项目的支持程度便会减弱。这就是为何公众的意向调查或者其他方面的公众支持指标对一项措施是非常重要的。

通勤出行的人群与货运行业均属于想从管控车道项目运营管理中直接获利的群体。因此，调查或者民意测验是有效的监测途径，这种途径能够确保该群体的意见在项目的决策过程中予以参考。调查或者民意测验需在管控车道项目实施前进行，估计对于特殊问题条件下公众的出行意愿，或者在项目实施结束之后进行，确定公众的反应。

(5)影响评估与监测

管控车道项目管理中所有涉及的部门均可从监测管控车道运营操作管理行为的实际影响过程中受益，并将信息记录在案以供未来研究使用。对实际影响的监测可以提供一些基本信息，上述基本信息能够结合公众所关心的问题与未来管控车道实施效果。同时，还可指示未来工程中不希望出现和可以避免的影响。例如，相似项目的前后对比研究对远期项目实施的支持，在价值上无法估量的，在研究项目属于政府服务范围内时更是如此。可通过意向调查评价控制与安全影响，利用商业活动信息加以完成。

项目影响评价提供了相对应的审视方式，在这种方式下，项目进展或行动被用以修正以减少不利影响，并在较广范围内增加用户利益。此外，对社会、经济和环境等方面的影响评价很早成为《美国环境政策法案》中处理涉及联邦基金的交通运输行为时，所要求的一部分内容。各式各样的信息能够帮助相应的部门进行影响评估。

3)公众参与形式

(1)名义小组技术

在与特别工作组、规划委员会或者与相关找寻问题、机会或解决措施等责任的团体进行协力合作时，名义小组形式的公众参与方式是非常有帮助的。该形式具有高度的灵活性，而且在公众参与的过程中能通过多种形式表现。这样的例子包括确定实施管控车道项目的障碍，明确相关政府职能部门的作用，或者为管控车道管理规划确定一项目标。

在名义小组工作过程中，会议主持人以问题的形式提出相关主题或议题，以此作为会议展开的焦点内容。参会人员需写出尽可能多的想法与意见，或者列举出三个思路。所有的想法均进行小组内部循环讨论，并列表、分类与讨论。为了筛选出重要性的内容，随后要求参会人员对已提出的想法和反馈意见进行排序，区分各自的优先次序。在小组中，当个体能够自由的发表见解，且不受其他成员的控制时，这种技术是最能够发挥作用的。

(2)原型情景

原型情景是指政府相关部门可能遇到的各种情况与问题，在进行公众会议之前，政府代表聚在一起寻求解决潜在问题或关注的方法。实用的原型情景是拓展知识的途径，也是获得经验的途径，这种经验能够用于现实环境而不必进行艰苦的学习。

(3)公众会议

公众会议是一项通用的大众参与的形式，能够与很多其他的活动一起开展。这样做具有双重目的：

①将信息提供给公众。

②获得公众对现有或待建项目的意见。

在项目周期内的任何时间段均可举行公众会议，以达到获得群众反馈建议、提高公众出行意识、公众参与决策的目的。对于具有争议性的项目，公众会议是在举行公众听证会前的一项基本的中间步骤。

小型的团体会议或一对一的会议在讨论特定群体或个人所关注的特殊问题时是具有帮助的。对于集会而言，土地所有者在一对一会议中可能表现更为灵活，因其不打算公开地表示对邻居的反对。而一对一会议在进行策略谈判时格外有效，地方政府、居委会协会、商人或其他利益的相关群体、法律代表和土地所有者均希望可以开展该种类型的会议。

小型会议在不是较为正式和鼓励公开讨论的情况下通常成效更大。若采取该种类型的开展形式，需保持会议的简明和非正式性，并且使其有充足的时间进行讨论。如果可以的话，需为相应团体或组织定期举行会议。

开放式内务会议能够使群众和项目成员在放松的环境中公开地交换信息。这种形式的开展可用于公众会议，在某些州也用于听证会的举行。开放式的内务会议不包括正式的意见陈述，取而代之的是进行项目展示，公众代表在空闲的时间会被邀请研究这些展示成果，项目经理和技术专家会对相关问题进行解答，或将一些没能解答的问题进行记录。因不做意见的陈述，对业外的人士而言，其他的一些展示形式需足够清晰明了，人们在没有或仅有少量解释的情况下，应该能够理解其中的内涵。这些展示应以发放小手册作为辅助，其中包括一些和项目情况有关的图片以及与问题相关的信息。宣传册中的内容应涵盖如下方面：

①欢迎信，信中简明地介绍开放式内务会议论坛的运行形式，以及市民如何发表评论。

②以图示的形式表明项目建设所在地及其设计内容。

③对项目的描述、需求及目的的声明。

④决策过程的简要描述，其中包括对决策的时间进度以及提交评论的截止日期。

需要花较多的精力通知、邀请股东和受项目直接影响的群体参加公众会议。对于交通走廊建设工程，位于交通走廊带的土地资源财产的所有者与承租者也应被邀请参加会议，同时还应该包括居委会协会和其他公民的商业组织。会议的宣传信息应被置于项目附近高处较为明显的位置,发放给受影响的交通走廊的沿线所有人员。该事件的通知应在当地报纸公布,并直接通知任何一个与该事件结果有相关利益的组织。

应在项目不同的时间节点邀请不同的利益群体参加会议。这样做能使项目经理在会议的不同阶段能够更加彻底地了解不同群体的需求和关注角度。同时该种方式也能确保任何人能够在任何时间出席会议。

会议地点的入口处应设置相应的信息服务台,在向参会人员发放宣传手册前应该先让其签到。信息服务台前应该有“接待人员”对宣传手册进行解释说明,继而发放评论卡片,将公众引导至项目展示区。展示平台包括项目的概念说明,管控车道策略的相关信息,或者其他相关内容。项目的模拟图片或其他的替代形式在向公众介绍项目特点的时候是非常有帮助的。另一种方式便是开辟一片带有座椅的区域以供公众观看管控车道策略的视频介绍,同时可以设置某个单独的桌子,以接收评论卡片。

美国某些州的交通厅以开放式内务会议的形式开展相应的公众听证会。开放式内务公众听证会举行方式与开放式内务会议相同。然而,需要一名法庭记录人员仔细记录评论,而且现场需额外的专家讲解项目的各项内容,并回答公众的问题和所关注的事情。公众评论时间结束之后,官方文件将抄送至项目所在地并在小册子中说明以供公众再次讨论。

通过开展公众听证会活动,被民众广泛接受的事情也能被少数人的高调反对而推翻。土地财产所有者具有其特殊的考虑并最大限度地进行直接对话时,开放性的公众会议的形式帮助减少了与公众达不到目的时的对峙。通过将几个会议合为一个会议,能够减少会议的开展数量,继而减少了参会成员的时间消耗。参会人员同时也可在方便时选择到达和离开,避免了会议处于等待冗长的等待状态。

小型的讲座会议需完成特殊的任务。小型讲座的形式间具有很大差别,主要取决于讲座主题的内容与组织者的创造性。例如,小型讲座可用来收集一些项目备选策略的反馈信息。

研讨会(Charette)便是一种小型的讲座形式,可以用于打破焦点僵局或者关注一个有多种解决措施的问题,通常由项目设计建筑师领导,研讨会通常用于解决项目规划设计上的问题。对于管控车道项目实施,研讨会可以作为完成交通走廊管控车道规划所需努力的一部分。在相关技术人员和专业人员的指导下,研讨会为公民和利益相关团体提供了一次机会,以获得处理棘手问题的经验。针对研讨会的开展时间,可以进行一天或者持续几个小时,这取决于相关问题的研究与探讨。研讨会通常需要进行广泛的资料准备和充足的材料收集,比如图片材料、演示文档以及备选方案的仿真情况、地图、轮廓图与航拍照片、实施进程效果等。

研讨会能够巩固对一个项目激发出的热情,在相应的解决方案中建立公众的所有权,由公众部门在合适的备选方案中进行权衡。项目的相关规划人员和工程师从策略设计、交通管理与控制的角度为备选项目方案提供必要的技术知识。受影响群众可对出行需求和项目相关的问题发表自身的见解。

4)公众参与启示

公众参与程度本身意味着公众在政府项目决策过程中具有不可或缺的作用。虽然向公众宣传,通知公众并让其提出意见是任何公众参与项目中的重要组成部分,但公众参与的实质远不在此。它需要建立一种让公众表达他们的关注角度与意见的机制。

公众参与过程的实现目标是为了取得双赢,在被公众接受的同时,满足技术上的可行性。

在具有争议的问题上,公众期望达成共识也许是不太现实的,比较实际的做法是争取让较为激进的反对声音不出席公众参与活动,或采取所谓“不情愿的认可”。至少,受项目影响的各方承认应当采取某些措施,或至少总比没有举措强。

项目规划工程师在开发处理意见分歧方面的技能受益匪浅,这些投诉意见的分歧是不同利益团体在参与过程中所产生的。当具备较强的沟通技巧并理解公众参与的局限性和客观性,有助于公众参与程度的拓展。通过采取以下原则将有益于对公众舆论的管理或政策实施。

(1)减少反对者声音比获得支持者更为重要

支持管控车道项目实施的人比某些认为会因此失去个人利益的人而言,并不积极地去做各种努力,继而达到影响项目决策结果的目的。此外,采取停止或拖延项目的手段,比落实一个项目更为容易。即使是仅有少数人,也能通过积极的反对行动来妨碍项目的实施。坚持公众参与有助于奠定公众信任基础,保证项目决策过程更为合理、更为牢固,充分反映对公众的关切。如此,人们便不太可能觉得他们参与听证会唯一的目的便是积极游说,以表达对项目实施的不满。

(2)建立一个公平、开放的平台

公众对管控车道项目决策的接受程度,只有当所有受到项目影响的各方的“价值”得以满足时,才能获得效益。即公众参与者应普遍认为决策过程是公平的、合理的,他们的意见被采纳或列入讨论,而他们所关注的问题焦点正在考虑中。

公众参与专家 James Creighton 研究表示,“当项目的决策遇到具有争议性问题时,公众参与仅是一种手段,证实决策过程对于公众而言是公正的”。即使某个行为与自身立场相反,但只要决策的流程是合法的,作为其中的参与者可能仍会接受该项目的实施。对于一些具有争议性的项目的开发问题,据某些学者分析,“程序并非实际的决策,似乎是多数人最初对待政治和法律的看法”。具体而言,以下几方面的影响是至关重要的:

①尽早实施。

在决策初期应注意人们所关注的问题,这样更容易得到解决。涉及有关方面的问题应及早提供可实施的改善方案,并给予足够的时间去协助解决该问题。在同一时间,避免拖延这一项过程的实施,鼓励尽早解决问题,并减少决策实施所需的环节与步骤。

②向公众展示他们所关注的问题会得以处理。

公正、客观地审查公众所提出方案,是提高公众参与过程中获取公众信任的重要环节。应当清楚地向公众表示,提出的问题会得到认真的考虑。继而表现出愿意对管控车道项目实施造成的潜在影响,以及更多的细节漏洞进行评估,回应公众对问题的关注。需向公众介绍保障管控车道项目实施而建立的相关的法律、标准、政策等,因为这些均是决策过程中的重要参数。有助于在可能的范围内进行选择,避免产生不切实际的期望。

③制定具体的解决方案,并及时反馈。

没有什么能够比未能很好地解决公众所关注的问题更降低公众信任。若有进一步开展的要求,在听询当事人意见,并获得他们的关注角度和评论后,应及时完成相关分析,明确解决项目的主要问题或关切程度较高的议题。

虽然大多情况下,很难达成共识,重要的是能够制定解决问题的一些办法,即使有些人仍然对此不满意。随后需要对关键问题进行总结,以书面的形式记录分析的结果以及来自政府官员的回应等情况。即使不需对项目或法规做出任何改变，然而，重要的是让公众了解，他们的忧虑已经得到考虑，并采取了相关的措施予以解决，需让公众看到政府为此做出的努力。同时，若未对该项问题解决，需阐述是什么原因导致没有找到更好的解决办法。

④保持公众参与的连续性。

不同的群体或个人往往牵涉项目不同实施阶段的参与过程，此外，当个人的努力取得进展时，会吸引更多的人参与其中。这是因为问题在早期阶段可能是潜伏的，只有发展到后期，当人们更清楚地看到项目是如何影响他们的生活时，问题的症结才能真正凸显出来。

为了保证参与的连续性，必须使公众明确他们有机会参与决策过程的各个关键步骤，包括：记录所接受的关注要点、答复，继而显示决策的制定结果是通过与公众的沟通得到的，以及未来任何能够参与的机会。若进行范围较大的决策，最好是能够使这一过程通过专栏、新闻发布会或其他媒介对外展示。随时准备接受一些重复的信息，并从中学习，但需要将过去的决策记录，有利于事情进一步的开展。

(3)避免具有争议性的决策在公众面前溜过

即使能够躲过该种类型事件，然而最终受项目影响的团体会发现该项所为，项目的实施(很有可能将来所有管控车道项目的实施)均会爆发该部分群体的躁动。因此造成的信誉上的损失是难以挽回的，并有可能在将来受到更大的损失。

(4)建立畅通的沟通联系网络

为不同利益群体中的关键人物建立相互沟通的网络是非常必要的，相关的利益团体主要包括：社区群体、社区领导、相关官员等。定期与联系网中的人进行沟通有助于巩固彼此间关系，使得信息传递流畅，并有助于避免意外的发生。获得一些项目的信息时，随时能与公众进行沟通，迅速做出反应，并礼貌性地回复电话、信件、投诉和资料索取要求。迅速而有礼节的结果回应能够避免不必要的冲突，也有助于维持彼此间的合作关系，保持与公众的沟通。众多不必要误会形成的原因是政府与公众之间缺乏相应的沟通渠道。

(5)设法清楚了解公众的关注方面

从公众投诉需求至处理问题是解决分歧的自然走向，会通过使用专业的知识维持某个特定的行动。在具有争议的情况下，首先应建立公众对项目的信誉，使其在公众心中能够做出公平决策。这意味着在向公众试图解释项目进程或举措的背后逻辑关系前，应当首先作为一个活跃的听众和善解人意的人士。对公众所关注的问题做出准确的评估是达成谅解的关键，通常不停地同决策层的领导探讨公众关注的问题，可以发现问题解决的途径。坚持这一原则的策略包括以下措施：

①分析各自立场利益。

各自群体立场的陈述往往是单方面的，因此，为了寻找众多群体的共同点，有必要查明相关立场背后的利益与关注层面。每个人的关注点均互不关联，会促使人们将注意力集中在合理的问题和方案。

②互赢最大化。

某些利益是趋同的或兼容的，继而为此奠定了制定协议的基础。举例而言，实施管控车道项目对于高峰期间上下班群体，以及某些情况下紧急出行的人员，能够提供更多的出行选择，以满足出行需求。然而，由此可能引发对其他问题的关注，例如，道路收费政策的公平性问题便会成为探讨结果的另一部分。

③尝试不同的方法。

若某利益群体极力地反对已定的项目方案，则不妨让该团体提出自身的解决方案，同时提供他们所需要的技术援助，并对方案进行验证，查究是否能够较优于既有的方案，并对其解决措施给出公允的评价。某些情况下，此种做法能够激发各方对于达到平衡境界之难的理解，使利益群体彼此间均接受对方，甚至能够扩大各种方案的选择机会。

（6）避免做出草率的让步或承诺

某些情况下，可能会采取让步的手段安抚公众，但这样的做法可能会引发适得其反的效果，尤其是处理利益多元化的问题时，无异于引火烧身。同时，也很难找出持久的解决办法。在事先没有考虑后果的条件下，最好避免对项目的变更与实施做出承诺。应该向关注的群体表明，会认真地考虑该项问题。因让步做法会受到一方欢迎，继而遭到其他群体的反对。此外，过早的做出承诺而事后又不得已撤销的行为会将项目经理与政府均置于尴尬的境地。

（7）保持详细的记录

项目的开展进程可能会充满陷阱，包括对以往协议的突然逆转或试图通过错误的信息诱导影响这一操作进程。因此，保持良好的记录是极为重要的，其中包括所有通知或接触的人、每一次会议的议题、参会发言结果，以及任何讨论过的问题或做出的任何决策。文件中所有与外界的沟通均记录在项目档案中。这一文档应当以书面形式，记录出现争执时是如何与受项目影响各方协调的。

（8）听证会局限性

典型的公众参与形式是公众听证会，需在听证会上向公众通报项目进展状况，并征询公众意见。尽管开展听证会对于政府项目决策是必要的，但它并不是有效解决公众所关注角度、某些具有争议性议题的途径。与其相反，要求公众对政府决策做出反应，因而可能会产生相互对立的状况，特别是受到项目实施影响的人被排除在决策过程之外时，这种情况很有可能发生。

通常，公众对项目产生误解，或被流言、不完整的媒体报道所误导，受到项目建设影响最大的群体，即损失程度最大的，更愿意投入时间与精力出席听证会。繁琐的手续容易增加人们的沮丧情绪，如限制发言时长或无法看到展示的东西。某些参会者可能会对精心准备的报告或在听众面前发言时感到害怕，继而加剧了紧张的局面。

当讨论议题引人注目时，某些公众可能会变得情绪化，使用生硬或煽动性语言，甚至引发对抗行为。已对政府真正意图或设想产生疑虑的公众态度就处于摇摆不定的状态，继而将听证会演变为无休止的争论会。当项目经理向公众介绍管控车道实施过程中所采用的技术遇到的困难时，均会加重问题的严重程度。

相关专家对于公众参与形式的意见主要为，尽管听证会是政府在决策前所必需履行的法律程序，但作为主要的公众参与方式，大多是无效的，尤其是处理争议性较大的课题时，主要源自于听证会举办时间过于滞后。此时，公众往往担心他们的提议会被忽视，或仅是强大的社团才会具有较高的发言权与影响力。若公众不能有效地参与项目的决策过程，或者过晚地介入从而使讨论没有意义，管控车道项目的各项措施实施很有可能遭受扼杀。有效的公众参与有助于保证项目的正常开展。

5.2 国内管控车道借鉴经验与展望

美国作为公路运输体系相当发达的国家，在道路通行能力、智能交通系统与城市交通管理等方面，已具备众多成熟的研究成果与实践经验。美国管控车道策略在城市主干道及道路通行能力方面进行了灵活的运用，结合相应的交通管理法规、实施措施及方法，形成多样化的交通管理体系，有效地改善了城市主干道及周边地区的交通拥堵问题，提高了路网的整体运行效率。因此，在现阶段我国高速公路网逐步完善、城市化建设快速发展的背景下，对美国管控车道的应用案例分析能够对美国管控车道的实践经验进行总结，形成可供国内应用的成套技术，为国内实施管控策略提供理论基础与决策依据。

近年来随着我国交通基础设施建设快速发展，道路运输体系逐步完善，未来交通行业的发展前景必然将跟随欧美发达国家的脚步，向着精细化、信息化、智能化的方向前进。中国与美国交通行业的标准体系有着深厚的渊源，为系统地借鉴美国管控车道的理论与技术的应用，提供了良好的政策与技术基础。因此美国管控车道的应用研究案例及运用经验与方法对于我国的管控车道体系的建设与发展具有重要的现实借鉴意义。

国内城市交通问题现已成为制约城市发展的重要瓶颈之一，经实践应用发现，单纯地增加交通供给设施不能从根本上解决城市交通问题，而交通需求管理是缓解交通堵塞、提高路网运输效率的重大举措。合乘优先策略是交通需求管理的重要措施，美国作为管控车道应用策略的先头兵，在理论与实践方面均处于领先地位，但该策略在我国尚处于理论研究阶段。因此，如何结合我国城市交通现状实施管控车道策略已成为当前需要研究的重要课题。

5.2.1 国内管控车道发展借鉴角度

1）出行观念

合乘优先实现的前提之一需具有合乘出行行为。因此，对合乘出行的影响因素进行分析是研究合乘优先规划方法的重要内容，能够为更好地引导居民出行向合乘方式的转变提供参考，并为合乘优先的规划奠定坚实的基础。

经美国研究学者历年研究成果分析，可将合乘出行的影响因素划分为主观因素与客观因素两方面。根据管控车道理念的实践经验与调查，出行者之所以选择合乘，主观上是具有一定程度的心理预期的，而客观上也受到了某些引导因素的共同作用。其中主观影响因素主要包含：节约出行时间、提高出行方便性、降低个人出行成本。客观影响因素主要包含：合乘人员居住的地点相邻或相距不是很远、合乘人员的出行距离足够长、合乘人员最好在同一工作单位或者在相邻单位工作（具有相同的通勤目的地）、合乘人员应有与合乘时间表相适应的工作时间、合乘人员能够连贯性和持续性地选择合乘的出行方式等。

对我国市民而言，合乘优先尚属一种新鲜事物，对其功能、形式、优势了解甚少。因此，在合乘优先管控策略规划的初级阶段，应分析我国居民合乘出行的影响因素，除了关注国外学者提出的主客观因素外，还应该关注以下层次：人们对政策的漠不关心态度，或“不愿意”接受的程度；居民对出行安全的顾虑；居民出行生活习惯；道路实际拥堵程度等。此外应大力宣传管控策略实施的重要性与好处，调动积极性，为管控措施的实施提供有效的保障。

2）车辆限定

对合乘车辆的限定包含两个方面：车辆类型界定，合乘车辆承载人数的界定。

（1）车辆类型界定

早在20世纪90年代初，美国联邦公路局界定了合乘车辆的车种类型。机动车类型包括公交车辆、出租车、合乘小客车、中型合乘客车（即中巴）、摩托车、货车。随着合乘优先管控策略的不断发展，各地对于高承载车辆的界定方式也不尽相同，主要是针对当地具体情况采取相应的车辆限定形式。针对我国交通运行状况，合乘车辆的界定应考虑以下几方面：

①随着国家大力发展公共交通政策与公共交通基础设施的建设，公交出行比例的日益提高，在某些大城市，公交出行已变成人们主要的出行交通工具，而在中心区域内公交出行比例更高。因此，无论从“合乘率”还是“运输人员通行能力”上来说，公交车辆均属于合乘车辆的范畴。

②针对小汽车是否作为合法的合乘车辆，关键因素在于对承载人数的界定。“合乘车道”设置的主要目的与主要行驶交通流便是合乘小汽车，而出租车作为小汽车的特殊形式，应归于此类，只是出行目的不尽相同。

③对我国某些大城市中心区域而言，摩托车已属禁行车辆，部分城市已停止颁发摩托车牌照，该方面与美国城市摩托车拥有量较低的状况不符合，其重点关注的摩托车占有道路资源较低、通行效率较高的状况是不同的。

④我国对自行车行驶的交通手段是建立非机动车专用车道，将行驶路线与机动车道分离。因此，作为解决城市机动车交通拥堵问题的合乘优先策略的实施，我国不具备自行车通行合乘车道的条件。

⑤紧急车辆，即处理紧急事件的车辆，如救护车、消防车等。因出行目的的特殊性，必须优先保障快速的通行状况，因此，建议在制定管控策略标准时，应将紧急车辆包括在内。

⑥由于货车自身行驶速度、车型不定等方面，易对后驶车辆造成影响，降低了车道利用效率，建议货车不列为合乘车辆。

综上所述，对于我国的合乘车辆类型的限定包含公交车辆、合乘小汽车、出租车与紧急车辆。

（2）合乘车辆承载人数界定

当前，美国实践应用对于合乘车辆承载人数的界定主要有2人以上（2+）以及3人以上（3+）两种类型。车辆承载率限制标准在实际交通运营管理及后续影响方面存在较大的区别，因此必须结合当地的交通发展水平，慎重决定使用何种标准。

在选择2+车辆或3+车辆作为合乘车辆时，最为重要的因素是现状合乘率。所谓合乘率即单位时间内，机动车运送乘客数量与机动车流量的比值。经实践研究发现，在2+车辆所占比例达到15%~20%时，可考虑采用2+的标准。除此之外，还应结合当地的交通需求制定承载率标准。

①在合乘优先管控策略规划实施的初期阶段，应以鼓励为主，吸引更多的出行人员转变固有的出行方式。

②在大型办公区域或商业中心区，因私家车保有量比例较高，所以很难实现高承载率的目标，建议可制定2+的车辆限定标准。

③若 HOV 车道规划由公交专用车道转变而来,最好采用 3 + 的人数标准,以便实现良好的过渡,防止 HOV 车道过于拥堵。

④出租车的特殊性在于时刻行驶在马路上,即使没有载客,也存在交通行为。但是考虑到我国还没有实施合乘优先的经验,特别是在规划初期,应以提高道路吸引力、力求长远发展为主要目标,因此建议出租车限制标准与普通小汽车一样。

综上所述,在界定合乘小汽车乘客数时,应以易实现、易操作为原则。合乘车辆的界定标准并不是一成不变的,随着合乘优先的发展,可依据实际环境进行合理的改变,不断提高合乘优先的运行效率。

3)道路条件

虽然我国具有与发达国家相似的交通拥堵问题,但是其规划合乘车道的环境与国外城市是不同的,我国大城市及中心发展区域均有自身独特的特点,合乘车道在我国属于新生事物。在 HOV 车道规划之初,应进行详细的项目路周边交通调查研究,充分考虑交通需求、道路的供给能力及出行者出行习惯等因素。

在我国大城市尤其是中心区域规划 HOV 车道时,与国外集中在城郊接合部、郊区规划设置 HOV 车道方法不尽相同。我国大城市普遍人口总量较大,人口密度高,与发达国家相比,我国大城市的道路网密度要低得多,限制了 HOV 车道的适用性。公交车与小汽车流量均很大,公共交通发展迅速,但是道路机动车流量依然居高不下,道路实际拥堵程度普遍比国外大城市严重,这与我国大城市道路网密度较低及机动车流量很大有关,在某种程度上两者互为因果关系。

针对我国交通运行状况,双向车道并不适合设置合乘车道。首先,由于建设初期人们对 HOV 车道的不熟悉,若在单向双车道的道路上将现有普通车道转化为 HOV 车道,有可能造成 HOV 车道空闲率较高,而普通车道交通状况更为拥堵的状况;其次,我国非机动车行驶流量较大,易对外侧机动车道产生较大干扰,若在内侧车道规划 HOV 车道,则外侧普通车道的拥堵可能会比较严重,即使内侧 HOV 车道运行状况良好,也有可能会招致很多民众的反对。因此,早期在规划 HOV 车道时,应优先选择在双向六车道及以上(单向车道数 3 条及以上路段)的道路进行布设。

4)交通条件

(1)高峰期间平均运行车速分析

规划 HOV 车道时,因各个城市及地区的交通拥堵程度及道路建设状况不同,不可能制定统一的车速限制标准。经美国实践经验表明,当干道高峰时期平均运行速度低于 28km/h 时,可考虑规划 HOV 车道。根据美国道路设计规范,城市干道的设计车速为 30 ~ 60km/h。由此可寻出规律,当现状道路的平均运行车速低于设计车速最高值一半时,可考虑布设 HOV 车道。因此,我国快速路、干道平均车速可取相应高值的一半作为是否规划 HOV 车道的运行速度参考依据。

(2)高峰期间道路服务水平

经国外研究案例显示,道路饱和度大于 0.9 时,服务水平急剧降低,交通处于不稳定状态,道路交通处于严重拥挤状况。另外,根据 20 世纪末美国联邦公路管理局界定,当道路服务水平(LOS)达到 D 级或 E 级时,可考虑规划 HOV 车道。其中 LOS 中的 D 级服务水平标准即相当于我国道路饱和度0.9的标准。因此，规划HOV车道时，可优先考虑饱和度在0.9以上的道路或者路段。

(3)其他因素

当前，我国许多城市均建成了公交专用车道，公交专用车道是最基本的HOV车道形式，根据公交专用车道的利用情况，HOV车道的规划方式可以分为两种状况：①公交专用车道通行能力不足，只能通过新建HOV车道；②公交专用车道运行通畅，较为空闲，可考虑分时段将公交专用车道转变为HOV车道，最大效用地发挥道路通行能力。

5.2.2　国内管控车道发展展望

1)构建交通管理信息平台

城市交通管理信息研判与决策支持系统是全国公安交通集成指挥联网平台的重要组成部分，按照部、省、市三级在公安网上的部署应用，承担城市交通管理业务，具有相对独立的功能架构和业务应用体系，主要目的是规范交通管理信息，实现数据资源共享，为管控措施的制订提供基础，可通过如下手段予以实现：

①建立规范化的全国大中型城市交通管理基础信息系统。

②实时监测城市道路重要点段交通运行态势。

③重要干线数据资源共享与交通运行状况监测。

④基于动静态交通信息数据，分析发布城市重要道路拥堵指数状况，测评城市交通管理水平。

⑤定期分析研究城市交通违法特征与执行状况。

⑥编制管控车道规划、建设指南等标准，开发相应的辅助分析软件，提高管控技术的水平与应用能力。

通过对美国管控策略发展史研究发现，管控策略应用的最终目标是能够动态地对道路交通流进行调控，管控策略逐步由专用车道发展至高承载车道，继而转变为收费车道形式，尽管收费的标准不尽相同，但趋势逐步趋近于对道路行驶车辆进行动态管理。因此交通信息管理平台的构建尤为重要，不仅能够为了解现状道路运行水平进行监测，同时也是未来进行交通流动态调整的基础。

(1)保证主干路网的有效通行

在城市的交通系统运行过程中，快速路、主干路、次干路等城市的主干路网结构承担着主要的通行负载工作，机动车流是交通系统管理的主要对象，需从宏观、整体的角度进行观察。城市的主干路网结构具有基本的时空性规律，基于城市基本路网的通行规律，动态规划路网的通达性与约束力，充分发挥“人”在交通系统管理中的能动性，是确保交通系统能够有序、有效、自运行的基础性工作。即基于交通流信息采集分析的工作是进行交通组织规划(路网渠化、交通信号优化控制、路面隔离、标志标牌)的基础性工作，同时也是能够进行有效的交通管控的根本。

(2)加强重点时段、点段的管控

在早晚出行高峰、节假日期间出行时段，干线的主要交叉口、出入口以及学校、商圈、行政机关、医院等地点的所在地周边道路的交通状况对路网整体的交通运行态势有显著性的影响，早晚出行、节假日出行等高峰出行是考验交通管控系统满负荷运行能力的主要时段。

基于固定式的检测、移动终端的实时数据收集，在结合历史数据的基础上，通过交通流信息的研判，预知早、晚高峰时段、交通冲突的多发地点的交通运行状况，合理地排兵布阵，继而做到未堵先疏，确保路网的关键节点有序地通行和突发事件的快速处理尤为重要，是实现路网平稳、缓解高峰出行的重要手段。

(3)对道路交通事件进行及时反应

道路交通事故的发生具有不确定性，快速地发现、处理，并迅速消解由此产生的交通干扰是公安交通勤务调度的重点工作。经过近十年的"金盾工程""三台合一""畅通工程""平安城市建设"等方式，基于语音网络的警务紧急事件处理系统成为公安交通日常的基础性指挥调度工具，城市主干路交叉口、重要点段视频监控需具备无缝监控的态势。

在此大型背景下，交通事件的快速发现、处理的应用模式发生了显著变化，主要体现在以下方面：

①通过路段视频交通事件检测器主动发现、报送事故的拥堵路段。

②对重点的路段视频分组，人工巡检发现警情。

③借助实时路网交通流信息与历史数据的研判分析，根据路段交通流的突变、异常状况，继而给出相应的交通事件预警信息，并关联视频监控确认事件的状况。被动接报与主动发现均成为基于事件指挥调度的重要手段，从而完成事件的快速发现与快速处置任务。

(4)提供准确的交通信息水平

城市交通系统的管理者掌控着整体路网的交通运行态势，但对于每个出行者而言，关注的是个性化的路径规划与交通信息需求。在传统的交通信息传播模式下，通常借助诱导屏、广播、网站、单向群发交通信息已经不能满足当今互联网条件下的交通信息服务需求。

需依托互联网资源，向出行者提供个性化的实时路况、交通管制、施工占道改路、交通事件信息、交通气象、节假日出行预警等交通出行信息，提供个性化的交通业务办理通知、业务进程等方面的信息查询系统。通过互联网站、智能终端APP、微博、微信、短信等形式与交通出行者进行互动，为出行者提供出行信息的同时，将信息的消费者转变为信息的提供者，从根本上改变传统交通信息服务的模式。

(5)管控措施的分析评价

通过进行多维度的交通需求管理措施分析，确定管控策略层次模型，经过各层级部门的执行与实践，最终需要通过相应的配套后评价机制检验落实成效，为制定交通的优化改进措施、奖优罚劣等方面提供决策依据。主要包含以下几方面的评价：

①基于大数据的交通流OD分析、交通路况指数的分析及发展变化规律，能够为交通规划组织方案、交通子区的优化方案后评价机制提供相应的量化评价指标。

②交通违法及交通事故的分析，尤其是体现在事故多发点段、时段的分析，为交通安全管理决策提供依据。

③早晚出行高峰时段及点段的交通状况预测、交通拥堵时段及点段的分析、节假日拥堵时段及节点的路况预警，为相应的警力、勤务配置及交通设施布设等方面的管控资源调整提供依据。

(6)基础设施的运营管理维护

近年来交通管理信息平台的建设过程中,由外场交通路网的路面感知设备,到交通指挥中心、分控中心以及机房大厅的IT设备,再到各业务科室的办公设备,信息化设备设施的分布广泛、种类繁多,系统性的操作日益复杂,各级交通管理机关对管控工具的依赖性增强。建设交通系统的运营与维护管理平台,降低在建设及运营方面的维护成本,提高管理效率,保障信息系统健康运行成为一项重要的工作内容。

建设交通系统的运营维护管理平台需要解决的主要问题有以下四点:设备资产管理、运营状态监控、流程管理、分析评价。

①设备资产管理为系统提供主要设备生产、建设、运营维护的供应商信息、设备基本属性、各设施的地点分布、通信与供电信息的建设、资产使用的权益信息等。

②运行状态监控提供网络、设备及软件的运行状态与故障报警信息。

③流程管理为巡检、维护、修复等方面提供专业流程化的管理工具。

④分析评价为常发的故障时段、类别、原因提供分析工具。

2)发展PPP投融资模式

政府和社会资本合作(PPP)融资模式是政府为增强公共设施和服务建设供给能力、提高供给效率,通过特许经营、股权合作、购买服务等形式,与社会资本所建立的利益共享、风险分担及长期合作的关系。强调政府的控制力与在项目公司中占有的股份,与社会资本构成"利益分享、风险共担、伙伴关系、全程合作"的结构。

PPP是一个整合双方优质的资源、强强联合的合作模式,核心内容在于合作。PPP投融资模式的本质以提供优良的公共设施或服务为目的;公私合作,双方共同承担风险、共享收益;优势互补,保障项目的社会效益最大化。

从宏观角度分析,开展政府和社会资本的合作,有利于创新投融资发展机制,拓宽社会的资本投资渠道,增强经济增长发展的内生动力;有利于推动各类资本间的相互融合、优势互补,继而促进投资主体的多元性,发展混合所有制经济;有利于理顺政府与市场间的关系,加快政府在项目中职能的转变,充分发挥市场的配置资源决定作用。

从微观角度分析,PPP模式自发展以来之所以受到密切的关注,主要原因在于PPP模式能够提高项目运行效率与服务质量,引入先进的管理理念与治理结构,加入适度的竞争性,促进市场发展的透明性,缓解政府的财政压力,提高资金的使用效率,保障公私双方间互利合作,发挥各自的优势,实现公共项目融资风险的转移与合理分担,促进政府职能转变,推进投融资体制改革。

(1)PPP投融资模式的合理性

①政府财政压力巨大。

截至2013年6月,我国地方政府具有偿还责任的债务达到了10.88万亿元,全国的政府性债务规模(包括中央)更是高达20.7万亿元。目前,地方性政府的经营性和投资性的净现金流为负,且每年需要额外举债覆盖利息等方面的支出。地方政府若不采取出售资产和压缩投资的方法,4年后地方政府的负债率将到达国际警戒线位置。地方财政更是难以承担每年高达万亿的基建投资支出。

面对政府庞大的债务压力,新的《预算法》对地方性政府的举债方式做出明确规定:

a.经国务院批准的省、自治区、直辖市的预算中包含的必需的建设投资的部分资金,可以在国务院确定的限额标准内，通过发行地方政府的债券举借债务方式筹措资金。举借债务的规模由国务院报全国人民代表大会或者全国人民代表大会常务委员会批准。省、自治区、直辖市依照国务院下达的限额举借的债务，列入本级预算调整方案，报本级人民代表大会常务委员会批准。举借的债务应当有偿还的计划标准和稳定的偿还资金来源，只能用于公益性的资本支出，不得用于经常性的支出。

b. 除前款规定外，地方性政府及其所属部门不得以任何方式举借债务。

c. 除法律另有规定外，地方性政府及其所属部门不得为任何性质的单位或个人的债务以任何方式提供担保。

d. 国务院建立地方性政府负债风险评估和预警机制、应急处理机制以及责任追究的制度。国务院财政部门对地方政府债务实施监督。

上述规定方式无一说明政府通过举债或政府担保的方式获得资金，已不再是一件容易的事情，地方性政府需要积极地发掘新型的项目融资方式。因此，大力推行政府与私人社会资本合作模式，成为化解地方性政府债务压力危机，保持地方经济稳定增长的有利方式。

②新城镇化的建设需要良好的投资渠道。

中共十八届三中全会提出，完善城镇化健康发展的体制机制，坚持走具备中国特色的新型城镇化道路，推进以人发展为核心的城镇化建设，推动大中小城市与小城镇协调发展，产业与城镇融合性发展，促进城镇化建设与新农村建设协调推进。这为完善城镇化的健康发展体制机制确定了明确目标。

推进城市的建设管理创新，建立相对透明规范的城市建设投融资体制机制，允许地方性政府通过发债等多种措施拓宽城市的建设融资渠道及来源，允许社会资本通过特许权经营等方式，参与到城市基础设施投资、建设、运营中。

根据财政部的相关测算和预测，至 2020 年我国城镇化的建设投资需求约 42 万亿元，其中主要包括经济基础设施（交通、供水、能源等方面）建设和社会基础设施（养老、社保、户籍等方面）建设。对于地方性政府而言，如何筹措项目的资金是新城镇化建设需首要解决的问题，而通过 PPP 建设投融资模式吸引民营资本成为新城镇化融资的重要资金来源。

③实施基础设施投融资体制改革。

中共十八届三中全会《中共中央关于全面深化改革若干重大问题的决定》，明确提出了“通过改革让社会性资本进入公共服务基础设施的建设和运营中，允许社会性资本通过特许经营等方式参与城市基础设施投资和运营”的改革方向。《国务院关于创新重点领域投融资机制鼓励社会投资的指导意见》（国发〔2014〕160 号）指出“要实行统一的市场准入机制，创造各方平等的投资机会；创新投资运营机制，扩大社会资本投资途径；优化政府投资使用方向和方式，发挥引导带动作用，政府投资主要投向公益性和基础性建设，在同等条件下优先支持引入社会资本的项目；根据项目情况，通过投资补助、基金注资、担保补贴、贷款贴息等多种方式，支持社会资本参与重点领域建设”。

随后，财政部、发改委、建设部等国家部门，在 2014 年相继出台了相关的政策与法规，推进与落实这项改革形式的举措。各地政府也相继推出 PPP 建设项目指导性文件以及各地的 PPP 建设试点项目，大量的 PPP 建设项目应运而生。以吸引私人社会资本参与到公共服务基础设施等领域的投资、建设、运营，成为基建投资的一种新发展形式。

在深化投融资体制改革层面，发改委不断创新重点领域投融资机制，出台了《基础设施和公用事业特许经营管理办法》，通过推广特许经营、股权合作、政府购买服务等政府和社会资本合作(PPP)模式，鼓励民间投资参与基础设施、公共服务领域的建设运营，建立了 PPP 项目库，已发布 PPP 项目 1043 个，总投资 1.97 万亿元。

(2)PPP 投融资模式流程

PPP 投融资模式运作流程主要包含项目确立、框架招标、项目公司的组建、融资、建设、运营、移交等环节。政府通过框架招标，将项目建设与资源开发建设合作特许权授予投资建设合作人，合作双方签订《投资建设合作协议》。政府和投资建设合作人合作成立项目公司，项目的资金来源主要是合作方出资以及进行项目的融资。项目公司根据项目预期收益、资产及政府的扶持措施(如税收优惠、贷款担保与沿线土地优先开发权等方面)的力度融资进行安排。项目公司会根据政府所赋予的特许开发经营权限，继而代替政府进行项目的开发与建设。当项目建成后，政府和合作人会根据《投资建设合作协议》进行特许经营或股权的转让。

PPP 本身是一项内在结构相对灵活的操作模式，可以通过各种不同的结构操作加以实施。我国现有城市的基础设施项目已经通过特许权的方式，以及共担风险的形式引入了 PPP 融资建设模式(PPP 模式的基本组织结构如图 5-12 所示)。在具体的实施操作过程中，因项目间的差异性，需视具体的项目情况而定。通常情况下，虽然采用的均是 PPP 融资模式，但具体实施至不同的项目时，结构流程或多或少存在差异。

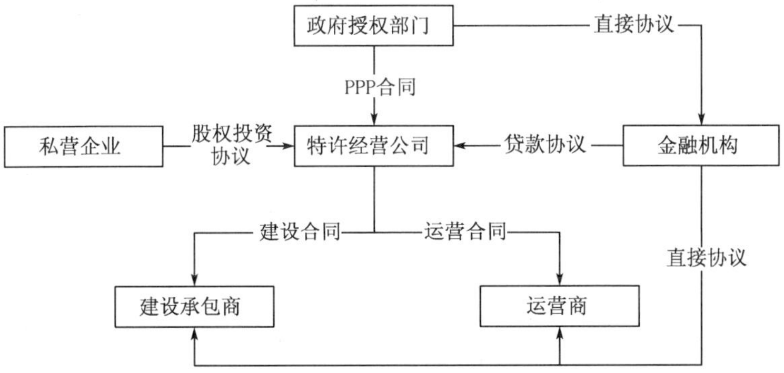

图 5-12　PPP 建设模式基本结构

(3)PPP 投融资模式优势

采用 PPP 投融资建设模式进行项目投资，不仅政府方面能够利用相对较少资金运作更大的项目，加大地区的投资规模和发展速度，同时民间资本也获得了多方面的投资收益，实现了双方共赢。实行 PPP 投融资建设模式，具有以下几大优势：

①转换政府职能，缓解财政压力。

PPP 投融资模式实现了政府职能的转变，由过去的公共基础设施服务的提供者转变为监督管理者，政府的职责更加清晰，目的也更加明确。同时，PPP 投融资模式并不会大规模增加政府的负债，政府可以平滑年度财政支出波动，缓解其财政支出压力。

②存在获利的空间，有利于提高社会资本的积极性。

PPP 建设项目从框架招标到项目的实施结束，在此期间至少存在 6 ~ 7 个环节，因此存在较多的获利空间。以施工企业参与 PPP 投融资项目为例，投资 PPP 项目可以获得投资的价差、设计的利润、施工的利润、经营利润等多层次的利润空间。另外，灵活的操作模式也是吸引社会资本的一大因素。

③公私合营有助于提高项目服务质量。

PPP 投资模式使政府向项目的中、后期发展延伸，企业向项目的前期发展延伸，能够充分发挥政府公共机构和民营机构各自的优势，在项目设计、施工及运营管理过程中互相取长补短，从而达到控制建设运营成本、提高供应质量和效率的目的。

④风险共担，实现风险的合理分配。

PPP 投融资模式在项目公司成立之初按照政府和社会资本的投资比例，明确了两者间的风险分配额度，有利于降低政府与企业的单方风险承担力度。同时，由于政府分担了一部分风险，也相应地降低了项目的融资难度，提高了项目融资成功的可能性。政府在分担风险的同时也拥有了一定的控制权，保证基础设施项目在整个实施过程中的可控性。

（4）PPP 投融资模式必要条件

①具备良好的政府环境，保持良好的政企间合作关系

良好的政府建设环境是实现 PPP 投融资模式的基本条件，在 PPP 投融资建设模式下，政府既是特许权协议的当事方，又为项目的运作提供相应的政治与法律环境。因此，政府采用 PPP 的建设模式应转变对项目的管理职能，优化财政结构。同时具备契约意识，按照合同协议办事，要有市场意识，尽量采用市场化或激励性的支持，以适应 PPP 建设模式管理的需要。

②合理分担风险。

PPP 项目建设投资工期长、金额较大，相应的不确定因素多，需要面对很大的风险，无论是由公共部门还是私营企业资本单独承担，均对项目的实施造成不利影响。为保证 PPP 建设项目的成功实施，必须在政府部门与私营企业之间合理地分担风险，将项目的风险在参与方内部进行合理、公平地分配，这是保证 PPP 项目建设、运营成功的基础。

③健全的投融资模式中介服务体系。

建立健全的投融资中介服务是在技术方面保障 PPP 项目成功的关键。PPP 模式的运作采用项目特许经营权的形式，需要比较复杂的金融、财务和法律方面的知识，要在财务顾问、融资顾问、技术顾问、客流调查顾问、法律顾问等相关专业化的中介机构共同的协作下才能完成。而建立成熟、完善的投融资中介服务体系，是高质量、低成本完成项目融资任务的保障。

（5）融资引入 PPP 模式的对策及建议

①建立良好的政策平台。

PPP 投融资模式与项目的建设由政府供给和完全私有化的主要区别在于，项目中政府的角色发生了变化。PPP 建设模式的正常运行需要政府的积极推动作用，但是政府能够顺利完成角色的转化也是非常重要的环节。按照健全市场经济体制的要求，在国家的宏观调控作用下，更大程度地发挥市场资源配置的基础性作用，从而建立市场的引导投资、企业的自主决策、银行独立审贷、融资方式多样、中介服务规范、宏观调控有效的新型投资方式与体制。

在新型思路的背景下，政府由以往在项目建设过程中的主导角色，转变为与私营社会企业合作，提供项目建设、运营过程中的监督、指导的合作者的角色。在这个过程中，政府应改革项

目建设投融资体制，创新管理制度，充分发挥政府监督、指导以及合作者的角色。

政府通过制定有效的政策及实施具体措施，促进国内外私营企业积极参与项目的投资建设，并形成风险共担、利益共享的政府和私人商业性资本的合作模式。政府的角色转变为组织者和促进者，而不再是全部建设资金的供应者和经营管理者，不需再承担巨大的投资风险与商业风险。公私合作的双方既是经济的合作关系，又具有法律上的规制和被规制的关系。这便要求政府需分清自身的角色，合作过程中的各项实施决策应遵循经济规律，并满足社会公平性的要求。规制机构的设置与规制行为必须以法律为基础，保障在项目合作的过程中双方在法律上的公平、平等。

相关政府部门中组织与角色过多，因此，PPP 投融资模式中的结构安排应尽量予以简化，各方责任尽量明确，且政府部门需对其决策结果负责，要求具有完善的政策平台：

a. 应实现相关的法律法规、政策制度间的协调一致，避免“撞车”的情况，造成合作伙伴无所适从。

b. 尽早出台符合 PPP 投融资建设要求的相关政策，为公私合作过程中出现的各项新问题及新情况提供政策依据。

②完善相关法律法规。

作为一种合同形式的制度模式，PPP 投融资模式从签约、合同内容及签约后的过程无一例外都需具有法律、法规的制度进行支撑与保障。因此，必须完善相关的法律、法规制度。

PPP 建设模式的有效实施首先依赖于政府部门的监管和市场化形式的改革。缺乏有效的市场竞争意识和必要的放松监管，任何建立的治理结构便会因市场的垄断而缺乏效率。因此，需通过各种法律约束，建立各行业基础设施的监管方式、内容、途径等，为市场化的发展提供基础。其次，通过法律、法规规范监管者的程序与内容，明确监管者的权利与义务，实现在监管过程中监管程序与内容的法律化与契约化。

监管法律设置的核心内容是明确监管权的范围，形成独立化与集中化的监管机构。唯有实现独立化的操作，监管机构才有可能免受某个利益集团的操纵，减少其受干预的程度，以进行公平、公正的判断。实现集中化整合目前管理分散、有缺陷的各监管机构，形成完整的监管政策，防止滥用监管权的现象。

总而言之，需要建立公开、稳定、透明的行业监管体系与相应的法律、法规框架，积极推动以行政性审批为主的监管方式，转而向依法、依规则为主的监管方式转变，对于鼓励社会性资本的投资、保障投资者与消费者的权益，为项目的建设、运营提供长期稳定的服务，均具有重要作用。

法律完善与否对于公私合作关系是否能够形成长期良好的伙伴关系，具有相对稳定的作用。PPP 融资模式建立在合同的约束条件下，对合同双方的权利、责任、义务的关系进行了明确的界定，用以约束双方的操作行为。当合同的执行状况出现纠纷时，法律成为解决合同问题的最终解决方式。

由于 PPP 建设模式中政府与社会私营企业间的合同契约关系，界定了政府的行政权力和私营企业的民事权力，若没有法律对政府的行政权力规范化，政府的自由决策权便可能与社会私营企业间的民事权力发生冲突，从而限制了 PPP 建设模式效率的充分发挥。因此，利用法律解决公私合作过程中的政府与私营企业的权力安排，对于稳定发挥 PPP 建设模式的作用具有积极的意义。

③特许经营权归属限制。

在向社会私营企业授予特许经营权时，必须采取公平、公正、公开的法律程序，即以明确的招投标方式，亦可尝试采取拍卖的形式。

我国授予特许经营权大多采取拍卖的形式，但该方式并不能完全以价格作为评定标准，并不是将项目特许经营权"卖"给出价最高的投标者。因竞标中运用报价的策略中标，不能保证该企业具有经营建设项目所需具备的管理与技术能力。因公共建设项目涉及投资金额的巨大，尤其是对安全性方面的要求，对供应稳定性的要求较高。需制定其他的项目经营权选择标准，如需表明详细的经营方案等形式。在经营方案达到 PPP 建设项目的要求的前提下，出价最低的投标人获得项目的特许经营权。

其次，实施 PPP 项目的程序应尽量标准化。各部门间在行政方式上的差异化与独立性将会延误项目进度，提高公共部门与社会私营部门间的运行成本，要求政府明确引入 PPP 投融资建设项目的先后次序。在某些公共服务领域，能够进入 PPP 建设项目的社会私营企业非常有限，因而政府必须将其资源投入至优先发展的领域。

④健全投融资中介运行体制。

PPP 模式的运作需要广泛运用较为复杂的金融、财务和法律等方面的知识，需要有专业性的机构与人才的支持。PPP 建设模式的运作是一项极其复杂的系统性工程，需要在融资顾问、财务顾问、技术顾问、公众需求调查顾问及法律顾问等专业性的中介机构的共同合作下才能完成。而成熟完善的投融资中介服务体系，是能够高质量、低成本完成项目实施任务的保障。因此，需加快投融资中介服务性体系的建设，加强对投融资中介服务市场的监督、管理与指导，使投融资的中介机构通过公平的竞争关系，提高整体素质与服务水平，为 PPP 建设模式的运作提供有力的技术保障。

3）平衡道路交通供需关系

道路交通供需平衡关系的研究只有在透彻明白供需平衡的基础上，才能准确无误地解决其平衡问题。道路交通供需平衡解析的目的在于了解平衡的内涵与层次，明确交通供需平衡系统的发展规律，为分析解决道路交通供需平衡的问题奠定坚实的理论基础。

通常所说的道路交通的供需平衡关系，第一反应是指道路网容量的供需平衡。其实不然，道路交通系统的容量仅是其中一项宏观的指标，供需平衡说明的是在理论上道路网的总体建设规模，能够满足交通需求的需要。因此，路网容量指标仅是一个理论值，在实际运行中的发挥水平（即实际路网容量）与路网等级结构、路网布局结构紧密相关。因此，道路交通供需平衡还应包括路网等级结构供需平衡和路网布局结构供需平衡。

以上所述道路交通供需平衡的切入点为道路通行能力。道路交通系统包括了道路和车辆两方面。从车辆能力角度出发，道路交通供需平衡还应包括交通结构供需平衡。

（1）路网容量供需平衡

路网容量分为理想的路网容量和实际的路网容量。理想的路网容量是指在理想的道路与交通条件下，交通出行者遵循出行费用最少原则，路网建设按照与土地使用、客货车辆交通源与集散点的分布相匹配的布局模式，在合理的出行条件下，单位时间内所能服务的最大的标准车辆数。实际的路网容量是指以理想的路网容量界限为基础，对上述不符合的道路交通方面，交通出行者的路径选择原则，路网布局匹配程度等条件进行修正，所得到的符合实际路网的各种条件的交通容量值。

根据相应的城市交通系统的服务功能，城市道路交通系统应为城市的社会经济活动所需的人流、物流提供合理的流通通道与流通载体。从保障城市的正常功能和促进城市经济发展的角度考虑，管控车道的建设与措施实施应当尽量满足出行交通的平衡分配。否则，一旦路网容量的交通需求受到过分抑制，意味着城市的功能受损和城市经济发展的限制。为此，首先应在总量层次上实现交通供给与交通需求的平衡，即路网容量的供需平衡。

（2）路网等级结构供需平衡

我国的城市道路分为快速路、主干路、次干路和支路。路网的等级结构是指在城市道路系统中，这四种类型道路所占比重的相对比值。

大城市建成区规模较大，出行车辆多，出行结构复杂，社会活动与经济活动高度集中，城市道路网络的分布必须从满足各种不同出行距离和出行目的的角度出发，形成多层次多方面的路网结构体系。城市道路网除了要在总量上必须达到一定的规模外，还需路网具备合理的等级结构，以进行管控车道的布设。

城市道路的等级结构对城市路网整体效益的发挥起着十分重要的作用：若各个等级间的道路，其比例关系搭配合理，并结合道路等级结构与实施条件，实施管控措施，可以充分发挥彼此间的协作作用，使路网的整体效益发挥到最大；反之，若道路等级的结构布设不合理，则各层次道路彼此间衔接失调。

不同的城市道路结构所承担的主要交通功能是不同的，路网等级结构供需平衡继而体现路网等级结构能充分实现交通分流的目的，发挥各层次道路系统的功能：

①快速路、主干路主要用于满足中长距离的交通出行，通过管控措施的实施，满足机动化出行的快速性，实现通达性功能。

②次干路与支路主要用于满足中短距离的交通出行，实现路网系统服务性功能，衔接顺畅，使道路网络的等级除了具有形式上的层次性外，更具有功能上的层次性，从而充分发挥道路网的总体容量。

（3）路网布局供需平衡

路网布局结构是指城市道路网的几何形状，由于城市自然条件、社会经济条件与建设条件等方面的差异，不同城市的道路系统有不同的路网布局结构。

在特定的城市布局形态下存在特定的交通需求流向，交通流向亦成为一个网状结构。对于路网的布局建设而言，容量与其服务对象及交通需求直接相关，但路网布局结构与交通需求流向在空间结构的一致程度将对实际的路网容量造成巨大的影响。

若路网布局结构与交通需求流向不一致，会发生“有路没车、有车没路”的现象，从而导致道路通行能力不能充分发挥，大大降低实际的路网容量。针对管控车道的建设，若不能满足交通需求流向的要求，会大大降低通行效率。路网布局结构供需平衡描述的是城市道路网布局结构与交通需求流向空间网状结构相匹配，即使路网的布局结构与客货源的集散点，城市干道走廊与城市客货运交通走廊等相互协调一致，充分发挥城市路网各组成道路结构的通行能力。

（4）交通结构供需平衡

广义的交通结构包括了以下三方面的含义：

①各种交通方式参与交通出行过程及其数量上的关系。

②各种出行交通方式在交通过程中的相互作用。

③各交通方式、作用和道路等方面在交通过程中与外部环境的关系。

狭义的交通结构是指在人口密度、用地布局、社会环境以及经济水平等特定条件下各种交通出行方式承担出行量的比例分配。

在城市交通系统出行中,交通需求具有多样性的特性,与之相对应的城市交通结构应包含公交车、小汽车、自行车、轨道交通等多种交通方式,适应不同层次的交通需求。同时,考虑到不同的出行交通方式在运行速度、运行方式、运载能力、运输成本、可达范围、占地面积、舒适安全度、能源消耗和环境污染等指标上的差异,城市交通需求具有一个合理的结构,使各种交通方式既在优势范围内发挥自身优势,又能够合理地组合构成整个城市的交通运行方式,符合城市用地规划的出行需求,不至于带来过多的交通总量而发生交通拥挤现象,并尽可能减轻对城市环境的污染。因此,管控车道实施需结合出行交通结构合理布置,以充分发挥功能。

城市交通结构供需平衡应保障城市交通结构符合城市交通可持续发展的框架,在城市可用资源利用的情况下,保障整个交通系统中各种交通方式间的相互协调配合。在满足交通需求的同时,保证道路使用者能够在最短的时间、最经济的费用条件下,安全、方便、舒适、准时地到达出行目的地。同时保证交通工具必须对环境的总影响最小,并且在一定的交通需求总量下,道路系统中车辆运行量最少,输送效率最高。

5.3 本章小结

5.3.1 美国管控车道发展经验与启示

1)管控策略经验

上述案例所采用的管控策略形式均为复合型管控策略,如快速收费车道管控策略为“出入口形式”与“收费标准”的结合策略;HOT 车道管控策略为“车辆合格性”与“出入口形式”的结合。众多实施案例应用表明,现存管控策略的实践应用已不满足于单一的管控形式,如公交专用车道、HOV 车道等,因交通量增长,单一车辆类型的划分已不能充分地发挥路网剩余通行能力。复合型管控策略形式比单一型管控策略应用性高,且基于收费形式的管控策略慢慢居于主导地位。

其次,针对管控车道与普通行车道分离形式,考虑出行安全性及抗干扰能力,物理式隔离方法优于交通标线式隔离,同时当交通流量较大时连续式隔离方法优于非连续式隔离策略。I-635 号州际高速公路将 HOV 车道转变为快速收费车道形式,车流分离由标线分离转变为物理式隔离;I-405 号州际高速公路快速收费车道由 HOV 车道转变而来,分离交通流形式由交通标线隔离转变为物理方式隔离手段。通过管控策略的应用,车辆运行速度有效提高,降低了普通行车道对管控车道的干扰,提高了路网运行效率。同时,在 SR 167 HOT 车道应用策略过程中,将非连续式的交通标线隔离转变为连续式交通标线隔离,有效减缓了车辆聚集于某个固定地点出入管控车道,因车辆在驶入(出)过程中存在减速行驶现象,同时对后驶车辆造成延误,降低了路网整体运行速度。

2）融资模式经验

PPP 建设融资模式与传统投融资体制相比,能够将私人企业引入公共服务领域,发挥杠杆作用与风险分担的机制,具有开辟新型资金来源、提高公共服务供给的数量与效率、增加公私部门的收入等方面的特点与优势。从美国案例应用角度分析,PPP 建设融资模式的应用为交通部门提供了以下五点可吸取的经验:

(1)项目经营权价值的高低影响融资效果。

(2)私营企业投资可能会起作用,但只能作为融资结构关系的一部分。

(3)平衡政府与私人企业利益,合理分担风险。

(4)弥补政府财政预算不足问题。

(5)提高公众的社会福利。

3)收费策略经验

美国管控车道应用研究的发展方向逐步聚焦在采取收费策略调控路网系统的交通流量上。在收费策略方面的创新之处主要包含两方面:ETC 电子收费与交通拥挤收费。根据美国管控车道收费策略采用的收费形式及措施,制定相应的收费标准应从以下几点考虑:①提升公众的意识水平与接受程度;②收费用途公共化;③收费技术;④公众态度。

4)公众参与经验

在管控车道实施过程中,公众教育是项目实施的第一步,在项目的宣传、实施过程中结合利益相关者,充分了解公众需求。通过实践研究表明,公众宣传教育能够降低市民对项目建设引发的不公平问题。公众参与过程的实现目标是为了取得双赢,在被公众接受的同时,改变出行观念,满足技术上可行性。通过采取以下原则,将有益于对公众舆论的管理或政策实施。

(1)减少反对者声音比获得支持者更为重要。

(2)建立一个公平、开放的平台。

(3)避免具有争议性的决策在公众面前溜过。

(4)建立畅通的沟通联系网络。

(5)设法清楚了解公众的关注方面。

(6)避免做出草率的让步或承诺。

(7)保持详细的记录。

(8)听证会局限性。

5.3.2　国内管控车道借鉴经验与展望

国内城市交通问题现已成为制约城市发展的重要瓶颈之一,经实践应用发现,单纯的增加交通供给设施不能从根本上解决城市交通问题,而交通需求管理是缓解交通堵塞、提高路网运输效率的重大举措。合乘优先策略是交通需求管理的重要措施,美国作为管控车道应用策略的先头兵,在理论与实践方面均处于领先地位,但该策略在我国尚处于理论研究阶段。因此,如何结合我国城市交通现状实施管控车道策略已成为当前需要研究的重要课题。

1)国内管控车道发展借鉴角度

(1) 出行观念

对我国市民而言,合乘优先尚属一种新鲜事物,对其功能、形式、优势了解甚少。因此,在合乘优先管控策略规划的初级阶段,应分析我国居民合乘出行的影响因素,还应该关注以下层次:人们对政策的漠不关心态度,或“不愿意”接受的程度;居民对出行安全的顾虑;居民出行生活习惯;道路实际拥堵程度等。此外应大力宣传管控策略实施的重要性与好处,调动积极性,为管控措施的实施提供有效的保障。

(2) 车辆限定

①车辆类型界定

早在20世纪90年代初,美国联邦公路局界定了合乘车辆的车种类型。机动车类型包括公交车辆、出租车、合乘小汽车、中型合乘客车(即中巴)、摩托车、货车。随着合乘优先管控策略的不断发展,各地对于共乘车辆的界定方式也不尽相同,主要是针对当地具体情况采取相应的车辆限定形式。针对我国交通运行状况,合乘车辆的界定应包含公交车辆、合乘小汽车、出租车与紧急车辆。

②合乘车辆承载人数界定

当前,美国实践应用对于合乘车辆人数的界定主要有2人以上(2+)以及3人以上(3+)两种类型。车辆承载率限制标准在实际交通运营管理及后续影响方面存在较大的区别,因此必须结合当地的交通发展水平,慎重决定使用何种标准。在选择2+车辆或3+车辆作为合乘车辆时,最为重要的因素是现状合乘率。所谓合乘率即单位时间内,机动车运送乘客数量与机动车流量的比值。经实践研究发现,在2+车辆所占比例达到15% ~20%时,可考虑采用2+的标准。除此另外,还应结合当地的交通需求制定承载率标准。

综上所述,在界定合乘小汽车乘客数时,应以易实现、易操作为原则。合乘车辆的界定标准并不是一成不变的,随着合乘优先的发展,可依据实际环境进行合理的改变,不断提高合乘优先的运行效率。

(3) 道路条件

虽然我国具有与发达国家相似的交通拥堵问题,但是其规划合乘车道的环境与国外城市是不同的,我国大城市及中心发展区域均有自身独特的特点,合乘车道在我国属于新生事物。在HOV车道规划之初,应进行详细的项目路周边交通调查研究,充分考虑交通需求、道路的供给能力及出行者出行习惯等因素。

针对我国交通运行状况,双向车道并不适合设置合乘车道。首先,由于建设初期人们对HOV车道的不熟悉,若在单向双车道的道路上将现有普通车道转化为HOV车道,有可能造成HOV车道空闲率较高,而普通车道交通状况更为拥堵的状况;其次,我国非机动车行驶流量较大,易对外侧机动车道产生较大干扰,若在内侧车道规划HOV车道,则外侧普通车道的拥堵可能会比较严重,即使内侧HOV车道运行状况良好,也有可能会招致很多民众的反对。因此,早期在规划HOV车道时,应优先选择在双向六车道及以上(单向车道数3条及以上路段)的道路进行布设。

(4) 交通条件

①高峰期间平均运行车速分析

规划HOV车道时,因各个城市及地区的交通拥堵程度及道路建设状况不同,不可能制定统一的车速限制标准。经美国实践经验表明,当现状道路的平均运行车速低于设计车速最高值一半时,可考虑布设HOV车道。因此,我国快速路、干道平均车速可取相应高值的一半作为是否规划 HOV 车道的运行速度参考依据。

②高峰期间道路服务水平

经国外研究案例显示,道路饱和度大于0.9时,服务水平急剧降低,交通处于不稳定状态,道路交通处于严重拥挤状况。另外,根据20世纪末美国联邦公路局界定,当道路服务水平(LOS)达到D级或E级时,可考虑规划HOV车道。其中LOS中的D级服务水平标准即相当于我国道路饱和度0.9的标准。因此,规划HOV车道时,可优先考虑饱和度在0.9以上的道路或者路段。

③其他因素。

当前,我国许多城市均建成了公交专用道,公交专用车道是最基本的HOV车道形式,根据公交专用车道的利用情况,HOV车道的规划方式可以分为两种状况:a.公交专用车道通行能力不足,只能通过新建HOV车道;b.公交专用车道运行通畅,较为空闲,可考虑分时段将公交专用车道转变为HOV车道,最大效用地发挥道路通行能力。

2)国内管控车道发展展望

(1)构建交通管理信息平台

城市交通管理信息研判与决策支持系统是全国公安交通集成指挥联网平台的重要组成部分,按照部、省、市三级在公安网上的部署应用,承担城市交通管理业务,具有相对独立的功能架构和业务应用体系,主要目的是规范交通管理信息,实现数据资源共享,为管控措施的制订提供基础,可通过如下手段予以实现:

①建立规范化的全国大中型城市交通管理基础信息系统。

②实时监测城市道路重要点段交通运行态势。

③重要干线数据资源共享与交通运行状况监测。

④基于动静态交通信息数据,分析发布城市重要道路拥堵指数状况,测评城市交通管理水平。

⑤定期分析研究城市交通违法特征与执行状况。

⑥编制管控车道规划、建设指南等标准,开发相应的辅助分析软件,提高管控技术的水平与应用能力。

(2)发展PPP投融资模式

PPP是一个整合双方优质的资源、强强联合的合作模式,核心内容在于合作。PPP投融资模式的本质是以提供优良的公共设施或服务为目的;公私合作,双方共同承担风险、共享收益;优势互补,保障项目的社会效益最大化。需从以下几点进行考虑:①建立良好的政策平台;②完善相关法律法规;③特许经营权归属限制;④健全投融资中介运行体制。

(3)平衡道路交通供需关系

道路交通供需平衡关系的研究只有在透彻明白供需平衡的基础上,才能准确无误地解决其平衡问题。道路交通供需平衡解析的目的在于了解平衡的内涵与层次,明确交通供需平衡系统的发展规律,为分析解决道路交通供需平衡的问题奠定坚实的理论基础。

通常所说的道路交通的供需平衡关系,第一反应是指道路网容量的供需平衡。其实不然,道路交通系统的容量仅是其中一项宏观的指标,供需平衡说明的是在理论上道路网的总体建设规模,能够满足交通需求的需要。因此,路网容量指标仅是一个理论值,在实际运行中的发挥水平(即实际路网容量)与路网等级结构、路网布局结构紧密相关。因此,道路交通供需平衡还应包括路网等级结构供需平衡和路网布局结构供需平衡。

以上所述道路交通供需平衡的切入点为道路通行能力。道路交通系统包括了道路和车辆两方面。从车辆能力角度出发,道路交通供需平衡还应包括交通结构供需平衡。

参 考 文 献

[1] American Association of State. A policy on geometric design of highways and streets[M]. Washington, Highway and Transportation Officials, D. C. 2001.

[2] A. Scott Cothron, Douglas A. Skowronek, Beverly T. Kuhn. Enforcement issues on managed lanes[R]. Texas Transportation Institute. September, 2002, FHWA/TX-03/4160-11.

[3] Andrew J. Ballard. Incident management for managed lanes[R]. Texas Transportation Institute, The Texas A&M University System. December, 2004. FHWA/TX-05/0-4160-17.

[4] Angelia H. Parham, William L. Eisele, A. Scott Cothron. Guidance for managed lane facilities in texas [R]. Texas Transportation Institute, The Texas A&M University System. January 2002.

[5] Andrew Smith, HNTB Claudia Bilotto, Mark Chang. Policy options evaluation tool for managed lanes (POET-ML) users guide and methodology description[R]. FWHA, December, 2008, FHWA-HOP-09-031.

[6] Beverly Kuhn, Ginger Daniels Goodin, Andrew Ballard, et al. Findinge from texas: five years of research on managed lanes[R]. Texas Transportation Institute, The Texas A&M University System. September 2005. FHWA/TX-06/0-4160-25.

[7] Beverly Kuhn, Kevin Balke, Nadeem Chaudhary, et al. Guidelines for applying managed lane strategies to ramps[R]. Texas Transportation Institute, The Texas A&M University System. September, 2007. FHWA/TX-08/0-5284-P1.

[8] Beverly Kuhn, Ginger Daniels Goodin, Marcus Brewer, et al. interim manual for managed lanes [R]. Texas Transportation Institute, The Texas A&M University System. October, 2003. FHWA/TX-04/4160-14.

[9] Beverly Kuhn, Ginger Goodin. Managed lanes handbook training: year 1 report of activities [R]. Texas Transportation Institute, The Texas A&M University System. September, 2007. FHWA/TX-08/5-4160-01-1.

[10] Beverly Kuhn, Ginger Goodin. Managed lanes handbook training: year 2 report of activities [R]. Texas Transportation Institute, The Texas A&M University System. September, 2008. FHWA/TX-09/5-4160-01-2.

[11] Beverly Kuhn, Kevin Balke, Nadeem Chaudhary, et al. managed lanes strategies feasible for freeway ramp application[R]. Texas Transportation Institute, The Texas A&M University System. September, 2007. FHWA/TX-08/0-5284-2.

[12] Brooke R. Ullman, Debbie Jasek. Staffing and training needs for managed lanes facilities[R]. Texas Transportation Institute, The Texas A&M University System. September, 2005. FHWA/TX-06/0-4160-20.

[13] Beverly Kuhn, Ginger Daniels Goodin, Debbie Jasek. Year 1 anuual report of progress: operating freeways with managed lanes[R]. Texas Transportation Institute, The Texas A&M Univer-

sity System. October,2001. FHWA/TX-02/4160-2.

[14] Beverly Kuhn,Ginger Daniels Goodin,Tina Collier,et al. Year 2 annual report of progress:operating freeways with managed lanes[R]. Texas Transportation Institute,The Texas A&M University System. September,2002. FHWA/TX-03/4160-12.

[15] Beverly Kuhn,Ginger Daniels Goodin,Susan Chrysler,et al. year 3 annual rrport of progress:operating freeways with managed lanes[R]. Texas Transportation Institute,The Texas A&M University System. September,2003. FHWA/TX-04/4160-15.

[16] Beverly Kuhn,Ginger Daniels Goodin,Andrew Ballard,et al. year 4 annual report of progress:operating freeways with managed lanes[R]. Texas Transportation Institute,The Texas A&M University System. September,2004. FHWA/TX-05/0-4160-19.

[17] Beverly Kuhn,Debbie Jasek. State and federal legislative issues for managed lanes[R]. Texas Transportation Institute,The Texas A&M University System. May,2002. FHWA/TX-02/4160-8.

[18] Beverly Kuhn,Ginger Goodin,Andrew Ballard,et al. managed lanes handbook[R]. Texas Transportation Institute,The Texas A&M University System. October,2005. FHWA/TX-06/0-4160-24.

[19] Bill Loudon. A domestic scan of congestion pricing and managed lanes[R]. FHWA. April,2009, FHWA-HOP-09-044.

[20] Benjamin G. Perez,Gian-Claudia Sciara. A guide for HOT lane development[R]. FHWA,FHWA-OP-03-009.

[21] Bracewell,D. T. ,S. Sayed,A. Shalaby. High-occupancy vehicle monitoring and evaluation framework[J]. Transportation Research Board,National Research Council. Washington,D. C. 1999. Transportation Research Record,No. 1682.

[22] 陈来荣,张北海,荣建. 城市道路拥挤收费的技术实现[J]. 交通科技,2005,01:68-70.

[23] Collier,Tina,Goodin,Ginger. Managed lanes:a cross-cutting study[R]. FHWA. November,2004,Publication FHWA-HOP-05-037.

[24] Differt,D. ,et al. Managing travel demand:applying european perspectives to U. S[R]. Practice. Alexandria,VA:American Trade Initiatives,2006. FHWA-PL-06-015.

[25] Dahlgren,J. W. An analysis of the effectiveness of High occupancy vehicle lanes[R]. Doctoral Dissertation,University of California,Berkeley,Institute of Transportation Studies. UCS-ITS-DS-94-2.

[26] Dennis L. Christiansen. high-occupancy vehicle system development in the united states[M]. FWHA,December,1990.

[27] D. L. Christiansen,D. E. Morris. An evaluation of the Houston high - occupancy vehicle lane system[R]. Texas Transportation Institute,College Station,Texas. 1991.

[28] Edward Owens,Carol Lewis. Meeting summary:2002 annual project monitoring committee workshop[R]. Texas Southern University-Center for Transportation Training and Research. November,2002. FHWA/TX-03/4160-3.

[29] Efficient use of highway capacity summary[R]. FHWA, 2010, Publication FHWA-HOP-10-023.

[30] Federal-aid highway program guidance on high occupancy Vehicle (HOV) Lanesp[J]. FHWA. August, 2008.

[31] FHWA, TRB. Managed and priced lanes workshop summary of workshop results[R]. FWHA, November, 2003.

[32] Federal Highway Administration. Program guidance on HOV operations[R]. Federal Highway Administration, Washington, D. C. 2001.

[33] Ginger Goodin, Mark Burris, Casey Dusza. the role of preferential treatment for carpools in managed lanes[R]. Texas Transportation Institute, The Texas A&M University System. October, 2008. FHWA/TX-09/0-5286-2.

[34] Ginger Goodin, Mark Burris, Timothy Lomax, et al. operational performance management of priced facilities[R]. Texas Transportation Institute, The Texas A&M University System. October, 2010. FHWA/TX-11/0-6396-1.

[35] Grant Fisher, Ginger Goodin. Decision framework for selection of managed lanes strategies [R]. Texas Transportation Institute. July, 2005, FHWA/TX-05/0-4160-21.

[36] 胡莹. HOV 车道方案设计及其评价研究[D]. 北京:北京交通大学,2013.

[37] 胡绍荣. 城市道路交通供需平衡理论研究[D]. 西安:长安大学,2004.

[38] Hallenbeck, M. E., J. M. Ishimaru, et al. Potential use of puget sound HOV lanes by general-purpose vehicles in off-peak hours: a summary paper[R]. Federal Highway Administration. June 2000, WA-RD 488.2.

[39] Hickman, M., Q. Brown, A. Miranda. Katy freeway high-occupancy vehicle lane value pricing project[J]. Transportation Research Board, National Research Council. Washington, D. C. 2000. Houston, Texas: Evaluation of Usage. Transportation Research Record, No. 1732.

[40] Hoppers, K. P. Opening HOV lanes to general traffic during major incidents and severe weather conditions[R]. Department of Civil Engineering, Texas A&M University. College Station, Texas. August 1999.

[41] HNTB Corporation. Atlanta regional managed lane system plan[R]. Georgia Department of Transportation. Georgia Department of Transportation. January, 2010.

[42] He. R. R., B. Ban, K. Choi. Decision support system for value-pricing strategies on I-394 corridor network[J]. 80th Annual Transportation Research Board Meeting. January, 2001.

[43] Homberger, W. S., J. Kell, D. D. Perkins. fundamentals of traffic engineering[M]. Institute of Transportation Studies, Berkeley, CA. 1992.

[44] Hultgren, L. Kawanda, K., Lawrence. San Diego's interstate 15 value pricing project[J]. 68th ITE Annual Meeting, Toronto. August, 1998.

[45] Ian Hlavacek, Mike Vitek, Randy B. Machemehl. Best practices: separation devices between toll lanes and free lanes[R]. Texas Department of Transportation, October, 2006, FHWA/TX-07/0-5246-1.

[46] ITS National Architecture. The ITS national architecture[R]. Documentation - Version 4.0, Apiril 2002.

[47] John W. Billheimer, Ken Kaylor, Charles Shade. Use of videotape in HOV lane surveillance and enforcement: a technology sharing project[J]. Transportation Research Board, FHWA, March, 1990.

[48] James C. Williams, Stephen P. Mattingly, Chulsu Yang. Assessment and validation of managed lanes weaving and access guidelines[R]. Texas Department of Transportation, June, 2010, FHWA/TX-09/0-5578-1.

[49] Jodi L. Carson. monitoring and evaluating managed lane facility performance[R]. Texas Transportation Institute, The Texas A&M University System. November, 2005. FHWA/TX-06/0-4160-23.

[50] Jodi L. Carson. Strategies for interim use of managed lanes[R]. Texas Transportation Institute, The Texas A&M University System. August, 2005. FHWA/TX-05/0-4160-22.

[51] John W. Billheimer, Systan. HOV lane violation study[R]. Technology Sharing Program Research and Special Program Administration, U. S. Department of Transportation, Washington, January, 1990.

[52] John W. Billheimer, J. B. Moore, Heidi Stamm. HOV marketing manual[R]. FHWA, April, 1994.

[53] Katherine F. Turnbull. Houston managed lanes case study: the evolution of the Houston HOV system[R]. FHWA, September 2010, FHWA-OP-04-002.

[54] Katherine F. Turnbull. An assessment of High Occupancy Vehicle (HOV) facilities in North America[R]. FHWA, August 1992.

[55] Katherine F. Turnbull. Effects of changing HOV lane occupancy requirements: El monte busway case study[R]. FHWA, June, 2002, FHWA-HOP-03-002.

[56] Kay Fitzpatrick, Marcus A. Brewer, Steven Venglar. Managed lane ramp and roadway design issues[R]. Texas Transportation Institute, The Texas A&M University System. September, 2002. FHWA/TX-03/4160-10.

[57] Katherine F. Turnbull. Effects of changing HOV lane occupancy requirements: El monte busway case study[R]. FHWA. September, 2002, FHWA-HOP-03-001.

[58] Katherine F. Turnbull. 12th international HOV systems conference: improving mobility and accessibility with managed lanes, pricing, and BRT-conference proceedings[R]. FHWA. September, 2005, Publication FHWA-HOP-06-002.

[59] Kimley-Hom, Associates. California HOV/Express lane business plan[R]. The California department of transportation. May, 2009.

[60] Katherine F. Turnbull. 11th international conference on High-Occupancy Vehicle systems conference proceedings[R]. FWHA, October, 2002, FHWA-OP-03-100.

[61] Kay Fitzpatrick, Marcus A. Brewer, Eun Sug Park. intermediate access to buffer-separated managed lanes[R]. Texas Transportation Institute, The Texas A&M University System. Sep-

tember,2006. FHWA/TX-07/0-5547-1.

[62] Katherine F. Turnbull. 13th International HOV/HOT systems conference partnerships for innovation-conference proceedings[R]. FHWA. September,2009,Publication FHWA-HOP-10-008.

[63] Lee,J. T. Dittberner,R. Sripathi,H. Safety impacts of freeway managed-lane strategy:inside lane for High-Occupancy Vehicle use and right shoulder lane as travel lane during peak periods[J]. Transportation Research Record 2012. 2007.

[64] 李春燕,陈峻,邓社军. HOV 车道设置特性及可行性分析[J]. 城市交通,2012,06:58-65.

[65] Les Jacobson,Jon Williams,Vassilios Alexiadis,et al. Predicting the demand for high occupancy vehicle lanes[R]. FWHA,August,1996,FHWA -SA-96-073.

[66] Lam,T. C. ,K. A. Small. The value of time and reliability:measurements from a value pricing experiment[J]. Transportation Research,Part E:Logistics and Transport Review. Vol. 37, No. 2. April,2001.

[67] Lomax,Turner,Hallenback,et al. Traffic congestion and travel reliability-how bad is the situation and what is beling done about It[J]. Texas Transportation Institute,Washington State Transportation Center,September 2002.

[68] Lisa Schweitzer,Brian D. Taylor. Just pricing: the distributional effects of congestion pricing and sales taxes[J]. Transportation. 2008.

[69] L. Jacobson. Highway traffic operations and freeway management:state-of-the-practice final report[J]. Transportation Reasearch Board,PB Farradyne for the Federal Highway Administration,Washington,D. C. March,2003.

[70] 美国交通部联邦公路管理局. 美国高速公路运营管理手册[M]. 卢毅,李珏,等,译. 北京:人民交通出版社,2009.

[71] 美国交通运输研究委员会出入口管理分会. 道路出入口管理手册[M]. 杨孝宽,译. 北京:中国工业出版社,2009.

[72] Mason,J. M. ,D. R. Middleton,H. C. Petersen. Operational and geometric evaluation of exclusive truck lanes[J]. Transportation Reasearch Board, Research Report 331-3F. Texas Transportation Institute, Texas A&M University. College Station, Texas. 1986.

[73] Meyer,M. D. Alternative performance measures for transportation planning:evolution toward multimodal planning[R]. FTA-GA-26-7000-95-1 Georgia Institute of Technology. Atlanta, Georgia. 1995.

[74] Murray, Mahmassani, A. Abdelghany, et al. Defining special-use lanes: case studies and guidelines[R]. Federal Highway Administration. U. S. Department of Transportation. Washington,D. C. 2000. FHWA/TX-00/0-1832-1.

[75] Meyer,M. D. A toolbox for alleviating traffic congestion and enhancing mobility[J]. Transportation Reasearch Board,Institute of Transporttion Engineers,washington D. C. 1997.

[76] Mark Burris,Sunil Patil. Estimating the benefits of managed lanes[R]. Texas Transportation

Institute, University Transportation Center for Mobility. September, 2009. UTCM 08-05-04.

[77] Mark Chang, Booz Allen Hamilton Inc, John Wiegmann, et al. A compendium of existing HOV lane facilities in the united states[R]. FHWA. December, 2008, FHWA-HOP-09-030.

[78] Mirshahi, M., et al. Active traffic management: the next step in congestion management[R]. Alexandria, VA: American Trade Initiatives, 2007. FHWA-PL-07-012.

[79] Managed lanes-a primer[R]. FHWA, 2008, FHWA-HOP-05-031.

[80] Martin Sas, Susan Carlson, et al. Consideration for High Occupancy Vehicle (HOV) to High Occupancy Toll (HOT) lanes study[R]. FHWA, June, 2007, FHWA-HOP-08-034.

[81] Mark Chang, Booz Allen Hamilton, et al. A review of HOV lane performance and policy options in the United States[R]. FHWA, December, 2008, FHWA-HOP-09-029.

[82] National cooperative highway research program. HOV systems manual[R]. Report 414. Transportation Research Board, National Research Council. Washington, D. C. 1998.

[83] Nevada Department of Transportation. Truck lane redistribution test on an interstate highway: follow up study[R]. Research and Development Division. Carson City, Nevada. 1983.

[84] Neudorff, L. G., J. E. Randall, et al. Freeway management and operations handbook[R]. Federal Highway Administration, Washington, D. C. 2003. FHWA-OP-04-003.

[85] O'Connell, N., W. Thornwell, W. Ugolik, et al. HOV lanes on the long island expressway: how are they doing? [R]. 10th International Conference on HOV Systems. Dallas, Texas. 2000.

[86] Obenberger, J. Managed Lanes. Public Roads. Federal Highway Administration[R]. U. S. Department of Transportation. Washington, D. C. 2004.

[87] Ontario Ministry of Transportation. Operational design guidelines for high occupancy vehicle lanes on arterial roadways including planning strategies and supporting measures[J]. Transportation Research Board, FWHA, November, 1994.

[88] Patel, R. K. Development of an improved managed lanes framework for emergency management transportation requirements[R]. Doctoral Dissertation. Polytechnic University. Brooklyn, New York. 2005.

[89] Parsons, Brinckerhoff, Quade, et al. HOT and TOT feasibility studies for the atlanta region [J]. Georgia Department of Transportation, Atlanta, Georgia 2005.

[90] Parsons Brinckerhoff Quade, Douglas, et al. Draft final HOV performance program evaluation report[R]. The Los Angeles Metropolitan Transit Authority. April, 2002.

[91] Robert W. Poole Jr., C. Kenneth Orski. HOT lanes: a better way to attack urban highway congestion[J]. Transportation, 2002, 23(1).

[92] Robert E. Brydia, Stephen Song. interoperability issues on managed lanes facilities[R]. Texas Transportation Institute, The Texas A&M University System. September, 2004. FHWA/TX-05/0-4160-18.

[93] Richard H. Pratt, et al. Traveler response to transportation system changes interim guidebook [J]. Transportation Research Board, Transit Cooperative Research Program, Washington, D.

C. 2000.

[94] Reich,S. L. ,J. L. Davis,A. J. Ferraro,et al. Exclusive facilities for trucks in Florida:an investigation of the potential for reserved truck lanes and truckways on the state highway system[J]. Proceedings of the Mid-continent Transportation Research Symposium. Ames, Iowa. 2003.

[95] Safirova,E. ,K. Gillingham,W. Harrington,et al. Are HOT lanes a hot deal? The potential consequences of converting HOV to HOT lanes in Northern Virginia[R]. Urban Complexities Issue Brief 03-03. Washington,D. C. May,2003.

[96] Stockton,W. R. ,G. Daniels,et al. The ABCs of HOVs:the texas experience[R]. Texas Transportation Institute,Texas A&M University, College Station,Texas. 2000.

[97] Stokes,R. W. ,W. R. McCasland. Truck operations and regulations on urban freeways in texas[J]. ITE Journal. Volume 56,No. 2. Institute of Transportation Engineers. Washington, D. C. 1986.

[98] Supernak,D. Steffey,C. Kaschade. Dynamic value pricing as instrument for better utilization of high-occupancy toll lanes:San Diego I-15 case[J]. Transportation Research Record. Transportation Research Board,National Research Council. Washington,D. C. 2003a.

[99] Supernak,C. Kaschade,A. Koesoemawiria. I-15 congestion pricing project monitoring and evaluation services:task 3. 1. 8 phase 1 truck use study[R]. San Diego Association of Governments. San Diego,California. 1998.

[100] Steven Venglar,David Fenno,Samir Goel,et al. managed lanes-traffic modeling[R]. Texas Transportation Institute,The Texas A&M University System. January,2002. FHWA/TX-02/4160-4.

[101] Sultan,B. Meekums,R. Brown. The impact of active traffic management on motorway operation[J]. Manchester,UK:Institution of Engineering and Technology,2008.

[102] Susan T. Chrysler,Alicia Williams,Steven D. Schrock. Traffic control devices for managed lanes[R]. Texas Transportation Institute,The Texas A&M University System. April,2004. FHWA/TX-04/0-4160-16.

[103] Susan T. Chrysler,Alicia A. Williams, Kay Fitzpatrick. Preliminary guidelines for signing on toll facilities[R]. Texas Transportation Institute,The Texas A&M University System. March,2007. FHWA/TX-07/0-5446-1.

[104] Susan T. Chrysler,Alicia A. Nelson. driver comprehension of managed lane signing[R]. Texas Transportation Institute. September,2005,FHWA/TX-09/0-5446-3.

[105] Steven D. Schrock,Gerald L. Ullman,Alicia A. Williams. identification of traveler information and decision-making needs for managed lane users[R]. Texas Transportation Institute, The Texas A&M University System. April,2004. FHWA/TX-04/0-4160-13.

[106] 陶华. ETC电子不停车收费系统的设计与实现[D]. 电子科技大学,2012.

[107] Susan T. Chrysler,Alicia A. Williams,Kay Fitzpatrick. Driver comprehension of signing and markings for toll facilities[R]. Texas Transportation Institute. October,2007,FHWA/TX-

08/0-5446-2.

[108] S. M. Betts, L. N. Jacobson, T. D. Rickman. I-5 HOV Lanes: three-month report[J]. Washington State Department of Transportation, Seattle, Washington. 1983.

[109] Taale, H. Regional traffic management method and tool[J]. AVV Transport Research Centre, Rotterdam, The Netherlands: Ministry of Transport, Public Works, and Water Management, Directorate-General of Public Works and Water Management. June, 2006.

[110] Testimony Before the Subcommittee on Highways and Transit, Committee on Transportation and Insfrastructure, House of Representatives; United States General Accounting Office. Highway infrastructure-Physical Conditions of the Interstate Highway syetem have improved, but congestion and other pressures continue[R]. Statement of Katherine Siggerud, Acting Director, physical Infrastructure Issues.

[111] The california department of transportation. High-Occupancy Vehicle guidelines[R]. FWHA, August, 2003.

[112] Tina Collier, Ginger Daniels Goodin. the funding and financing of managed lanes projects [R]. Texas Transportation Institute, The Texas A&M University System. September, 2002 FHWA/TX-03/4160-9.

[113] Tina Collier, Ginger Daniels Goodin. Marketing the managed lanes concept[R]. Texas Transportation Institute, The Texas A&M University System. January, 2002. FHWA/TX-02/4160-7.

[114] Tina Collier, Ginger Daniels Goodin. developing a managed lanes position paper for a media audience[R]. Texas Transportation Institute. February, 2002, FHWA/TX-02/4160-6.

[115] The manual on uniform traffic control devices (MUTCD)[M]. FWHA, December, 2009.

[116] Turnbull, Katherine F. A description of high-occupancy vehicle facilities in North America [R]. Texas Transportation Institute, The Texas A&M University System, College Station, TX, 1990.

[117] Ulberg, Cy, et al. I-5 north high-occupancy vehicle lane 2 + occupancy requirement demonstration evaluation[R]. Washington State Transportation Center, Seattle, WA. 1992.

[118] 王维礼. 大城市合乘优先的规划方法研究[J]. 重庆交通大学学报(自然科学版), 2010, 02:248-253.

[119] Washington state transportation center and texas transportation institute. I-5 north high-occupancy vehicle lane 2 + occupancy requirement demonstration evaluation[R]. Washington State Department of Transportation, Seattle, Washington, 1992.

[120] William Stockton, Ginger Daniels. Considerations in assessing the feasibility of high-occupancy toll lanes[R]. Texas Department of Transportation, Texas Transportation Institute, The Texas A&M University System, 2001.

[121] William L. Eisele, Angelia H. Parham, A. Scott Cothron. Guidance for planning, operating, and designing managed lane facilities in texas[R]. Texas Department of Transportation. August, 2001. FHWA/TX-02/4161-1.

[122] William Stockton, Robert Benz, Laurence Rilett, et al. investigating the general feasibility of high occupancy/toll lanes in texas[R]. Texas Transportation Institute, The Texas A&M University System. July, 2000. TX-00/4915-1.

[123] 朱艳艳. PPP投融资模式运作优势与实施条件[J]. 合作经济与科技, 2015, 07:62-63.

中英文索引

X
效益成本比　Benefit-Cost Ratio
行为调查　Revealed Preference

Y
意向调查　Stated Preference
预期税收拨款债券　Grant Anticipation Revenue Vehicles Bonds

Z
增值税融资　Tax Increment Financing
专用车道　Exclusive Lanes